킹덤복음

킹덤복음

초판 1쇄 발행 | 2019년 2월 22일
개정 1쇄 발행 | 2021년 5월 10일

지은이 | 이종필
펴낸이 | 이한민
펴낸곳 | 아르카

등록번호 | 제307-2017-18호
등록일자 | 2017년 3월 22일
주   소 | 서울 성북구 숭인로2길 61 길음동부센트레빌 106-1805
전   화 | 010-9510-7383
이메일 | arca_pub@naver.com
블로그 | arca_pub.blog.me
페이스북 | fb.me/ARCApulishing

책   값 | 뒤표지에 있습니다
ISBN | 979-11-89393-04-5 03230

아르카ARCA는 기독출판사이며 방주ARK의 라틴어입니다(창 6:15).
네가 만들 방주는 이러하니 … 새가 그 종류대로, 가축이 그 종류대로,
땅에 기는 모든 것이 그 종류대로 각기 둘씩 네게로 나아오리니 그 생명을 보존하게 하라 _창 6:15,20

아르카는 (사)한국기독출판협회 회원 출판사입니다.

킹덤 복음

하나님나라 관점으로 정리한
총체적 복음 다이제스트

이종필 지음

 아르카

신구약 성경 66권은 약 1500년 동안 40여 명의 인간 저자에 의해 기록되었다. 이렇게 시대도 다르고 저자도 다르지만, 우리는 창세기부터 요한계시록까지 일관된 주제가 흐르고 있다고 믿는다. 왜냐하면, 성경 기록의 배후에는 하나님이 계시고, 그래서 성경은 통일성을 갖고 있기 때문이다. 저자는 성경의 일관된 주제를 '하나님 나라'로 보고, 하나님 나라의 관점에서 성경을 논리적이며 조직적으로 설명한다. 주 예수 그리스도의 복음과 하나님 나라를 깊이 있으면서도 쉽게 풀어쓴다. 따라서 성경을 체계적으로 배우기 원하거나, 성경의 핵심 원리를 따라 살기 원하거나, 혹은 하나님 나라의 관점으로 목회하기를 원하는 분들에게 이 책을 추천하고 싶다.

권해생 교수 국제신학대학원대학교

건강한 교회를 꿈꾸는 설교자와 목회자, 동역하는 성도들에게 본서를 추천합니다. 설교는 불가피하게 성경의 일부를 떼어내 본문으로 삼게 되는데, 이 과정에서 전체 맥락에서 벗어난 파편화된 메시지가 나오기도 하고, 심지어 메시지 오용이 발생하기도 합니다. 본서는 예수 그리스도의 하나님 나라 복음을 기둥 삼아 성경 이야기가 흘러가는 큰 그림을 선명하게 제시함으로써, 건강한 성경적 설교를 위한 요긴한 울타리를 제공합니다. 본서가 현장 목회자의 손에서 나왔다는 사실이 더없이 반갑습니다. 방법론적인 목회 기술에 본능적으로 기대게 되는 거친 현장에서, 신학적 깊이를 잃지 않는 건실한 목회를 실천하기란 참 어려운 일입니다. 감사하게도, 본서의 저자인 이종필 목사가 그 일을 해내고 있습니다. 책과 함께 저자의 목회가 읽혀지기를 기대하고, 하나님 나라의 꿈을 꾸는 모든 목회자와 성도들에게 친근한 길잡이가 되길 기대합니다.

채경락 교수 고신대학교 신학과

사랑하는 후배요 존경하는 동역자인 이종필 목사님이 하나님나라 시리즈를 계속 이어가는 신간을 냈습니다. 저자는 저술과 강의와 강연을 통해 하나님나라 운동에 신명을 다하고 있습니다. 왜 하필 하나님나라일까요? 저자는 이 시대의 신학적 무지를 개탄합니다. 신학 없는 신앙이 득세하는 모습을 아파합니다. 저자는 또한 이 땅에 만연한 복음의 왜곡을 슬퍼합니다. 비본질이 본질을 호도하는 현실을 고통스러워합니다. 그래서 그는 하나님나라 운동에 헌신하기로 마음 먹었고, 그 다짐을 이제껏 지키고 있습니다. 이 책은 개인적으로 설교를 듣는 것처럼 읽기에 적당합니다. 또한, 소그룹으로 나눔을 하기에 적절합니다. 반드시 다루어야 하는 성경의 핵심 주제를 이 책은 몇 개의 소제로 골고루 다루고 있습니다. 이 책은 교회에서 양육을 위한 필독서로 추천받을 만한 책입니다.

박태양 목사 TGC코리아 대표

이종필 목사님의 책을 읽어보려고 펼치다 보면 어느새 나도 모르게 빠져들게 됩니다. 그의 맛깔스러운 필력이 한몫하기도 하지만, 가장 큰 이유는 우리가 가장 궁금한 신앙의 이슈들을 관통해주기 때문입니다. 이 책은 성경 전체를 주 예수 그리스도의 하나님 나라 복음으로 조망한다는, 얼핏 많이 들었다고 생각할 수 있는 주제를 매우 신선하고 친절하게 풀어주고 있습니다. 저자는 하나님 나라의 세 가지 키워드인 백성, 땅, 주권이 성경 전체에 어떻게 전시되어 있는지를 촘촘하게 설명합니다. 특히 이러한 하나님 나라의 복음적 주제들이 우리와 어떻게 관계가 전개되는지를 설명하며, 종말론, 성령론, 십자가의 진리 등을 연결시키는 데서 저자의 심오한 안목이 드러납니다. 이 책을 읽는 모든 독자들이 하나님 나라의 복음으로 꽉 차 있는 성경 지식에 이르리라 확신합니다.

김선일 교수 웨스트민스터신학대학원대학교

현대 문화 속에서 복음이 축소되고 왜곡되는 가운데, 복음의 능력이 드러나지 못하고 전도의 길은 막히고 있으며, 다음세대는 교회에 매력을 잃고 떠나가고 있습니다. 이러한 때에 온전한 복음, 전체적인 복음, 포괄적인 복음을 바르게 제시하는 일은 하나님 나라 백성에게 주어진 시대적 과제라고 생각합니다. 이 귀한 일을 앞장서서 실천하시는 이종필 목사님의 귀한 수고가 아름다운 결실로 이어지기를 기도합니다. 하나님 나라를 눈으로 보고 맛보며 실천하는 일이 선행될 때, 킹덤복음이 다시금 구원의 능력임이 입증되고, 교회에 부흥의 계절이 돌아오리라 소망합니다.

장남혁 교수 서울장신대학교

이종필 목사님의 글은 명쾌합니다. 하나님나라의 관점을 쉽고 분명하게 풀어줍니다. 이 책이 십자가의 복음과 하나님나라를 통합적으로 설명하고 구체적으로 적용해나가는 것이 놀랍습니다. 이 목사님의 글이 감동으로 다가오는 것은 그것이 책상에서만 나온 것이 아니기 때문입니다. 하나님나라를 소망하며 사역 현장에서 치열한 삶을 살았던 흔적이 그의 글에 스며들어 있습니다. 현 시대에 지적 성실함과 삶의 신실함을 겸비한 저자들이 많지 않습니다. 그러기에 이 둘을 갖춘 이 목사님의 저서가 더 귀하게 여겨집니다. 이 책을 통해 독자들이 킹덤 비전과 킹덤 복음이 열리는 경험을 하게 될 것을 확신하며, 기쁨으로 본서를 추천합니다.

권호 교수 합동신학대학원대학교

차례

복음을 알기 위한
신학 하기

2016년 6월, 세미나를 인도하러 캐나다 밴쿠버에 갈 준비를 하고 있
는데 낯선 전화가 왔다. 교회성장연구소 편집팀장이었다. 이전에 알
던 분은 아니었는데, 그는 내가 하나님나라 복음을 어떻게 설교해야
하는지 소개할 수 있는 적임자라고 판단했으며, 내부 논의를 거쳐 나
에게 기고 요청을 하려고 전화했다는 것이었다. 나는 즉시, 내가 그럴
만한 사람이 아니라고 답했다. 목사이기도 한 그 팀장은 큰 교회를 담
임하거나 유명한 분들은 배제하고, 성실하게 목회하고 있는 현장 목
회자 중에서 나름의 전문성을 가진 사람이라는 기준에 부합한다며
거듭 기고를 부탁했다.

　나는 큰 교회의 담임이 아니고 유명하지도 않은 사람이니 우선 합
격이겠다 싶었다. 다만 내 성실함에는 늘 의문부호가 붙지만, 현장 목
회자라는 점도 합격이겠다. 하지만 나름의 전문성이 있다고? 내게?
그건 불합격이다! 하나님나라에 대해 전문적 식견을 가진 분들이 얼

마나 많은가? 아마 2014년에 출간한 〈하나님나라 관점으로 구약관통, 신약관통〉(넥서스크로스 간)을 보고 착각하신 듯했다.

하여튼 정기간행물에 기고라니, 생각지도 못한 일이었다. 그럴 때마다 늘 풍기는 어렴풋한 아우라 때문에, 이것이 하나님의 뜻이 아닐까 고민하면서, 며칠 생각해본 후 답을 드리겠다고 말하고 전화를 끊었다. 그리고 밴쿠버행 비행기 안에서 결론에 도달했다. 이 제안을 통해, 하나님께서는 설교자로 살아가는 나에게 설교에 대해 심각하게 고민하라는 하늘의 명령을 묵직히 내리고 있다고 확신했다. 그런 다음, 나는 매달 원고 마감을 앞두고 후회를 거듭하게 된 도전을 스스로 하게 된다. 비행기에서 내려 그에게 전화를 드렸다.

"기고 요청에 순종합니다. 그리고 제안을 드립니다. 제게 매달 설교문 두 편을 요청하셨는데, 저는 먼저 하나님나라 복음이 성경 전체가 제시하는 총체적 복음에 가까운지 신학적으로 입증하고, 나 자신과 독자를 설득하고, 그리고 설교문을 기고하겠습니다."

그래서 한 달에 설교를 한 편만 기고하고, 그 설교문에 앞서 성경 전체가 제시하는 복음이 왜 하나님나라 복음인지 신학적으로 입증하며, 성경 읽기의 패러다임을 제시하는 글을 먼저 쓰는 무지막지한 산고를 1년 반 동안 겪게 되었다. 이 책은 그렇게 시작되었다.

교회의 위기는 신학적 위기 때문이다

내가 복음에 대해 고민하기 시작한 것은 신학대학원을 다니며 서울의 한 대형교회에서 사역하면서부터다. 복음은 그 전까지 나에게 공기처럼 자연스러운 것이었고, 성경과 예수님의 십자가는 자연스럽게 복음과 맞닿아 있었다. 하지만 내 사역 현장에서는 순수한 복음이 강조됨과 동시에, 교회의 전체적 현실은 성경과 너무나 멀었다. 무엇인가 문제가 있음을 감지하기 시작했다. 오랜 시간에 걸쳐, 교회의 위기는 결국 성경을 통해 복음을 이해하는 틀인 신학의 위기라는 결론에 도달했다.

지금은 복음이 큰 위기에 처해 있었던 중세 말기와 유사해 보인다. 하지만 이 시대의 우리는 새로운 방식으로 복음의 위기를 맞고 있다. 복음의 위기는 단순히 교회의 위기에서 그치지 않는다. 교회의 위기는 온 세상의 위기이다. 교회를 통해 세상을 회복하는 하나님의 선교가 막히기 때문이다. 복음이 위기에 빠지면 세상이 회복될 길이 막힌다. 우리는 교회의 위기를 우리가 살아가고 있는 세상의 위기로 인식하고, 우리의 모든 역량을 집중하여 이 문제를 해결해야 한다.

중세 시대 신학의 사변화가 복음을 왜곡시켰듯이, 종교개혁 이후 신학도 사변화의 과정을 거쳐 영지주의적 복음으로 치닫고 있다. 특히 한국 교회의 복음 이해 수준에는 심각한 문제가 있고, 그것이 복음의 위기를 낳았다. 복음의 위기는 반드시 기이한 현상으로 입증된다. 지금 한국 교회 안에는 교회와 너무나 어울리지 않는 일들이 일어나고 있고, 그런 일들이 심지어 성경을 통해 정당화되고 있다. 이것은 절대로 일부 개인들의 일탈이 아니다.

무엇이 문제일까? 결국 성경을 해석하는 틀인 신학의 문제다. 복음의 위기는 신학의 위기인 것이다. 성경은 우리 안에 내재된 신학적 틀에 의해 해석되기 때문이다. 결국 성경 전체가 지지하며, 성경 계시의 의도를 정확히 드러내는 신학적 틀을 도출하는 것이 가장 중요하다. 내세적이고 기복적으로 복음을 이해하게 한 한국 교회의 신학이 교회의 스캔들을 양산하며, 그 스캔들을 암묵적으로 양산하는 컨센서스를 만들어내고 있다. 그 잘못된 틀이 성경을 무용지물로 만들고, 심지어 죄를 성경적으로 정당화하는 도구가 되게 한다. 이 모든 현상은 한국 교회 안에 광범위하게 퍼져 있는 신학의 문제다.

우리는 다시 복음으로 돌아가야 한다. 복음으로 돌아가기 위해 성경을 이해하는 건강한 신학적 틀을 먼저 검토하고 공론화해야 한다. 우리는 성경 전체가 말하고 있는 복음을 좀 더 총제적이고 포괄적으로 이해하고, 그 복음을 이 시대의 청중에 맞게 전하도록 연구에 연구를 거듭해야 한다. 변화는 쉬운 일이 아니다. 그러나 우리가 복음으로 돌아갈 수 있다면, 교회의 위기는 분명히 극복될 수 있을 것이다. 복음을 위한 신학 하기, 이것이 이 시대의 가장 중요한 과제다.

필자는 교회의 위기를 해결하기 위해, 이 책을 통해 먼저 성경 전체를 관통하는 하나님나라에 대해 살펴보고, 성경 전체를 '주 예수 그리스도의 하나님나라 복음'으로 종합하는 작업을 시도할 것이다. 그러기 위해 주어진 계시의 수단인 언약에 대해 정리할 것이다. 계속해서 언약의 세 가지 요소인 관계 설정, 선물 수여, 조건 제시를 통해, 하나님나라의 키워드로서 백성, 땅, 주권을 도출하여 각각의 키워드로 성경 전체를 요약할 것이며, 특히 땅과 주권의 관계로 성경 전체를 통합하여 복음이 무엇인지 점점 구체화시켜갈 것이다. 결국 예수께서 우리의 주(主)요 메시야라는 '주 예수 그리스도의 복음'은 하나님나라를 목적으로 한다는 것이 밝혀질 것이며, 예수의 십자가와 하나님나라 복음, 나아가 하나님나라를 성취하기 위해 오신 분으로서 성령에 대해 정리한다. 그리하여 우리는 성경 전체가 제시하는 복음인 '주 예수 그리스도의 하나님나라 복음'이 무엇인지와, 그 복음이 성경 전체를 관통하는 가장 적절한 복음 진술이라는 결론에 도달할 것이다.

성경을 하나의 복음 이야기로 읽어야 한다

나는 성경이 하나님의 계시이며 온전한 진리라고 믿는다. 하나님은 분명 하나님의 계시인 성경을 통해 자신의 뜻을 드러내신다고 믿는다. 성경을 통해 드러내시고자 하는 하나님의 뜻을 종합하면, 그것은 복음이다. 그러나 다양한 장르로 오랜 시간 동안 여러 저자들에 의해 기록된 성경이 복음으로 종합되기가 쉽지 않다. 우선 성경 자체에 대해 다양한 이해가 있는 것이 사실이다. 심지어 성경이 하나님의 계시이며 온전한 진리라는 믿음을 공유한 이들끼리도 성경 전체가 제시하는 복음에 대한 이해가 다양한 것이 사실이다.

어떤 이들은 예수가 복음인데 뭐 복잡한 설명이 더 필요하느냐고 묻는다. 영혼들이 천국 가도록 예수만 전하면 된다고 말한다. 복음을 그렇게 간단히 축소하면 수많은 오용이 발생한다. 축소된 복음은 우선 복음의 풍성함을 왜곡한다. 복음이 현실의 문제들을 무시하고 보수화하는 기득권층의 기독교에 봉사하고 만다. 어떤 이들은 자신들의 사상을 정당화하기 위해 성경의 다양한 텍스트를 활용한다. 그들은 성경 몇 구절로 자신들의 결론을 정당화하며 복음과 동등하게 높인다. 결과적으로 수많은 협소한 생각들이 성경의 지지를 받는 것 같아 보인다는 이유로 복음적이라고 선전된다. 성경은 현실의 문제에 대한 인문학적 사상들의 근거 구절로 전락한다.

하지만 복음은 인문학적이며 정치적인 결론들과 동일시될 수 없다. 성경의 일부 텍스트가 지지하는 것이 복음은 아니다. 복음은 성경 전체가 제시하는 거대한 이야기 자체여야 한다. 따라서 복음을 이해하기 위해서는 두 가지 작업이 동시에 이루어져야 한다. 하나는 성경 전체 본문에 대한 다양한 연구다. 다른 하나는 그 연구들을 통해 찾아낸 본문들을 성경 전체와 조화시켜 복음을 진술하기 위해 하나의 이야기로 통합하는 일이다.

성경 본문 전체에 대한 다양한 연구는 20세기에 광범위하게 진행되었다. 반가운 일이다. 하지만 본문에 대한 개별적인 연구가 진행되면서 복음으로 통합하는 과정에 소홀하기도 했다. 많은 성경신학자들이 통합에 대해 회의적인 태도를 보였지만, 분명한 것은 개별 본문들은 하나로 통합될 수 있으며, 거대한 성경 전체의 이야기로 통합되어야 한다는 점이다. 연구의 과정에서 다양한 논의들이 있을 수 있으나, 우리는 늘 지금까지의 연구가 밝힌 한계 속에서 복음이 무엇인지 좀 더 나아진 결론을 제시해야 한다.

복음을 위한 성경 읽기를 위해 가장 좋은 방법은 무엇일까? 그것은 성경 전체 이야기의 견고한 축을 찾아 성경의 모든 이야기를 하나의 복음 이야기로 읽는 것이다.

성경을 연구하는 모든 시도들은 우리 모두가 복음을 믿고 복음 안에서 살아가도록 하기 위한 목적으로 진행되어야 한다. 가장 중요한 축은 예수께서 선포하신 '언약'과 '하나님나라'가 될 것이다. 우리는 언약을 통해 하나님나라를 중심으로 성경을 읽는 과정에서 가장 쉽고 정확하게 복음을 이해할 수 있다. 개혁주의자들과 일부 차이를 보이는 언약에 대한 자세한 설명은 2장부터 개진된다.

우리는 이 책의 여정을 통해 언약을 통해 계시된 하나님나라가 '주'이시며 '메시야'이신 예수님을 통해 성취되었다는 결론에 이르게 될 것이다. 이것이 성경 전체를 통합하는 가장 좋은 방법이며, 인류를 하나님 백성으로 삼아, 하나님이 통치하시는 나라로 이 땅을 회복시키며 완성하실 좋은 소식을 가장 잘 이해할 수 있는 방법이다.

'언약을 통해 계시되고 주 예수 그리스도에 의해 성취된 하나님나라의 소식'이 현 단계에서 복음에 대한 가장 간결하고도 통합적인 진술일 것이다. '주님이신 예수 그리스도를 믿으라'고 종합되는 복음(주 예수 그리스도의 복음)을 언약이라는 틀을 통해 더 총체적이고 통합적인 진술로 종합하여 '주 예수 그리스도의 하나님나라 복음'을 도출하는 과정을 소개하고 그 타당성을 입증하는 것이 이 책의 목표다.

복음 이해를 위해, 왜 하나님나라가 중심이어야 하는가?

복음(헬, 유앙겔리온)이란 말은 신약에만 120번 정도 나온다. 반면 구약에는 '좋은 소식을 전한다(히, 바싸르)'라는 의미의 단어만 몇 번 나온다. 하지만 구약 전체도 복음을 말하고 있으며, 예수께서 전하시고 성취하신 복음의 너비와 길이와 높이와 깊이를 이해할 수 있는 모든 실마리를 담고 있다.[1] 바울은 자신이 복음을 위하여 택정함을 입었고, 복음이 이미 성경, 즉 구약에서 약속된 것이라 말한다. "예수 그리스도의 종 바울은 사도로 부르심을 받아 하나님의 복음을 위하여 택정함을 입었으니 이 복음은 하나님이 선지자들을 통하여 그의 아들에 관하여 성경에 미리 약속하신 것이라"(롬 1:1-2). 바울은 또한 아브라함에게 주신 하나님의 언약 이야기도 복음이라고 규정하고 있다. "또 하나님이 이방을 믿음으로 말미암아 의로 정하실 것을 성경이 미리 알고 먼저 아브라함에게 복음을 전하되 모든 이방인이 너로 말미암아 복을 받으리라 하였느니라"(갈 3:8).

우리는 복음을 이해하기 위해 ① 언약을 통해 구성된 구약 전체의 내용, ② 구약에서 계시되었고 예수께서 성취하신 하나님나라, ③ 사도들이 전한 복음, 즉 죽으시고 부활하신 예수께서 주요 메시야(그리스도)라는 소식을 통합해야 한다. 이것을 위해 예수님의 사역에서 세례요한으로, 이전의 선지자들로, 그리고 구약 전체로 거슬러 올라가야 한다.

먼저 예수님의 사역 전체는 하나님나라 사역이었다고 요약할 수 있다. 예수님은 공생애를 시작하시면서 '하나님나라에 대한 소식'을 복음으로 선포하셨다. "이 때부터 예수께서 비로소 전파하여 이르시되 회개하라 천국이 가까이 왔느니라 하시더라"(마 4:17). "요한이 잡힌 후 예수께서 갈릴리에 오셔서 하나님의 복음을 전파하여 이르시되 때가 찼고 하나님의

---

1 크리스토퍼 라이트, 〈구약을 어떻게 설교할 것인가〉(2016, 성서유니온, 진의우 역) 1부를 참고하라. 특히 3장 '구약성경을 통해 예수님 이해하기'를 참고하라.

나라가 가까이 왔으니 회개하고 복음을 믿으라 하시더라"(막 1:14-15). 그의 생애는 하나님나라를 전파하며 증거하는 사역으로 가득 차 있었다. "예수께서 모든 도시와 마을에 두루 다니사 그들의 회당에서 가르치시며 천국 복음을 전파하시며 모든 병과 모든 약한 것을 고치시니라"(마 9:35). "무리가 알고 따라왔거늘 예수께서 그들을 영접하사 하나님나라의 일을 이야기하시며 병 고칠 자들은 고치시더라"(눅 9:11). 예수께서는 이 일을 위해 하나님에 의해 보내심을 받았다는 분명한 자기 인식을 가지고 계셨다. "예수께서 이르시되 내가 다른 동네들에서도 하나님의 나라 복음을 전하여야 하리니 나는 이 일을 위해 보내심을 받았노라 하시고"(눅 4:43).

예수님의 모든 가르침은 하나님나라에 대한 것이라 할 수 있다. 마태복음에만 해도 예수님의 대부분의 가르침은 하나님나라에 대한 것이다(마 4:17,23; 마 5-7장; 마 11:11-12, 16:19, 18:1-4, 18:23; 마 19:12,14,23-24, 20:1, 21:31, 22:2, 23:13, 25:1). "예수께서 온 갈릴리에 두루 다니사 그들의 회당에서 가르치시며 천국 복음을 전파하시며 백성 중의 모든 병과 모든 약한 것을 고치시니"(마 4:23). 예수님의 유명한 산상 설교도 천국, 즉 하나님나라로 시작하여 하나님나라로 끝난다. "심령이 가난한 자는 복이 있나니 천국이 그들의 것임이요"(마 5:3). "나더러 주여 주여 하는 자마다 다 천국에 들어갈 것이 아니요 다만 하늘에 계신 내 아버지의 뜻대로 행하는 자라야 들어가리라"(마 7:21). 물론 마태는 대부분의 경우에 '하늘들의 나라', 즉 천국이라는 용어를 사용했다. 예수님의 설교는 모두 하나님나라에 대한 것이었다. 왜냐하면 그것이 복음의 내용이었기 때문이다.

예수님은 하나님나라를 증거하시기 위해 수많은 이적들을 보이셨다. 죽음과 부활은 하나님나라를 성취하시는 사건이었으며, 지금도 하늘에서 하나님나라를 성취하고 계시며, 장차 다시 오셔서 하나님나라를 온전히 완성하실 것이다. 하지만 우리가 기억해야 할 것은, '하나님나라에 대한 소식'이 예수께서 처음 전하신 것이 아니었다는 사실이다. 그것은 예수님보다 먼저 사역하면서 예수님의 사역을 준비한 세례 요한도 그의 사역의 핵심으로 삼았던 것이다. "그 때에 세례 요한이 이르러 유대 광야에서 전파하여 말하되 회개하라 천국이 가까이 왔느니라 하였으니"(마 3:1-2). 더 이전으로 거슬러 올라가서, 구약의 선지자들도 이미 하나님께서 다스리시는 나라, 즉 메시야에 의해 하나님의 통치가 이루어질 것이라는 소식을 풍성하게 전하고 있었다. "아름다운 소식을 시온에 전하는 자여 너는 높은 산에 오르라 아름다운 소식을 예루살렘에 전하는 자여 너는 힘써 소리를 높이라 두려워하지 말고 소리를 높여 유다의 성읍들에게 이르기를 너희의 하나님을 보라 하라 보라 주 여호와께서 장차 강한 자로 임하실 것이요 친히 그의 팔로 다스리실 것이라"(사 40:9-10). "좋은 소식을 전하며 평화를 공포하며 복된 좋은 소식을 가져오며 구원을 공포하며 시온을 향하여 이르기를 네 하나님이 통치하신다 하는 자의 산을 넘는 발이 어찌 그리 아름다운가 … 여호와께서 열방의 목전에서 그의 거룩한 팔을 나타내셨으므로 땅 끝까지도 모두 우리 하나님의 구원을 보았도다"(사 52:7-10).

복음 이해에 있어서 '하나님나라'가 중심이 되어야 하는 이유는 단순히 예수께서 선포하고 설교하신 것이 '하나님나라'이기 때문이 아니다. '하나님나라'가 성경의 가장 중요한 주제여서도 아니다. 신학자들이 핵심적인 주제로 연구했기 때문도 아니다. 사실 하나님나라가 성경의 중심이라고 분명히 주장할 수 있는 근거는 하나님나라가 구약이 전한 복음의 내용 전체이며, 하나님께서 예수님을 통해 인류에게 주신 복음이며, 예수께서 성취하실 복음의 실제이기 때문이다. 사도들이 '예수가 주요 메시야'(그리스도)라는 소식을 복음(이 책에서는 '주 예수 그리스도의 복음'이라 부를 것이다)으로 전한 이유도 하나님께서 인류의 타락 이후 이스라엘을 통해 약속하신 구원의 총체로서의 하나님나라를 예수께서 역사의 끝에 성취하시고 완성하실 분이셨기 때문이었다.

이런 이유로 바울은 구약을 통해 예수를 전했고, 그가 하나님나라를 전파하는 것은 바로 예수에 대해 전파하는 것이었다. "바울이 아침부터 저녁까지 강론하여 하나님나라를 증언하고 모세의 율법과 선지자의 말을 가지고 예수에 대하여 권하더라 … 바울이 온 이태를 자기 셋집에 머물면서 자기에게 오는 사람을 다 영접하고 하나님의 나라를 전파하여 주 예수 그리스도에 관한 모든 것을 담대하게 거침없이 가르치더라"(행 28:23, 30-31). 결국 성경이 제시하는 복음은 하나님나라를 중심으로 이해되어야 한다. 하나님나라와 복음이 분리된다면 복음은 이해될 수 없다는 점이 이 책을 통해 구체화될 것이다.

이 책으로 성경의 내용이 공명되도록

앞에서도 밝혔지만, 이 책은 교회성장연구소의 월간지《교회성장》의 부록〈맑은 물가〉에 게재한 원고를 모아 정리한 글이다. 나는 이 책에서, 복음을 이해하기 위한 올바른 성경 읽기 방법인 '언약'을 통해 하나님나라 중심으로 성경을 읽고, 성경 전체를 하나의 이야기로 보고, 예수와 하나님나라 중심으로 복음을 도출해내는 방법론에 대한 신학적 근거들을 단순하지만 분명히 밝히려고 노력했다. 가급적 최신의 연구까지 중요한 자료들을 소개하려고 노력했다. 그리고 성경 전체를 백성, 땅, 주권이라는 세 키워드로 읽도록 독자들을 안내하려고 본문에 성경을 많이 인용하였다. 이 책만 읽어도 성경의 내용이 공명되도록 최선을 다했다.

이 원고를 쓰면서 나를 구원하시기 위해 죽으시고 부활하신 예수님에 대한 나의 열정이 표현된 것 같아 기쁨을 누렸다. 언약을 통해 하나님나라를 중심으로 복음을 연구하고 교회를 세워가는 수많은 선생님들의 가르침과 동역자들의 지지가 없었다면 이 책은 나올 수 없었다. 사랑하는 아내의 배려와 내게 기쁨을 주는 네 자녀, 성경 연구의 원천이 되었던 아버지의 설교들과 어머니의 사랑, 교회 성도들의 동역은 하나님께서 내게 주신 최고의 감사거리다. 킹덤복음, 하나님나라의 복음을 위한 한 알의 밀알이 되길 소망한다.

도시 한복판 목회 현장에서
이종필 목사

1부
킹덤복음의
기초

01

하나님나라 :

복음을 알기 위한 성경 읽기의 중심주제

1. 성경 전체의 통일성

20세기는 성경비평의 황금기였다. 구약의 문서설에 비견되는 신약의 역사비평과 '역사적 예수 탐구'는 본문을 충실히 들여다보게 하는 역할을 감당했음에도 불구하고, 성경 전체보다 부분에 집중함으로써 성경 연구를 개별 본문 연구로 격하시켰다. 신학자들이 복음서와 나머지 신약 본문의 진정성에 대한 판단자를 자처하면서, 오히려 성경의 권위가 상처를 입은 동시에 성경 전체가 제시하는 복음을 파악하는 데 어려움을 겪게 하였다. 그 유명한 '유대교로부터 설명되지도 않고 최초의 기독교로부터 유래되지도 않은' 진실한 본문을 찾아내려는 시도들은 자의적일 뿐만 아니라 성경 전체에 대한 통일성 있는 연구를 약화시켰다.[1] 결과적으로 구약과 신약의 간격은 더욱 멀어졌고,

---

1 이 문제에 관하여 김균진의 〈예수와 하나님나라〉(새물결플러스, 2016)의 서론(19-29p)을 참고하라. 그는

기독교 신앙은 구약과도 예수와도 상관없이 바울에 의해 창시된 것처럼 여겨지기도 했다.

이런 시도들에 대한 반성으로, 20세기 후반에 이르러 보수적인 신학자들에 의해, 최종적 본문으로서의 성경 전체를 통일성을 가진 본문으로 바라보려는 시도들이 나타나게 되었다. 차일즈는 정경적 맥락에서 벗어난 성경신학에 대해 반성하며, 정경으로서의 성경에 대해 강조했다.[2] 특히 그는 신학적 성찰이 정경적 맥락에서 시작되어야 함을 강조했다.

우리는 성경해석을 혼란 속으로 몰아넣는 포스트모던 사회를 살아가고 있지만, 하나님의 계시로서의 성경 본문을 통일성 있게 적절히 읽어낼 수 있으며, 거기에서 하나의 복음을 발견할 수 있다고 믿어야 한다. "성경이 주권적이고 인격적이며 전지하신 우주의 주님이신 삼위 하나님에게서 나온 하나님의 말씀이라는 것을 고려한다면, 우리는 성경의 다양성에도 불구하고 이 타락한 세상에 대한 하나님의 확실하신 계획과 목적을 함께 선언하는 신구약성경의 종합적 통일성과 일관성을 기대해야 한다."[3]

많은 학자들이 차일즈에 화답했다. 스티븐 뎀프스터와 그레고리 빌은 구약신학과 신약신학 분야에서 정경 전체의 맥락을 고려하여

20세기에 이런 방식으로 예수의 복음서 연구가 이루어졌음을 잘 보여주고 있다.

2   B. S. Childs, 구약신학(크리스챤다이제스트, 1992)의 제1장(13-30p)을 참고하라. 이 책의 원 제목이 〈Old Testament Theology In A Canonical Context〉라는 점에 주목하라.

3   피터 J. 젠트리 & 스티븐 J. 웰럼, 〈언약과 하나님나라〉(새물결플러스, 2017, 김귀탁 역) 120p.

신학을 하자는 차일즈의 제안을 받아들였다고 볼 수 있다.[4] 구약학자로서 크리스토퍼 라이트는 '하나님의 선교'라는 관점에서 정경 전체의 메시지를 통일성 있게 제시했다.[5] 그는 선교의 주체로서의 하나님, 선교의 도구로서의 백성, 선교의 무대로서의 땅이라는 요소로, 성경 전체를 하나의 이야기로 탁월하게 풀어냈다. 톰 라이트는 역사 비평을 일부 계승하고 있지만, 20세기의 역사비평의 결과물들을 총체적으로 비판하면서, 예수님을 하나님나라를 성취하시는 메시야로 제시하고, 성경 전체를 '예수를 통한 하나님의 승리'로 서술하고 있다.[6] 이런 시도들은 역사비평의 장점을 수용하여 성경 본문의 개별적 특성을 고려하면서도, 전체적으로 통일성 있는 하나님의 말씀으로 성경을 바라보게 하는 데 큰 기여를 했다.

성경을 살아계신 하나님의 계시로 믿는다면, 성경 전체가 하나의, 적절한, 통일성 있는 메시지를 담고 있다는 사실을 알게 될 것이다. 또한 성경 개별 본문들을 자세히 연구하는 모든 노력은 결국 성경 전체를 포괄하는 복음으로 수렴되어야 한다. 통일성의 탄탄한 기반에서 개별 본문이 연구될 때, 각각의 나무들이 아름다운 숲을 이루는 메시지를 발견하게 될 것이다.

---

4 S. G. Dempster, 〈하나님나라 관점으로 읽는 구약신학〉(부흥과개혁사, 2012)의 13-54p를 참고하라. 또한 G. Beale, 〈신약성경신학〉(부흥과개혁사, 2013)을 참고하라. 그는 자신의 책 제목에 'biblical'이라는 단어를 삽입시켜 자신의 신약신학이 신구약 정경 전체의 맥락 속에서 이루어지고 있음을 강조했다.

5 C. Wright, 〈하나님의 선교〉(IVP, 2010), 저자는 하나님, 백성, 무대라는 세 가지 요소로 성경 전체를 요약하고, 하나님께서 온 세상을 구원하시는 행위 자체를 '하나님의 선교'라고 정의했다.

6 N. T. Wright, 〈예수와 하나님의 승리〉(크리스챤다이제스트, 2004). 그는 역사비평 방법론의 계승자라기 보다는 새로운 길을 제시하는 신학자다. 역사비평의 회의론적 결과물들을 비판하고, 역사적 실제로서 예수 그리스도의 하나님나라 사역의 의미를 제시하고 있다.

2. 핵심 주제의 필요성

성경 전체를 통일성 있는 복음으로 이해하기 위해서는 핵심 주제가 필요하다. 우리는 핵심 주제를 설정하고, 그 핵심 주제가 개별 본문들을 왜곡시키지 않도록 주의하면서, 그것을 전체를 파악하기 위한 기준으로 삼아 정경 전체의 메시지를 이끌어내야 한다.[7] 이미 앞에서 제시한 학자들, 스티븐 뎀프스터와 그레고리 빌, 크리스토퍼 라이트와 톰 라이트는 각자 조금씩 상이하지만 핵심 주제를 가지고 정경 전체를 통일성 있게 서술했다.

이 책이 설정한 핵심 주제는 '하나님나라'다. 성경 전체의 핵심 주제가 '하나님나라'라고 말하기 위해서는 그 근거가 명확해야 한다. 먼저, 설정한 핵심 주제가 성경 전체를 통해 하나님께서 제시하려는 복음을 가장 적절히 드러내는가를 살펴야 한다. 나아가 성경 전체가 그 주제를 다루고 있음이 입증되어야 하고, 그 주제가 모든 개별 책들의 귀결점이 되어야 한다.

3. 구약에 이미 전제돼 있던 개념인 하나님나라

용어의 빈도로 보았을 때 구약은 '하나님나라'에 대한 개념을 많이 제시하지 않는 것처럼 보인다. '주의 나라'나 '주의 통치'의 개념은 시편에 여러 차례 나오지만, 사실 '하나님나라'라는 용어는 구약에 거의

---

7 P. J. Gentry & S. J. Wellum, 〈언약과 하나님나라〉(새물결플러스, 2017) 29p. 어떤 핵심 주제를 설정한다는 것은 환원주의로 빠진다는 주장에 동의하면서도, 논쟁을 통해 가장 적절한 핵심 주제를 찾는다면, 핵심 주제를 통해 성경 전체를 이해하고 복음을 도출하는 것이 최선의 방법이라고 나는 믿는다.

나오지 않는다고 해도 과언이 아니다. 세례요한과 예수의 설교에서 '하나님나라'가 갑자기 등장한다고 여기기 쉽다. 실제로 과거에 '하나님나라'를 연구하는 많은 학자들은 주로 신약학자들이었다. 하지만 세례요한과 예수께서 하나님나라, 혹은 그 유대적 표현인 '하늘들의 나라'(헬. 바실레이아 톤 우라논, 한글 성경에는 '천국'이라고 번역)에 대한 소식을 선포했다는 공관복음의 기록들은 그 청중이 이미 그 개념을 가지고 있었다는 것을 전제한다.

구약 선지자들의 선포 사역은 모두 그 시대의 청중이 이해할 수 있는 말로 이루어졌다. 마찬가지로 예수께서 모든 선포와 설교에 사용한 용어들은 청중이 이미 이해할 수 있는 것들이었다. 이런 점을 고려할 때, 하나님나라는 이미 구약 시대부터 선재하고 있었던 개념이라고 보아야 한다.[8] 비록 예수의 청중인 유대인들이 그 개념을 오해하거나 어떻게 성취되는지 정확히 이해하지 못했다 할지라도 말이다.

결론적으로 세례요한과 예수께서 복음 선포의 핵심 내용으로 '하나님나라'(혹은 천국)를 제시했다는 것은 당시 복음 전파의 대상자들이 적어도 그것에 대한 개념을 가지고 있었다는 것을 전제하고 있다. 이 사실로부터 예수 이전, 이미 구약 시대로부터 하나님나라의 개념이 존재하고 있었다고 보아야 한다.

---

8 Ridderbos, 〈하나님나라〉, 48-54를 참고하라. 천국(직역하면 하늘들의 나라)이라는 개념은 유대 문학에서 나타나는 '말쿳 샤마임'(하늘들의 나라)이라는 표현의 헬라어 번역이라는 점을 그는 지적한다. 이 때 '하늘들'은 하나님의 이름을 사용하는 것을 피하려는 경향을 가지고 있었던 유대인들의 경향을 보았을 때 '하나님'이라는 단어의 완곡어로 간주되는 것은 당연한 것이다. 네 개의 복음서 중 유대인들을 수신자로 설정했다고 보이는 마태복음만이 하나님의 나라(바실레이아 투 테우)가 아니라 천국(하늘의 나라)이라는 표현을 사용하고 있다는 것은 리델보스의 지적을 더욱 확신하게 해준다. 따라서 예수의 청중이었던 유대인들은 '하나님나라'의 개념과 의미에 대해 이미 구약으로부터 잘 알고 있었다고 보아야 한다.

4. 구약의 하나님나라 개념

구약에서 '하나님의 나라'(히, 말쿳 야훼) 혹은 '하늘들의 나라'(히, 말쿳 샤마임)라는 용어는 나오지 않는다. 하지만 그것은 용어의 문제일 뿐, 그 개념의 기원은 구약에 매우 풍성하게 나타나 있다. 우선 하나님의 왕권과 통치를 의미하는 '말쿠트'라는 단어가 '하나님의 통치'를 의미하는 용어로 등장하는데, 시편에 특히 많이 등장한다. "여호와께서 그의 보좌를 하늘에 세우시고 그의 왕권으로 만유를 다스리시도다"(시 103:19). "그들이 주의 나라의 영광을 말하며 주의 업적을 일러서 주의 업적과 주의 나라의 위엄 있는 영광을 인생들에게 알게 하리이다 주의 나라는 영원한 나라이니 주의 통치는 대대에 이르리이다"(시 145:11-13). "참으로 크도다 그의 이적이여, 참으로 능하도다 그의 놀라운 일이여, 그의 나라는 영원한 나라요 그의 통치는 대대에 이르리로다"(단 4:3). 특히 시편 145편 13절은 통치와 나라의 개념을 병행시켜 같은 개념으로 제시하고 있다. 이런 개념은 신약의 '바실레이아'(왕국, 나라)의 개념에 상응한다.

또한 구약 본문에는 하나님께서 다스리신다는 개념이 도처에 나타난다. "여호와께서 다스리시니 스스로 권위를 입으셨도다 여호와께서 능력의 옷을 입으시며 띠를 띠셨으므로 세계도 견고히 서서 흔들리지 아니하는도다"(시 93:1). "모든 나라 가운데서 이르기를 여호와께서 다스리시니 세계가 굳게 서고 흔들리지 않으리라 그가 만민을 공평하게 심판하시리라 할지로다"(시 96:10). "여호와께서 다스리시나니 땅은 즐거워하며 허다한 섬은 기뻐할지어다"(시 97:1). "여호와께서 다스리시니 만민이 떨 것이요 여호와께서 그룹 사이에 좌정하시니 땅이 흔들릴 것이로다"(시 99:1). 특히 시편에 이런 개념이 집중적으로 나타난다는 것은 이스라엘이 역사적으로 경험한 하나님의 통치를 개념적으로 설명하게 되었다는 것을 의미한다.

시편에 나타난 통치와 다스림의 개념은 이미 역사적으로 언약 백성 이스라엘에게 경험된 것이며, 그 개념이 백성 사이에 보편적으로 인식된 개념이라는 것을 증거한다. 이 밖에도 구약 도처에 여호와 하나님은 왕이라는 개념들이 등장한다(시 24:7-10). "여호와께서는 영원무궁하도록 왕이시니 이방 나라들이 주의 땅에서 멸망하였나이다"(시 10:16). 구약은 이미 용어적으로도 풍성하게 '하나님나라'의 개념을 드러냈다.

5. 구약 내러티브(모세오경과 역사서)는 하나님나라의 이야기다

중요한 것은 구약 전체, 특히 그 중에서도 통치와 다스림의 개념을 말하는 단어가 많이 나타나지 않는 모세오경과 역사서를 통해 하나님의 나라의 개념이 이야기로서 제시되고 있다는 것이다.

모세오경은 하나님께서 이 세상의 역사 가운데 실현하시려는 '하나님나라'의 원리를 설명하는 책들이다. 거기에는 하나님께서 택하신 백성인 아브라함의 후손들에 대한 이야기가 펼쳐지며, 하나님께서 하나님나라를 세상 가운데 실현하시기 위해 선택한 땅이 약속되고, 이방인들의 모든 삶의 방식을 무효화하는 하나님의 백성의 삶의 방식으로서의 율법이 가장 핵심적인 개념으로 제시된다. 율법에의 순종은 하나님의 통치에의 순종을 의미하기 때문에, 율법은 하나님의 통치를 구체화하는 계명들이라 할 수 있다. 우리가 오경 전체를 '언약을 통해 이루시는 하나님나라' 이야기로 이해할 수 있는 것은 시편 105편의 강력한 지지 덕분이다. 이 시는 오경 전체를 하나님나라 이야기로 설명하고 있다.

여호수아에서 에스더까지의 역사서는 언약 관계에 놓인 하나님의 백성이 약속된 땅에 들어가서 하나님의 통치에 순종을 하느냐가 가장 핵심적인 이야기이다. 즉, 하나님의 통치를 따라 살아가는 하나님의 언약 백성이 하나님의 통치를 구현하느냐의 여부에 따라 땅이 어떻게 되는가에 대한 이야기이다. 따라서 역사서는 하나님께서 오경 안에서 제시한 하나님나라의 원리가 가나안 땅에서 어떻게 이루어지는가에 대한 이야기라고 할 수 있다.

이스라엘 역사의 결과물로 주어진 시가서에서 하나님의 통치의 개념이 용어로서도 자주 나타나고 있다는 것을 우리는 주목해야 한다. 잠언과 전도서에서 자주 제시되는 '하나님을 경외함'에 대한 개념은 하나님의 백성이 가나안 땅에서 하나님을 왕으로 인정하고 그분의 통치를 받아들이는 것, 그리고 '하나님나라'를 의미하는 것이라고 할 수 있다.

역사서 전체를 다윗 왕정을 중심으로 펼쳐지는 하나님나라 개념으로 읽게 하는 열쇠는 시편 89편이다. 이 시편은 하나님의 통치가 구현되는 나라로서의 다윗 왕정, 이스라엘의 역사를 잘 정리하고 있다.

6. 구약과 신약을 잇는 선지서들에 나타나는 하나님나라와 메시야

구약을 신약과 연결해주는 책들인 선지서들은 구약 전체에 제시되고 있는 하나님의 통치, 곧 하나님나라의 개념에 메시야에 대한 예고를 추가하여 전하고 있다. 신약의 복음서들이 구약의 이야기 안에서 포괄적으로 제시된 하나님나라를 성취하실 메시야에 대한 예고가 예수 그리스도를 통해 성취되었다는 것을 증거할 때, 구약과 신약은 하나님나라의 개념으로 하나가 된다.

구약 선지서에서 제시되는 하나님의 구원의 소식은 두 가지 핵심적인 요소로 나타난다.

첫째, 하나님의 다스림, 혹은 하나님의 왕 되심의 회복이다. 이 개념은 특히 이사야 40장 9-11절과 52장 7-10절에 잘 나타난다. 하나님께서 다스리신다는 소식이 하나님의 구원 소식인 복음의 핵심이다. 즉, 하나님께서 하나님의 통치로부터 벗어난 백성을 다시 다스리시며 왕이 되어 주신다는 소식이다. 이 소식은 하나님의 통치를 거부하여 망가진 창조세계에 유일하게 적절한 기쁜 소식이 된다.

둘째, 하나님의 왕 되심을 이룰 메시야이다. 인류에게 진정한 평강을 가져올 하나님나라의 구원의 소식은 하나님의 종(하나님의 모든 계획을 순종으로 성취하실 이)이신 메시야를 통해서 이루어진다(사 42-53장). 이런 메시야에 대한 개념이 가장 잘 나타난 곳은 다니엘 7장 13-14절, 이사야 9장 1-7절 등이다. "내가 또 밤 환상 중에 보니 인자 같은 이가 하늘 구름을 타고 와서 옛적부터 항상 계신 이에게 나아가 그 앞으로 인도되매 그에게 권세와 영광과 나라를 주고 모든 백성과 나라들과 다른 언어를 말하는 모든 자들이 그를 섬기게 하였으니 그의 권세는 소멸되지 아니하는 영원한 권세요 그의 나라는 멸망하지 아니할 것이니라"(단 7:13-14). 중요한 것은 그 메시야가 인류의 죄를 짊어지고 대속적 죽음을 통해 하나님나라를 이루실 것이라는 예언이다(사 52:13-53:12).

이와 같이, 구약에서 하나님의 나라에 대한 개념은 결코 생소한 개념이 아니다. 이렇게 풍성한 구약적인 배경과 유대인들의 문학 속에 나온 '하늘들의 나라'(말쿳 샤마임)의 개념은 장차 올 하나님의 구원으로서 '하나님나라'의 개념을 형성하였으며, 이것이 바로 이 세상을 회복하실 구원의 계획을 포괄하는 용어가 되었다. 하나님의 대권을 받은 왕으로서의 메시야, 죽음으로 '하나님나라'를 성취할 구원자이신 예수 그리스도는 자신을 통해 성취될 '하나님나라'를 요한이 잡힌 후 갈릴리에서부터 모든 인류에게 전하기 시작하셨다. "요한이 잡힌 후 예수께서 갈릴리에 오셔서 하나님의 복음을 전파하여 이르시되 때가 찼고 하나님의 나라가 가까이 왔으니 회개하고 복음을 믿으라 하시더라"(막 1:14-15). 하나님나라는 예수 그리스도를 통해 성취된 복음을 정확하게 포괄적으로 전해주는 핵심적이고 유일한 개념이며, 복음의 내용을 이해하기 위한 절대적인 개념이며, 구약과 신약을 통일성 있게 이어주는 든든한 연결고리이다.

02
언약 :
복음을 계시하는 수단

1. 성경 전체를 통합하기 위한 뼈대: 언약을 통한 하나님나라

언약은 최근 신학의 가장 중요한 주제 중 하나였다. 특히 개혁주의 내에서 언약신학은 성경을 이해하는 가장 중요한 틀이었다. 마이클 호튼은 다음과 같이 말한다. "그렇다면 무엇이 이 모든 주제들을 결합시킬 수 있겠는가? 모든 주제를 결합하는 것은 그 주제 자체가 중심 교리가 아니라 정경적인 신앙과 실천을 결합시키는 구조, 버팀목과 기둥이다. 성경이 스스로 말하고 있는 이러한 구조는 언약이다. 성경의 구조는 단순히 언약 개념이 아니라 하나님이 우리 역사 속에서 우리를 언약적으로 다루시는 것이 구체적으로 있다는 것이다."[9]

성경을 이해하는 데 언약이 중요하다는 것은 누구나 동의할 것이

---

9 마이클 호튼, 〈언약신학〉(부흥과개혁사, 2009, 백금산 역) 21-22p. 개혁주의 조직신학자인 그는 〈개혁주의 조직신학〉에 '언약적 관점에서 본'이라는 문구를 덧붙여 언약이라는 용어의 중요성을 강조하였다.

다. 언약(베리트)이라는 용어는 구약 전체에 걸쳐 220번 정도 나온다. 신학 역사상 언약에 대한 다양한 연구가 진행되었다. 언약에 관한 책들은 크게 두 종류로 구분할 수 있다. 첫째, 고대 근동의 언약이라는 용어에 대한 연구를 바탕으로, 성경에 나오는 언약을 개괄적으로 설명하면서 신학적 서술을 개진하는 책들이다(윌리엄 둠브렐이 대표적이다). 둘째, 언약에 대한 개혁신학적 틀, 즉 구속언약, 행위언약, 은혜언약이라는 틀로 신학적 서술을 개진하는 책들이다(마이클 호튼이 대표적이다).

전자는 언약의 중요성을 강조하며 언약에 대한 다양한 지식을 주지만, 성경에서 제시하는 복음을 이해하기 위해 성경을 통합하는 데 약점을 가진다. 후자는 언약을 중심으로 성경을 종합하여 복음을 진술하지만, 구속사적인 틀로 언약에 접근하는 한계로 인해, 예수 그리스도의 하나님나라 사역을 포괄적으로 이해하여 복음을 진술하지 못하는 약점이 있다. 스티븐 웰럼은 피터 젠트리와 공저로 쓴 〈언약과 하나님나라 Kingdom through Covenant〉라는 책을 통해, 조직신학자로서 기존의 개혁주의 관점의 언약신학이 아주 정확하지는 않다고 주장한다. 그리고 '언약을 통한 하나님나라'가 성경 내러티브의 플롯 구조에 중심이 된다고 제안한다.[10] 스티븐 웰럼은 3부에서 신학

---

10 피터 J. 젠트리 & 스티븐 J. 웰럼, 〈언약과 하나님나라〉(새물결플러스, 2017, 김귀탁 역), 32-33p. 스티븐 웰럼은 자신의 견해를 새 언약신학 혹은 점진적 언약주의라고 부를 수 있다고 말한다. 언약에 대한 좀 더 통합적인 이해가 있어야 한다는 그의 의견에 동의한다. 물론 이 책은 언약을 통해 하나님나라를 이해하려는 시도를 하고 있지만, 언약에 대한 피터 젠트리의 매우 자세하고 놀랍게 세심한 연구에 비해, 어떻게 성경을 통합할지에 대해 분명한 결론을 내리지 못하고 있다.

적 통합을 시도하고 있다. 개혁주의 언약신학처럼 분명한 틀을 제시하지 못한다는 면이 아쉽지만, 그가 언약을 통해 복음의 핵심인 하나님나라를 서술하려 했다는 점에서는 큰 의미가 있다. 특히 다음과 같이 밝힌 그들의 견해는 최근 신학자들의 연구를 복음적으로 통합하는 가장 큰 의미가 있다.

"우리는 이 책에서 말하려는 견해의 본질을 언약을 통한 하나님나라(Kingdom through covenant)라는 말에 담으려고 애썼다. 이제 우리는 이 표현을 두 단계로 제시할 것이다. 첫째는 나라라는 말에, 그리고 정경 전체를 관통하는 하나님나라 개념을 이해하는 방법에 중점을 두고자 한다. 둘째는 하나님나라와 언약의 관계에 대한 우리의 견해를 요약하고, 우리 주 예수 그리스도의 인격과 사역에 중심을 둔 하나님나라가 이 세상에 들어오는 것이 어떻게 성경의 언약들을 통해 이루어지는지 제시할 것이다."[11] 나는 이 모든 연구를 종합하여 좀 더 나은 방법으로 언약을 통해 하나님나라를 이해하는 틀을 제시하고, 결국 성경 전체를 모두 품어 안은 복음이 무엇인지 포괄적으로 진술하는 것에 목표를 둔다.

성경에서 언약은 하나님의 통치를 거부하여 저주 가운데 살아가는 인류를 구원하시려는 하나님의 구원 행위를 드러내는 계시의 수단으로 사용된다. 구약은 하나님과 사람(민족) 간의 다양한 언약을 계시하고 있으며, 신약에는 예레미야의 전통을 따라 예수의 십자가의 죽음

---

11 위의 책, 845-871p. 특히 '언약을 통한 하나님나라'라는 용어를 제시한 것과 성경 전체를 관통하는 하나님나라 개념과 언약과의 관계를 제시한 부분에 주목하라.

과 부활을 통하여 드러난 하나님의 구원 경륜을 새 언약으로 설명한
다(히 8:7-13). "여호와의 말씀이니라 보라 날이 이르리니 내가 이스라엘 집과
유다 집에 새 언약을 맺으리라"(렘 31:31). "저녁 먹은 후에 잔도 그와 같이 하여
이르시되 이 잔은 내 피로 세우는 새 언약이니 곧 너희를 위하여 붓는 것이라"(눅
22:20). "식후에 또한 그와 같이 잔을 가지시고 이르시되 이 잔은 내 피로 세운 새
언약이니 이것을 행하여 마실 때마다 나를 기념하라 하셨으니"(고전 11:25). 즉,
신약은 하나님의 구원 역사의 정점에 있는 메시야 예수의 사역을 구
약에 나타나 있는 하나님의 구원 계시의 중심인 언약의 새로운 형태,
혹은 성취된 형태로 설명하고 있다.

구약은 하나님께서 구원하시는 언약 이야기이며, 선지자들은 이스
라엘 역사의 끝에서 메시야에 의한 새로운 언약을 통해 하나님의 구
원이 성취될 것이라고 선포한다. 신약은 예수 그리스도에 의해 언약
이 성취되었음을 증거한다. 성경 속에서 언약은 하나님의 구원 행위
를 표현하는 용어이며, 복음 계시의 중심에 있다.

2. 언약에 대한 간략한 이해

우리는 성경에서 복음을 진술하기 위해, 지금까지보다 더 포괄적이
며 동시에 간단명료하게 언약에 대해 간략한 이해를 얻어야 한다.[12]
언약은 원래 고대 근동 지방에서 상호 간의 계약을 지칭하는 용어였

---

12 언약에 대한 자세한 이해는 위의 책 2부를 참고하라. 언약이라는 용어와 성경의 언약을 가장 자세히 개괄한
   좋은 연구라고 생각한다. 특히 이 책의 부록에는 언약(베리트)에 대한 사전적 분석이 완벽하게 제시되어 있다.
   언약을 통해 하나님나라를 이해하고 복음을 진술하는 작업, 즉 성경 전체를 언약이라는 수단을 통해 요약하고
   복음 진술로 통합하는 데 이런 학자들의 연구가 매우 유용하다.

다. 성경 속에는 사람들 간의 언약도 여러 차례 등장하며, 하나님과 개인 사이, 혹은 하나님과 이스라엘 백성 사이에 맺은 다양한 언약이 기록되어 있다.

성경 안에는 인간 상호 간의 언약이 많이 나온다. 아브라함은 아비멜렉과 그의 군대장관 비골과 언약을 세운다. "아브라함이 양과 소를 가져다가 아비멜렉에게 주고 두 사람이 서로 언약을 세우니라 … 그들이 브엘세바에서 언약을 세우매 아비멜렉과 그 군대 장관 비골은 떠나 블레셋 사람의 땅으로 돌아갔고"(창 21:27,32). 야곱도 그의 삼촌 라반과 언약을 세운다. "이제 오라 나와 네가 언약을 맺고 그것으로 너와 나 사이에 증거를 삼을 것이니라"(창 31:44). 다윗은 요나단과 언약을 맺고(삼상 18:3, 삼상 23:18), 아브넬과 언약을 맺기도 한다(삼하 3:12-13). 이스라엘의 지도자들은 이와 같이 백성과 언약을 맺기도 했다. 대제사장 여호야다는 아달랴에 반역하기 위해 여러 사람들과 언약을 맺었다(대하 23:1-3). 이런 언약들은 인간 상호 간의 쌍무적 관계의 언약이라 할 수 있다.

하지만 성경의 이야기를 주도적으로 이끌고 가는 언약들은 모두 하나님과 개인, 혹은 하나님과 이스라엘 백성, 나아가 하나님과 온 인류와 맺은 언약들이다. 하나님은 아담과 언약을 맺었고, 노아, 아브라함, 비느하스, 다윗과도 언약을 맺으셨다(창 2:15-17, 삼하 7:1-17). "그들은 아담처럼 언약을 어기고 거기에서 나를 반역하였느니라"(호 6:7). "그러나 너와는 내가 내 언약을 세우리니 너는 네 아들들과 네 아내와 네 며느리들과 함께 그 방주로 들어가고"(창 6:18). "그 날에 여호와께서 아브람과 더불어 언약을 세워 이르시되 내가 이 땅을 애굽 강에서부터 그 큰 강 유브라데까지 네 자손에게 주노니"(창 15:18). "그러므로 말하라 내가 그에게 내 평화의 언약을 주리니 그와 그의 후손에게 영원한 제사장 직분의 언약이라 그가 그의 하나님을 위하여 질투하여 이스라엘 자손을 속죄하였음이니라"(민 25:12-13). "내가 네 나라 왕위를 견고하게 하되 전에 내가 네 아버지 다윗과 언약하기를 이스라엘을 다스릴 자가 네게서 끊어지지 아니하리라 한 대로 하리라"(대하 7:18). "여호와께서 다윗의 집을 멸하기를 즐겨하지 아니하셨음은 이전에 다윗과 더불어 언약을 세우시고 또 다윗과 그의 자손에게 항상 등불을 주겠다고 말씀하셨음이더라"(대하 21:7).[13]

물론 하나님은 이스라엘 민족과 언약을 맺으셨고, 예수 그리스도를 통해서 온 인류와 언약을 맺으셨다. "세계가 다 내게 속하였나니 너희가 내 말을 잘 듣고 내 언약을 지키면 너희는 모든 민족 중에서 내 소유가 되겠고 너희가 내게 대하여 제사장 나라가 되며 거룩한 백성이 되리라 너는 이 말을 이스라엘 자손에게 전할지니라"(출 19:5-6). "저녁 먹은 후에 잔도 그와 같이 하여 이르시되 이 잔은 내 피로 세우는 새 언약이니 곧 너희를 위하여 붓는 것이라"(눅 22:20).

성경의 이야기들은 하나님과 개인(혹은 민족이나 인류) 간에 맺은 언약의 이야기들에 대해 서술하며 진행된다. 아담이 언약을 깨트리고 세상에 죄가 가득하게 되었을 때 심판이 임했고, 노아에게 물로 심판하지 않겠다는 언약을 하고 난 후에 아담과의 언약을 대체하는 아브라함과의 언약이 이어진다. 아브라함과의 언약은 결국 이스라엘

---

13 하나님께서 아담과 언약을 맺었다는 부분은 논란이 되는 부분이다. 하지만 필자는 하나님과 아담 사이에 언약이라는 말이 명시적으로 나오지 않는다고 해도 아담과 관계를 맺으시고, 아담에게 에덴동산을 주시고, 그에게 언약적 순종을 요구하고 있는 창세기 2장 본문을 통해서 언약 개념이 분명히 드러난다고 본다. 나아가 하나님과 아담과의 언약은 실제로 그 이후 모든 다른 언약들의 모델이 된다. 성경의 모든 이야기는 언약이라는 단어가 명시적으로 나오지 않아도 하나님과 아담, 하나님과 이스라엘, 하나님과 교회와의 언약 관계를 기본적으로 전제하고 기록되어 있다. 이 문제에 관하여 필자는 그레고리 빌의 의견에 전적으로 동의한다. 그의 〈신약성경신학〉(부흥과개혁사) 56-60pp를 참고하라.

민족과의 시내산 언약으로 확장된다.[14] 구약의 대표 언약인 시내산 언약을 이스라엘 백성이 깨트렸을 때, 예수 그리스도를 통해 온 인류와 맺은 새 언약이 역사의 끝에 주어진다. 결국 언약은 성경의 이야기를 계속 이끌고 간다. 하나님의 모든 구원 행위는 언약으로 드러나며, 하나님과 언약을 맺은 개인 혹은 백성은 언약에 대한 신실함을 계속해서 요청받는다. 이 언약들은 결국 하나님나라의 복음을 인류에게 전하는 데 있어서 핵심적인 역할을 한다. 하나님께서 다시 세상을 통치하시며, 그 과정에서 회복되는 창조세계에 대한 소망이 언약을 통한 복음 계시의 핵심이다.

3. 언약과 관련된 동사들[15]

성경 전체의 중심이며, 성경 이야기를 계속 이끌어가는 언약을 좀 더 구체적으로 이해하기 위해 언약과 관련된 동사들을 살펴볼 필요가 있다. 언약(베리트)이라는 단어에는 중요한 동사들이 따른다. 우리가 살펴볼 것은 언약을 '세운다'(맺는다)는 동사와 언약을 '지킨다'(혹은 반대적 의미에서 배반한다/버린다)는 동사이다.

먼저 언약을 '맺는다' 혹은 '세운다'라는 동사는 주로 언약의 주도

---

14 송제근은 출애굽기 19-24장을 시내산 언약으로, 신명기 4-28장을 모압 언약으로 분리하여 비교한다. 그리고 그 두 언약의 동질성에 대해 서술한다. 필자는 두 언약이 동일한 언약이며 동일한 결론을 가지고 있다는 점을 강조하며(레 26장, 신 28장), 이 전체를 시내산 언약으로 본다. 신명기는 새로운 세대에게 시내산 언약을 재론한 것이다. 《시내산 언약과 모압 언약》(송제근, 1998, 도서출판 솔로몬)을 참고하라.

15 언약과 관련된 모든 표현들은 《언약과 하나님나라》(피터 J. 젠트리 & 스티븐 J. 웰럼, 김귀탁 역, 새물결플러스, 2017) 1024-1085에 자세히 소개되어 있다. 꼭 이 부분을 참고해보길 권한다. 이 책에서는 성경 전체를 관통하여 복음을 진술하기 위해 언약에 대한 표현들 중 몇 가지 동사만 다룰 것이다.

자인 여호와 하나님을 주어로 한다. 이 동사는 히브리어로 '카라트'인데, '자른다'는 뜻이다. "하나님이 이르시되 아니라 네 아내 사라가 네게 아들을 낳으리니 너는 그 이름을 이삭이라 하라 내가 그와 내 언약을 세우리니 그의 후손에게 영원한 언약이 되리라"(창 17:19).

성경에서 '언약을 맺는다'는 말은 직역하자면 '언약을 자른다'이다.[16] 창세기 15장에 하나님께서 아브라함에게 짐승을 준비하게 하시는 장면이 등장한다. 아브라함이 짐승을 쪼개어 마주 놓고 새를 쫓은 후에 횃불이 쪼갠 고기 사이를 지나간다. 물론 횃불은 하나님 자신의 상징이다. 하나님께서 쪼갠 고기 사이를 지나가신 것이다. 그 후 하나님의 맹세가 나온다. 여기에 근거하자면, 언약을 맺는다(히, 자르다)는 의미는 상호 간에 목숨을 담보하여 맹세하는 것이다. 언약을 지키지 않으면 자신이 쪼개질 수 있다. 죽을 수 있다는 의미이다. 하나님께서 언약을 세운다는 것은 어떤 일이 있더라도 그 언약을 지키시며, 하나님께서는 무한한 지혜와 능력을 사용하셔서 인류를 돌이키고 다시 복을 주시는 구원, 즉 하나님나라를 성취하실 것이라는 사실을 의미한다.

또한 언약과 관련하여 사용되는 또 하나의 동사는 '지킨다'는 의미의 히브리어 '샤마르'다. "하나님이 또 아브라함에게 이르시되 그런즉 너는 내

---

16 마리 문서를 통해 우리는 짐승을 자르는 것이 조약을 체결하는 의식이었음을 확인할 수 있다. 나아가 조약 체결의 목적은 평화를 정착시키는 것이라는 사실을 확인할 수 있다. "이발아다드가 아슬락카에서 보낸 토판이 내게 도착해서 내가 하누와 아다마라 사이에 나귀를 자르기 위해 떠났습니다. … 내가 나귀 새끼를 잡게 하였고, 하누와 이다마라 사이에 평화를 정착시켰습니다. 후라와 온 이다마라에서 하누가 승리하여 누구도 대항할 자가 없는 승리자가 되었습니다."〈고대 근동문학선집〉(제임스 B. 프리처드, 김구원 역, 2016, CLC) 781-782p.

언약을 지키고 네 후손도 대대로 지키라"(창 17:9). "세계가 다 내게 속하였나니 너희가 내 말을 잘 듣고 내 언약을 지키면 너희는 모든 민족 중에서 내 소유가 되겠고"(출 19:5). 이 동사의 주어는 주로 하나님이 택하신 언약의 대상으로서의 개인이나 민족이다. 이 동사의 원 의미는 '가시 같은 것으로 울타리를 쳐서 다른 것이 들어오지 못하게 한다'는 뜻이다. 즉, 하나님과 언약을 맺은 백성이 '언약을 지킨다'는 것은 언약의 당사자들이 맺은 언약 속으로 어떤 다른 것, 하나님과 관련하자면 우상 숭배적 요소가 들어오지 못하게 하는 것이다. 다시 말하면 언약에 따라오는 규정들(하나님의 주권적 통치를 실현하기 위해 지켜야만 하는 율법)을 생명을 다해 지킨다는 것을 의미한다. "그들이 하나님의 언약을 지키지 아니하고 그의 율법 준행을 거절하며"(시 78:10). "곧 그의 언약을 지키고 그의 법도를 기억하여 행하는 자에게로다"(시 103:18).

언약을 지킨다는 것은 하나님을 자신들의 주권자요 왕으로 인정하고, 그 언약의 규정들에 순종하는 것이다. 반대로 언약을 깨뜨리는 것은 언약에 따라오는 규정들을 무시하고 거부하는 것을 의미한다. 이것을 언약을 '버린다'(신 29:25, 왕상 19:14) 혹은 '배반한다'라고 표현한다(레위기 26:15). "그 때에 사람들이 대답하기를 그 무리가 자기 조상의 하나님 여호와께서 그들의 조상을 애굽에서 인도하여 내실 때에 더불어 세우신 언약을 버리고"(신 29:25). "그가 대답하되 내가 만군의 하나님 여호와께 열심이 유별하오니 이는 이스라엘 자손이 주의 언약을 버리고 주의 제단을 헐며 칼로 주의 선지자들을 죽였음이오며 오직 나만 남았거늘 그들이 내 생명을 찾아 빼앗으려 하나이다"(왕상 19:14). "내 규례를 멸시하며 마음에 내 법도를 싫어하여 내 모든 계명을 준행하지 아니하며 내 언약을 배반할진대"(레 26:15).

하나님과 언약을 맺은 당사자들이 언약을 지키지 않으면, 즉 언약에 포함되어 있는 요구에 신실하지 않으면 하나님의 복을 누릴 수 없다(레위기 26장, 신명기 28장). 언약에서 중요한 것은 언약을 세우신 하나님을 신뢰하고, 그 언약의 규정들에 순종하는 것이다. 하나님께서 인류와 '언약을 세운다 혹은 맺는다'(카라트)는 것은 그가 인류를 위해 절대로 변하지 않을 약속을 하신다는 것이다. 즉, 하나님이 인류를 구원하겠다는 맹세를 하시는 것이다. 인류의 구원은 바로 이 하나님의 맹세로부터 시작된다. 따라서 하나님의 언약을 아담처럼 버렸던 인류는 이 신적 언약의 맹세를 신뢰하고, 그 언약을 지켜야 한다(샤마르). 언약의 주체인 하나님께서 언약을 맺을 때 주신 율법들을 지켜야 하는 것이다. 그 율법들은 하나님의 통치를 거부한 인류가 회개하고 다시 하나님의 통치를 받아들일 때 나타나는 삶의 방식이다. 이렇게 언약을 신실하게 지키는 백성에게 다시 하나님의 복이 임한다. "하나님이 그들에게 복을 주시며 하나님이 그들에게 이르시되 생육하고 번성하여 땅에 충만하라, 땅을 정복하라, 바다의 물고기와 하늘의 새와 땅에 움직이는 모든 생물을 다스리라 하시니라"(창 1:28). 이것이 바로 언약의 용어들이 우리에게 보여주는 내용이다.

따라서 언약은 자연스럽게 새로운 왕을 맞아들여 그의 통치 안에서 살아가는 것을 의미하게 된다. 하나님의 복 주심을 신뢰하며, 하나님의 통치 안에 들어가 하나님께서 주신 말씀(규정들)을 따라 살아가는 관계를 의미하는 것이다. 구약의 언약은 하나님의 통치를 거부한 인간이 다시 하나님의 통치 안으로 들어가 하나님의 복 주심을 누리며 살아가는 것을 목적으로 한다. 이것이 하나님의 피조세계가 새롭게 되는 하나님의 구원이며, 예수께서 선포하신 하나님나라이다. 성경의 언약 이야기는 모두 '하나님나라'를 회복하는 이야기이다.

4. 복음을 계시하는 수단으로서의 언약

많은 학자들의 고고학적 발굴 덕분에 하나님과 이스라엘 백성 사이의 언약에 대한 구체적인 정보들을 얻게 되었다. 그 정보들을 통해 성경 속에 기록된 하나님과 개인, 혹은 하나님과 이스라엘 백성과의 언약이 고대 근동 지방의 정치적 조약들과 유사하며, 대등한 쌍무적 관계의 조약들보다는 제국과 그 종속국 사이의 소위 '종주권 조약'과 유사하다는 것이 밝혀졌다. 고대 근동의 종주권 조약은 ① 서두(종주권자의 신원과 칭호), ② 역사적 서언(이전의 관계와 종주권자가 베푼 행위), ③ 조약 규정들(종속국이 지켜야 할 책임과 의무), ④ 조약 문서의 보관(보관 및 정기적 낭송의 책무 진술), ⑤ 저주와 축복(종주권자에 대한 충성 여부에 따른 상벌)의 요소들로 구성되어 있다.[17]

하나님과 이스라엘 백성 사이에 맺어진 소위 '시내산 언약'이 바로 이 고대 근동의 종주권 조약의 형태를 띠고 있다. 이런 관점으로 출애굽기 19-24장의 시내산 언약을 본다면 하나님(종주국의 왕)께서 이스

---

17 고대 근동 조약들에 대해 직접 연구하려면 제임스 프리처드의 〈고대 근동문학선집〉 443-471을 보라. 고대 근동 조약에 대해 간단히 정리된 글로는 〈크리스천 투데이〉 2015년 7월 1일자 칼럼으로 게재된 권혁승의 "언약이란 무엇인가?"(2): '언약의 구조'를 참고하라. 오경을 중심으로 언약에 대해 더자세히 살펴보려면 송제근의 〈오경과 구약의 언약신학〉과 〈시내산 언약과 모압 언약〉을 참고하라.

라엘 백성(종속국의 백성)과 언약을 맺는 것은 그들을 보호하고 지키시는 왕으로서 백성을 선택하고, 그들에게 조약의 규정들(율법)을 주시고, 그 율법을 지키는 자들에게 복을 주시겠다는 구원의 맹세라고 할 수 있다. 이 구원의 맹세에는 언약의 대상자들, 즉 하나님의 구원을 위해 택한 자들이 언약의 규정들에 순종할 것이 요청되는데, 이것은 결국 하나님의 통치를 복원하는 것을 의미한다.

구약의 성취를 증거하는 신약은 십자가에서 죽으시고 부활하신 예수 그리스도를 통해 하나님의 통치가 이 땅에 구현되고 하나님의 평화의 언약이 성취되었다는 것을 증거한다. 즉, 십자가의 속죄의 최종 목적은 언약의 성취다. "예수 죽음의 목적은 새 언약, 평화의 언약을 가져오는 것, 그것을 탄생시키는 것이었다."[18] 예수 그리스도의 십자가 죽음은 언약 이야기로 계시된 구약을 성취하는 것이며, 하나님의 백성으로 택함받아 그리스도의 죽음과 연합하여, 하나님의 주권에 순종하며 이 땅을 회복하는 일에 충성하는 백성을 통해 하나님나라를 성취한다. "내가 진실로 진실로 너희에게 이르노니 내 말을 듣고 또 나 보내신 이를 믿는 자는 영생을 얻었고 심판에 이르지 아니하나니 사망에서 생명으로 옮겼느니라"(요 5:24). "네가 만일 네 입으로 예수를 주로 시인하며 또 하나님께서 그를 죽은 자 가운데서 살리신 것을 네 마음에 믿으면 구원을 받으리라 사람이 마음으로 믿어 의에 이르고 입으로 시인하여 구원에 이르느니라"(롬 10:9-10).

---

18 〈속죄와 새 언약〉(마이클 고먼, 최현만 역, 에클레시아북스 2016) 327p. 그는 예수의 속죄를 새 언약과 연결시키며, 죄사함, 대속, 칭의와 같은 수직적인 차원의 속죄론에서 나아가 하나님의 통치가 실현되는 언약의 성취로서 새 언약 속죄 모델을 제안한다. 그를 통해 그리스도의 죽음을 죄 사함과 칭의와 연결하는 것을 넘어, 언약의 성취이며 하나님나라의 회복과 연결시키는 좋은 관점을 얻을 수 있다.

하나님의 백성의 순종에 의해 하나님이 창조하신 피조세계 가운데 하나님의 통치가 이루어지는 것이 바로 '하나님나라'다. 결국 성경 전체는 언약이라는 고대 근동의 친숙한 관습을 통해 예수 그리스도를 통해 '하나님나라'가 이루어질 것을 약속하고 있다. 언약은 결국 하나님께서 인류를 구원하시기 위해 행하시는 일을 고대 근동 당시의 언어로 표현한 용어이다.

우리는 하나님께서 하나님의 통치를 거부하여 저주 가운데 살아가는 인간을 구원하시기 위하여 행하시는 모든 경륜을 성경에 계시하실 때, 인간과 언약을 맺는 것으로 설명하고 있다는 사실을 확인하게 되었다. 간단히 말해, 언약은 하나님께서 역사 속에서 인간을 구원하시는 행위, 즉 하나님나라를 성취해 가시는 모든 과정을 설명하는 용어로 차용된 것이다.[19] 결국 언약은 '복음(예수를 통해 성취된 하나님나라)을 계시하는 수단'이었던 것이다. 따라서 우리는 하나님나라를 이해하기 위해 언약을 좀 더 구체적으로 살펴볼 필요가 있다.

---

19 이하 하나님나라와 관련하여 언약을 설명하는 내용은 이종필, 〈하나님나라 관점으로 구약관통〉 24-54페이지를 참고하라.

03

언약의 세 가지 요소 :

관계 맺음, 선물 수여, 조건 제시

1. 언약을 중심으로 한 하나의 이야기: 성경

최근 신학자들의 연구에서 주목해볼 만한 주장은 '성경 전체는 하나의 이야기'라는 것이다.[20] 세상을 창조하신 유일하신 신이 성경의 하나님이며, 그가 보내신 유일한 구원자요 메시야가 예수님이라면 성경 전체의 이야기는 하나이며, 우리에게 주어지는 복음도 하나일 수밖에 없다. 따라서 우리는 성경 전체를 하나의 이야기로 이해하는 어려운 과제에 도전해야 한다.[21]

많은 바퀴살들이 하나의 바퀴를 구성하려면 축이 필요하듯이, 성

---

20 성경 전체를 '하나의 이야기'로 개관하는 책 중에서 가장 축약된 것으로 레슬리 뉴비긴의 〈성경 한 걸음〉(복있는 사람, 2013)이 있으며, 좀 더 자세한 개관서로는 마이클 고힌/크레이그 바르톨로뮤의 〈성경은 드라마다〉(IVP, 2009)가 있다.

21 구약 자체의 통일성을 오경의 언약을 중심으로 설명한 송제근의 〈오경과 구약의 언약신학〉(두란노, 2003) 7-58페이지를 참고하라. 그리고 구약과 신약 전체의 통일성에 바탕을 두고 구약 전체의 성취로서의 예수에 대해 서술한 책으로 N. T. Wright의 〈예수와 하나님의 승리〉를 참고하라.

경 전체를 하나의 이야기로 이해하기 위해서는 하나의 축이 필요하다. 언약은 하나님나라를 계시하는 수단으로서 구약 전체 이야기를 하나로 꿰는 축이 되며, 동시에 복음서의 예수 그리스도 사역의 밑그림이 된다.

우리는 앞서 언약이 하나님의 구원 행위를 총체적으로 표현한 것으로서, 하나님나라를 계시하는 수단으로 선택된 용어라고 정의했다. 메시야를 통해 하나님나라를 구현하는 것이 성경 전체에서 결론으로 제시하는 '하나님의 구원'이라 한다면, 언약은 하나님의 모든 구원의 행위를 우리에게 전해주는 중요한 개념이다. 구약은 하나님께서 이스라엘과 맺은 독특한 관계와 이스라엘에게 행한 모든 행위들을 언약의 개념으로 설명했다. 신약은 예수 그리스도를 통해 메시야를 믿는 온 인류(새 이스라엘)와 하나님과의 언약을 새 언약이라고 표현했다. 월터 보겔스의 말에 주목해 보자. "야웨와 이스라엘 간의 역사적 언약 전체는 처음부터 세계적인 차원을 가지고 있었다. 열방은 진정한 증인이다. 야웨의 구원하시는 행동, 그분이 이스라엘에게 징벌을 내리시고 회복시키신 것은 동시에 열방에게 주는 설교였다."[22]

사실 구약의 이야기는 하나님과 이스라엘 백성과의 언약의 이야기이며,[23] 그것은 신약의 예수 그리스도를 통한 하나님과 새 이스라

---

22 Walter Vogels, God's Universal covenant: A biblical Study, 2nd ed.(Ottawa: University of Ottawa Press, 1996), pp. 66-67, 〈하나님의 선교〉(크리스토퍼 라이트, IVP, 2010) 407에서 재인용.

23 N. T. Wright는 이스라엘의 유일신 신앙과 하나님에 의한 선택, 종말, 구속에 대한 신념들이 모두 언약 사상으로부터 왔음을 주장한다. 자세한 것은 그의 책 〈신약성서와 하나님의 백성〉(크리스천다이제스트, 2003), 405-464pp를 참고하라.

엘 백성과의 언약의 이야기로 고스란히 전달된다. 우리는 언약이라는 축을 통해서만 1000년 이상 수많은 저자들에 의해 기록된 구약을 통일성 있게 이해할 수 있으며, 구약 전체와 신약 전체의 두 계시를 한 하나님이 보내신 한 메시야 예수에 대한 통일성 있는 복음 이야기로 이해할 수 있게 된다. 성경은 언약을 중심으로 한 '하나의 이야기'이다. 기독교의 목적은 세상 전체에 대해 한 이야기를 제공하는 것이다.[24]

2. 세 언약과 세 이야기로 된 하나의 이야기: 성경

성경을 하나의 이야기로 된 복음으로 이해하기 위해서는 언약을 중심으로 성경 이야기들을 통합하는 작업을 해야 한다. 하나님께서 우리 인간과 세우신 언약은 크게 두 종류로 나눌 수 있다. 하나는 인류를 구원하여 이루실 하나님나라를 계시하기 위해 인류 전체의 대표자(들)과 세운 언약들이고(대표적 언약), 다른 하나는 하나님의 특별한 뜻을 나타내시기 위해 개인과 세운 언약들(부수적 언약)이다. 따라서 성경에 나오는 많은 언약들을 있는 그대로 서술하는 작업을 통해서는 성경 전체를 하나의 이야기로 통합하기 어렵다. 언약을 분류하고, 대표적 언약을 중심으로 성경의 이야기들을 통합하는 작업을 해야 한다.[25]

---

24 마이클 고힌/크레이그 바르톨로뮤의 〈성경은 드라마다〉의 표지에 인용된 N. T. Wright의 말이다.

25 크리스토퍼 라이트는 "정경 이야기에서 연이어 나오는 언약들은 우리에게 그 케이블을 형성하는 거대 서사를 나타내는 훌륭한 방법 하나를 제공해준다. … 연속적으로 나오는 언약들은 그 이야기의 그 역사적 이야기를 헤쳐나가는 한 가지 방법이다. 또 그 언약들은 그 이야기의 의의와 최종적인 결과를 알 수 있는 중대한

필자는 성경에 기록된 모든 언약은 하나님께서 인류를 구원하시기 위한 계시의 수단이지만, 우리는 세 가지 언약을 중심으로 펼쳐지는 세 가지 이야기에 집중해야 한다고 필자는 믿는다. 이 세 가지 언약 이야기는 특히 앞에서 언급한 두 종류의 언약 중에 대표적 언약에 포함되며, 나머지 언약들은 대표적 언약과의 관계 속에서 설명될 수 있다. 성경은 크게 세 부분으로 구분된다. 창세기 1-11장, 창세기 12장 말라기, 그리고 신약 전체이다.[26] 이 세 부분을 이끄는 핵심축은 에덴 동산에서 하나님과 아담 사이에 세워진 언약(이후 아담 언약이라 부를 것이다), 시내산에서 하나님과 이스라엘 백성 사이에 세워진 언약(이후 시내산 언약이라 부를 것이다), 그리고 예수 그리스도의 십자가에서 하나님과 온 인류 사이에 세워진 언약(이후 새 언약이라고 부를 것이다)이다.[27]

1) 아담 언약(창 1-11장)

창세기 1장에서 11장은 아담 언약 이야기이다.[28] 하나님이 세상을 창조하시고 아담과 언약을 맺으셨다. 창조하셔서 에덴에 두시고 명령을 하신 자체가 아담과의 언약이다. "여호와 하나님이 그 사람을 이

실마리를 제공해준다"고 말했다. 〈하나님의 선교〉(IVP, 2010) 408p.

26 각각 '새 언약'과 '옛 언약'이라는 의미의 신약과 구약의 구분은 너무나 당연하다. 구약을 창세기 1-11장과 창세기 12장 이후로 나누는 구분은 수많은 학자들이 사용했으며 모두 동의하리라 본다.

27 William J. Dumbrell, 〈언약과 창조〉(최우성 역, 크리스챤서적, 1990). 그는 이 책에서 성경의 언약을 자세하게 다뤘다. 언약에 대한 성경적 이해를 위해 이 책을 참고하라. 그의 책의 아쉬운 점은 언약이라는 용어를 따라 아담과의 언약을 간과한 점과 다섯 종류의 언약(노아, 아브라함, 시내산, 비느하스, 다윗)을 단순하게 서술했다는 점이다.

28 아담 언약을 언약으로 간주해야 하느냐에 대한 논쟁에 대해서는 앞 장에서 다뤘다.

끌어(하나님이 자신의 형상으로 창조한 아담을 자기 백성으로 삼음) 에덴동산에 두어 그것을 경작하며 지키게 하시고(하나님이 창조한 땅, 하나님께서 피조물로부터 영광을 취하실 땅을 아담에게 맡기심) 여호와 하나님이 그 사람에게 명하여 이르시되 동산 각종 나무의 열매는 네가 임의로 먹되 선악을 알게 하는 나무의 열매는 먹지 말라 네가 먹는 날에는 반드시 죽으리라(선악을 판단하고 적용하고 심판하는 분은 오직 창조주 하나님이며 아담에게는 피조물로서의 순종, 즉 자신과 에덴동산에 대한 하나님의 주권을 인정할 것을 요구함, 창 2:15-17).

하나님께서는 고대 근동의 종주권 언약에서의 왕이요 통치자로서 아담을 자신의 백성으로 삼고(더불어 동반자로서 하와를 창조), 그에게 자신의 땅을 맡기시고, 그와 그 땅에 대한 통치자로서의 주권을 요구하신다. 하나님께서는 왕과 통치자로 그와 그 땅에 복을 내리신다. "하나님이 그들에게 복을 주시며 하나님이 그들에게 이르시되 생육하고 번성하여 땅에 충만하라, 땅을 정복하라, 바다의 물고기와 하늘의 새와 땅에 움직이는 모든 생물을 다스리라 하시니라"(창 1:28). 하지만 하나님의 주권에 대한 요구에 아담이 응하지 않는다면 그 땅에서 하나님의 복은 사라질 것이다. 여기까지가 아담 언약의 골자이다.

아담과 하와는 그 언약을 지키지 못한다. 사탄이 그 땅에서 하나님의 주권을 교란시킨다. 그 결과 아담과 하와는 그 땅에서 쫓겨나고, 하나님의 복은 사라진다. "아담에게 이르시되 네가 네 아내의 말을 듣고 내가 네게 먹지 말라 한 나무의 열매를 먹었은즉 땅은 너로 말미암아 저주를 받고 너는 네 평생에 수고하여야 그 소산을 먹으리라"(창 3:17). 복이 사라진 상태는 '저주'

라고 표현된다.

창세기 4-11장의 이야기는 하나님의 주권을 거부한 인류가 어떻게 각기 나라와 종족과 언어대로 퍼져 나가는지 설명하며, 동시에 인류가 하나님 없이 자신들의 탐욕으로 얼마나 참혹한 현실을 만들어 내는지 보여준다. 그 참혹한 현실은 언약을 깨트린 대가이며, 그 현실은 하나님의 심판을 불러온다. 하지만 노아 언약은 하나님의 심판에도 불구하고 인류에게 하나님의 구원이라는 소망이 있음을 보여준다 (창 9장). 노아 언약은 거대한 아담 언약 이야기를 뒷받침하는 부수적 언약이다. 아담 언약 이야기는 하나님의 주권을 거부한 인간의 탐욕적 삶의 방식을 드러내는 바벨탑 이야기와 실패한 아담 언약을 대체할 시내산 언약 이야기로 나아가기 위해 아브라함을 소개하는 셈의 족보를 기록하는 창세기 11장으로 마무리된다.

하나님은 인류를 창조하시고 그들에게 복과 사명을 주셨다(창 1:28). 하나님이 창조하신 인류를 자기 백성으로 삼으시고, 그들에게 땅을 주시며, 그 땅에서 왕과 통치자로서 주권을 요구하신 행위 자체가 언약의 모든 조건을 만족시킨다. 우리는 이것을 언약이라 불러도 손색이 없을 뿐 아니라, 이 언약 자체가 노아 언약을 포함하는 거대한 하나님의 구원 역사의 첫 번째 페이지라는 것을 기억해야 한다. 아담 언약은 구약의 다음 이야기인 시내산 언약 이야기가 어떤 의미를 갖는지를 드러내며, 신약의 새 언약 이야기에서 장차 인류에게 왜 메시야 예수가 필요한지에 대한 답을 제공한다.

2) 시내산 언약(창 12장-말라기)

구약의 두 번째 이야기는 시내산 언약 이야기이다(창 12장-말라기). 아담 언약의 이야기(창 1-11장)는 바벨탑 이야기와 셈의 족보를 다시 소개하는 것으로 끝난다. 셈의 족보 끝에는 당연히 아브람(아브라함)이 소개된다. 시내산 언약 이야기는 모세오경에 국한되는 것이 아니라, 하나님께서 시내산에서 이스라엘 백성 전체와 맺은 언약과 그 과정과 결과에 대한 이야기도 포함한다. 창세기 12장 이후 구약 전체가 시내산 언약 이야기이다.

하나님과 이스라엘 백성과의 언약 이야기는 아브라함 언약으로 시작된다. 하나님은 아브라함과 언약을 맺는다. 데라의 계보(톨레돗) 전체가 아브라함과의 언약 이야기이다(창 11:27-25:11). 아브라함과의 언약은 그와 그의 후손들을 택하시고, 그들에게 가나안 땅을 약속하시고, 하나님의 주권 요구로서의 언약의 말씀을 지키라는 내용으로 구성된다(창 13:14-18, 15:1-5, 17:1-14, 18:17-19). "여호와께서 이르시되 내가 하려는 것을 아브라함에게 숨기겠느냐 아브라함은 강대한 나라가 되고 천하 만민은 그로 말미암아 복을 받게 될 것이 아니냐 내가 그로 그 자식과 권속에게 명하여 여호와의 도를 지켜 의와 공도를 행하게 하려고 그를 택하였나니 이는 나 여호와가 아브라함에게 대하여 말한 일을 이루려 함이니라"(창 18:17-19).

아브라함 언약은 시내산 언약의 밑그림이 된다. 아브라함 언약의 내용은 족장 이야기들을 통해 그대로 시내산 언약으로 이어진다(출 6:2-8, 19:1-6). 결국 시내산 언약 이야기는 아브라함 언약의 내용을 민족적으로 확장하여 ① 하나님께서 아브라함의 후손인 이스라엘 백성을 자기 백성으로 삼고 그들의 하나님이 되신 것과, ② 아담 언약이 깨진 이후로 망가진 세상을 회복하려는 하나님의 계획이 담긴 약속의 땅으로서의 가나안 땅을 이스라엘 백성에게 사명과 함께 주실 것이라는 약속과, ③ 그들에게 성막과 제사, 정결과 윤리에 관한 규정들을 총망라한 율법을 주심으로, 하나님의 통치 주권이 그들과 그 땅에 회복될 것을 요구하시는 것으로 구성되어 있다(출애굽기에서 신명기).

비느하스 언약은 죄를 사하는 제사를 담당하고, 시내산 언약의 핵심인 율법을 가르치는 교사로서의 제사장의 역할을 강조한다(민 25:10-13).

다윗 언약은 시내산 언약이 성취되어 통치의 대리자인 왕을 통해 하나님이 이 땅을 다스릴 때 하나님의 구원의 복이 주어지며 땅이 회복될 것을 보여준다. "다윗이 에돔에 수비대를 두되 온 에돔에 수비대를 두니 에돔 사람이 다 다윗의 종이 되니라 다윗이 어디로 가든지 여호와께서 이기게 하셨더라 다윗이 온 이스라엘을 다스려 다윗이 모든 백성에게 정의와 공의를 행할새"(삼하 8:14-15). 동시에 땅의 모든 족속이 복(구원)을 받게 하시려는 하나님의 구원의 경륜을 온전히 성취할 수 없는 이스라엘 대신에 시내산 언약을 대체할 새 언약의 중보자인 다윗적 메시야를 예언하는 기능을 한다. 즉, 다윗 언약은 시내산 언약의 정점이자 새 언약의 씨가 되는 언약인 것이다.

다윗은 하나님의 통치를 찬탈하는 열방의 왕이 아니라 하나님의 통치를 실현하는 부왕(副王)이며 메시야를 예표하는 인물이 된다(삼하 7:1-17). 다윗 언약은 다윗의 아들(들)로 확장되는데, 이 모든 이야기는 아브라함 언약에서 시작된 시내산 언약의 연속이다. 솔로몬의 시편으로 알려진 시편 72편은 솔로몬을 통해 아브라함 언약-시내산 언약이 다윗의 자손들에게 이어지고 있음을 보여준다. "그의 이름이 영구함이여 그의 이름이 해와 같이 장구하리로다 사람들이 그로 말미암아 복을 받으리니 모든 민족이 다 그를 복되다 하리로다"(시 72:17).

시내산 언약 이야기(창 12장-말라기)는 하나님의 백성 이스라엘이 그들에게 주어진 사명의 땅 가나안에서 하나님의 통치 주권을 상징하는 율법을 지키느냐 지키지 못하느냐에 따라 땅에 복/저주가 오는 이야기이다. 우리가 다 알다시피 시내산 언약 이야기는 하나님의 주권을 거부함으로 땅을 빼앗기고 포로가 됨으로 끝이 난다. 하지만 포로 후기 역사서들(역대상-에스더)은 이스라엘이 실패했고 온 인류가 실패했음에도 불구하고 하나님의 구원 역사는 끝이 나지 않았으며, 인류에게 여전히 소망이 있음을 제시한다. 나아가 정경으로서의 구약성경의 가장 마지막 부분인 선지서들에서 선지자들은 메시야를 통한 새 언약의 약속을 제시함으로 구약을 신약으로 연결하고 있다(선지자들은 자신들이 구약과 신약을 연결하고 있다는 사실을 알지 못하고 하나님의 말씀을 기록했을지도 모른다).

실제로 다윗은 에스겔에서 하나님나라를 실현할 메시야의 예표적 인물로 소개된다(겔 34:23-28). "내가 한 목자를 그들 위에 세워 먹이게 하리니 그는 내 종 다윗이라 그가 그들을 먹이고 그들의 목자가 될지라 나 여호와는 그들의 하나님이 되고 내 종 다윗은 그들 중에 왕이 되리라 나 여호와의 말이니라 내가 또 그들과 화평의 언약을 맺고 악한 짐승을 그 땅에서 그치게 하리니 그들이 빈들에 평안히 거하며 수풀 가운데에서 잘지라"(겔 34:23-25).

이사야는 메시야를 이새의 뿌리에서 난 싹이라고 표현하면서, 다윗을 하나님나라를 성취하실 메시야의 예표로서 소개한다(사 11:1-5). "이새의 줄기에서 한 싹이 나며 그 뿌리에서 한 가지가 나서 결실할 것이요 그의 위에 여호와의 영 곧 지혜와 총명의 영이요 모략과 재능의 영이요 지식과 여호와를 경외하는 영이 강림하시리니"(사11:1-2). 또한 새로운 언약, 메시야에 의한 영원한 언약이 다윗에게 베푼 은혜라고 소개한다(사 55:3-5). "너희는 귀를 기울이고 내게로 나아와 들으라 그리하면 너희의 영혼이 살리라 내가 너희를 위하여 영원한 언약을 맺으리니 곧 다윗에게 허락한 확실한 은혜이니라 보라 내가 그를 만민에게 증인으로 세웠고 만민의 인도자와 명령자로 삼았나니 보라 네가 알지 못하는 나라를 네가 부를 것이며 너를 알지 못하는 나라가 네게로 달려올 것은 여호와 네 하나님 곧 이스라엘의 거룩하신 이로 말미암음이니라 이는 그가 너를 영화롭게 하였느니라"(사 55:3-5).

신약의 시작인 마태복음 1장은 예수님을 새 언약의 왕으로 소개하면서, 그를 아브라함에서 시작하여 다윗에게서 정점을 이루는 시내산 언약을 계승하는 하나님의 아들로 소개한다. "아브라함과 다윗의 자손 예수 그리스도의 계보라"(마 1:1). 구약의 두 번째 이야기인 시내산 언약 이야기는 모세의 시내산 언약을 중심으로 아브라함에서 시작해 다윗에게서 정점을 찍고 신약까지 이어지는 언약 이야기라고 정리할 수 있다.

3) 새 언약(신약)

성경의 세 번째 이야기는 새 언약 이야기이다. 신약에서 언약이라는 용어는 별로 중요한 기능을 하는 것 같지 않아 보인다. 신약성경에서 단연 중요한 이야기는 예수의 이야기이며, 그 중에서도 예수께서 십자가에서 죽으시고 부활하신 이야기이다. 사도들의 공통 복음도 예수님께서 십자가에서 죽으시고 부활하신 소식이다. "너희가 만일 내가 전한 그 말을 굳게 지키고 헛되이 믿지 아니하였으면 그로 말미암아 구원을 받으리라 내가 받은 것을 먼저 너희에게 전하였노니 이는 성경대로 그리스도께서 우리 죄를 위하여 죽으시고 장사 지낸 바 되셨다가 성경대로 사흘 만에 다시 살아나사"(고전 15:2-4).

하지만 신약이 이미 전제하고 있는 것은 구약의 언약 이야기이며, 그 언약을 성취하는 분이 십자가에서 죽으시고 부활하신 예수님이다. 예수님은 자신의 십자가 죽음을 인류와 맺는 새 언약의 사건이라고 말씀하셨다. 성경의 세 번째 이야기이자 신약 전체의 이야기는 예수를 통해 하나님과 인류(천하 만민, 땅의 모든 족속, 창 12:3, 18:18)가 맺은 새 언약의 이야기이다. 이것이 아브라함과의 언약에 대한 성취이다. "너를 축복하는 자에게는 내가 복을 내리고 너를 저주하는 자에게는 내가 저주하리니 땅의 모든 족속이 너로 말미암아 복을 얻을 것이라 하신지라"(창 12:3). "아브라함은 강대한 나라가 되고 천하 만민은 그로 말미암아 복을 받게 될 것이 아니냐"(창 18:18).

예수님의 십자가 죽음은 신약 저자들에 의해 하나님께서 인류와 맺으신 언약으로 규정된다(마 26:28; 막 14:24; 눅 22:20; 고전 11:25).

"이것은 죄 사함을 얻게 하려고 많은 사람을 위하여 흘리는 바 나의 피 곧 언약의 피니라"(마 26:28). "이르시되 이것은 많은 사람을 위하여 흘리는 나의 피 곧 언약의 피니라"(막 14:24). "저녁 먹은 후에 잔도 그와 같이 하여 이르시되 이 잔은 내 피로 세우는 새 언약이니 곧 너희를 위하여 붓는 것이라"(눅 22:20). "식후에 또한 그와 같이 잔을 가지시고 이르시되 이 잔은 내 피로 세운 새 언약이니 이것을 행하여 마실 때마다 나를 기념하라 하셨으니"(고전 11:25).

새 언약 이야기는 아담 언약 이야기와 시내산 언약 이야기의 계승이자 완성이다. 아담이 하나님의 통치를 거부한 결과 우리에게 예수 그리스도의 새 언약이 필요하게 되었고, 새 언약은 시내산 언약 이야기에서 계시된 하나님나라, 즉 백성이 하나님의 통치에 순종함으로 회복될 창조 세계의 성취이자 영원의 세계에서의 완성을 약속하는 이야기이다.

새 언약이라는 용어는 시내산 언약을 대체하여 미래에 성취될 언약으로, 예레미야에 의해 사용된 용어이다. 이사야에게는 영원한 언약, 에스겔에 의해서는 영원한 언약, 화평의 언약이라고 예고된다. "여호와의 말씀이니라 보라 날이 이르리니 내가 이스라엘 집과 유다 집에 새 언약을 맺으리라"(렘 31:31). "너희는 귀를 기울이고 내게로 나아와 들으라 그리하면 너희의 영혼이 살리라 내가 너희를 위하여 영원한 언약을 맺으리니 곧 다윗에게 허락한 확실한 은혜이니라"(사 55:3). "내가 그들과 화평의 언약을 세워서 영원한 언약이 되게 하고 또 그들을 견고하고 번성하게 하며 내 성소를 그 가운데에 세워서 영원히 이르게 하리니"(겔 37:26).

예수께서 십자가에서 죽으시고 부활하신 사건은 구약의 모든 언약에 대한 새로운 방식의 성취요, 다시 새로운 방식의 언약이 필요 없는 최종적 방식의 언약이다. 새 언약은 하나님의 구원의 경륜을 온전히 성취한 사건이다. 하나님께서는 새 언약의 중보자 예수 그리스도를 믿는 자들을 통해 자신의 통치를 실현하여 이 땅을 회복하실 것이고, 내세의 영원한 하나님나라로서 하나님의 통치가 온전히 실현되는 새 하늘과 새 땅을 성취하실 것이다.

하나님께서는 십자가에서 죽으시고 부활하신 예수를 통해 그가 가르치신 하나님나라를 성취하셨다. 이것이 신약이 말하는 전부다. 새 언약의 이야기는 아담 언약, 시내산 언약을 계승한 이야기이다. 따라서 우리가 예수님을 믿는다는 것은 회개를 통해 하나님의 통치가 실현될 하나님나라의 도래를 의미한다. 우리는 언약의 개념으로 예수님을 믿는 하나님의 백성을 통해 성취될 하나님나라 이야기인 신약을 다음과 같이 정리할 수 있다.

가) 하나님은 십자가에서 죽으시고 부활하신 예수를 주요 메시야로 고백하는 자들을 '하나님의 백성'(교회)이요 '새 이스라엘'로 삼으신다. "영접하는 자 곧 그 이름을 믿는 자들에게는 하나님의 자녀가 되는 권세를 주셨으니"(요 1:12).

나) 그들에게 회복의 사명과 함께 선물로 온 땅을 주신다. "그러므로 너희는 가서 모든 민족을 제자로 삼아 아버지와 아들과 성령의 이름으로 세례를 베풀고 내가 너희에게 분부한 모든 것을 가르쳐 지키게 하라 볼지어다 내가 세상 끝날까지 너희와 항상 함께 있으리라 하시니라"(마 28:19-20). "또 이르시되 너희는 온 천하에 다니며 만민에게 복음을 전파하라"(막 16:15). "오직 성령이 너희에

게 임하시면 너희가 권능을 받고 예루살렘과 온 유대와 사마리아와 땅 끝까지 이르러 내 증인이 되리라 하시니라"(행 1:8).

다) 보혜사 성령을 통해, 예수의 설교와 그 계승인 사도들의 가르침에서 나타난 하나님의 주권을 지키며 살아가도록 하심으로 복이 주어지고, 하나님의 통치(나라)가 이 땅에 회복된다. 나아가 끝까지 믿음을 지킨 자들에게 하나님의 언약을 통해 약속된 영원한 하나님 나라가 주어질 것을 전하는 하나님의 계시의 이야기이다(계 2:7, 11, 17, 26-28, 3:5, 12, 21). "내가 들으니 보좌에서 큰 음성이 나서 이르되 보라 하나님의 장막이사람들과 함께 있으매 하나님이 그들과 함께 계시리니 그들은 하나님의 백성이 되고 하나님은 친히 그들과 함께 계셔서 모든 눈물을 그 눈에서 닦아 주시니 다시는 사망이 없고 애통하는 것이나 곡하는 것이나 아픈 것이 다시 있지 아니하리니 처음 것들이 다 지나갔음이러라(계 21:3-4).

아담 언약 이후 하나님과 이스라엘 간에 맺어진 시내산 언약(아브라함 언약에서 시작되어 다윗 언약에서 정점을 이루며, 선지자들에 의해 소개되는 메시야에 의해 세워질 언약의 모형이 되는 언약)을 성취하는 것이 예수에 의해 세워진 새 언약이다. 신약에 언약이라는 말이 많이 나오지 않는 것을 가지고 언약이 예수 이야기의 핵심이라는 것을 부인할 필요는 전혀 없다. 오히려 예수의 이야기는 새 언약의 이야기이다. 크리스토퍼 라이트의 이야기에 주목해 보라.

"우리는 신약에 실제 언약이라는 어휘가 별로 나오지 않는 것을 보고 놀랄 수도 있다. 예수님과 바울도 그 말을 특별히 자주 사용하시지 않은 것은 사실이다(사용하실 때는 대단히 의미심장하게 사용하시긴 하지만). 하지만 이것은 단지 그 분들이 언약 이야기를 그 분들의 모든 사고의 기준선으로 당연하게 여기시기 때문이다."[29]

누가는 예수를 다윗 언약을 성취한 분으로 소개한다(눅 1:31-33). 그래서 그의 탄생은 구약을 성취하는 복음(좋은 소식)이다. "천사가 이르되 무서워하지 말라 보라 내가 온 백성에게 미칠 큰 기쁨의 좋은 소식을 너희에게 전하노라 오늘 다윗의 동네에 너희를 위하여 구주가 나셨으니 곧 그리스도 주시니라"(눅 2:10-11). 바울에게도 요한에게도 다윗 언약의 성취는 예수님이시다. "그의 아들에 관하여 말하면 육신으로는 다윗의 혈통에서 나셨고 성결의 영으로는 죽은 자들 가운데서 부활하사 능력으로 하나님의 아들로 선포되셨으니 곧 우리 주 예수 그리스도시니라"(롬 1:3-4). "장로 중의 한 사람이 내게 말하되 울지 말라 유대 지파의 사자 다윗의 뿌리가 이겼으니 그 두루마리와 그 일곱 인을 떼시리라 하더라"(계 5:5).

다시 한 번 크리스토퍼 라이트가 핵심을 정확히 짚어낸다.

"이러한 강한 연관으로 인해 마태는 마태복음 1장 1절에 기록한 예수님의 족보에서 이 위대한 두 조상에게 초점을 맞추게 되었을 것이다. 예수님은 다윗의 아들, 아브라함의 아들이시다. 시내산 언약을 보편화시킬 선교를 하도록 자기 제자들을 보내시는 것으로 마태복음을 끝내시는 메시야는 아브라함 언약의 축복과 다윗 언약의 보편적 왕권을 구현하시는 분으로 마태복음을(그리고 신약을) 시작하신다."[30]

성경은 이렇게 세 언약(아담 언약, 시내산 언약, 새 언약)이 뼈대로 구

---

29 크리스토퍼 라이트의 〈하나님의 선교〉 442p, 자세한 것은 그의 책 10-11장을 참고하라.

30 앞의 책, 433-434pp

성된 세 이야기가 모여 이루는 하나의 이야기이다.

3. 언약의 세 가지 요소

앞에서 우리는 하나님의 구원을 계시하는 언약이 고대 근동의 종주
권 언약과 유사한 성격을 가지고 있음을 확인했다. 이제 위에서 정리
한 세 가지 언약과 그 언약에 의해 진전되는 세 가지 이야기들을 통해
언약의 세 가지 요소를 정리해 보도록 하자. 세 가지 언약은 각각 언약
에 나타나는 동일한 세 가지 패턴을 소개한다.

온 세상의 왕이요 통치자이신 하나님께서는 하나님나라를 성취하
시기 위해 언약의 대상을 택하시고 자신의 백성으로 삼으신다(아담 〉
이스라엘 〉 온 인류). 또한 언약의 당사자에게 복의 통치가 미칠 대상으
로서 땅을 선물로 주신다(에덴동산 〉 가나안 〉 온 땅). 그리고 땅을 선물
로 받은 자신의 백성에게 하나님의 통치 주권이 담긴 명령을 주신다(
선악과 명령 〉 모세의 율법 〉 하나님의 말씀).[31] 하나님의 언약은 백성을 택
하여 관계를 맺는 것(관계 맺음)과 그(들)에게 선물을 주시는 것과(선
물 수여), 그들에게 복을 위하여 통치를 따르라는 조건을 제시했다는
것(조건 제시)이다. 강조할 것은 아담 언약, 시내산 언약, 그리고 새 언
약은 큰 이야기를 구성하는 뼈대이며, 이야기 자체라는 것이다.

'아담 언약'은 아담과 하와에게 에덴동산을 주시고, 선악과를 먹지

---

31 언약에 대한 크리스토퍼 라이트의 개관은 〈하나님의 선교〉 10장을 참고하라. 다만 그가 언약이라는 용어가
   나오지 않는다는 이유로 아담 언약을 제외한 것은 아쉬운 부분이다. 아담 언약은 시내산 언약"(아브라함과
   다윗 언약을 포함하여)과 예수의 새 언약과 동일한 패턴을 가지고 있으며, 예수의 새 언약이 성취할
   하나님나라를 이해하기 위해 필수적이다.

말라는 명령을 주신 이야기이다. 그 명령의 이행 여부에 따라 땅이 복을 누리느냐 저주를 받게 되느냐가 결정된다. 선악과를 먹고 복을 상실한 땅의 현실에 관한 이야기까지 아담 언약에 포함된다.

'시내산 언약'은 이스라엘 백성에게 가나안 땅을 주시고, 율법을 지키라는 가르침을 주신 이야기이다. 그 이행 여부에 따라 땅이 복을 누리느냐 저주를 받게 되느냐가 결정된다. 불순종으로 땅이 복을 상실하고, 포로가 되어 땅을 잃어버리는 이야기까지가 시내산 언약에 포함된다.

'새 언약'은 하나님의 백성에게 온 땅을 주시고, 성령의 인도하심을 따라 예수와 사도들의 가르침을 지키라는 명령을 주신 이야기이다. 명령의 이행 여부에 따라 하나님의 백성은 복을 누리기도 하고 저주(심판)에 처해지기도 할 것이다. 이 언약 이야기는 하나님의 통치를 거부하는 이들의 멸망과, 끝까지 믿음을 지키고 승리한 백성이 완성된 하나님나라인 새 하늘과 새 땅을 누리는 것까지 포함한다.

아담 언약, 이스라엘(시내산) 언약, 새 언약, 이 세 언약의 이야기를 통해 성경을 하나의 이야기로 이해하며 복음을 파악하기 위해 언약의 세 가지 요소를 정리하자면, ① 관계 맺음, ② 선물 수여, ③ 조건 제시이다. 우리는 예수를 주로 고백하고 하나님의 백성이 되었다면 ① 우리가 하나님의 언약 백성이 되어 ② 우리에게 사명으로 주어진 땅에서 ③ 성령의 인도하심을 따라 예수와 사도들의 가르침인 말씀에 순종하여 복을 누리고 이 땅의 회복을 누리게 된다.

크리스토퍼 라이트는 대위임령에 구약 언약의 형태가 나타난다고 말하면서, 대위임령이 새 언약의 명령이라고 주장한다.[32] 그의 주장이 옳다면, 우리는 이스라엘 백성이 율법에 순종해야 했듯이 예수와 사도들의 가르침에 순종해야 한다.

예수님을 믿는 것의 목적은 하나님의 통치에 순종하는 백성이 되어 복을 누리는 것이다. 신약 전체가 예수의 새 언약에 대한 다양한 표현들이다. 예수를 믿는 자들을 하나님의 백성으로 삼으시고, 그들에게 하나님의 주권에 순종을 요구하면서, 순종한 자들에게 하나님나라(저주가 사라진 복의 나라)가 임하는 땅을 약속하기 때문이다. 그 하나님나라에서 사는 조건은 하나님의 통치에 순종하는 것이다. 에덴동산, 가나안, 온 세상은 차례로 하나님께서 언약을 통해 하나님나라를 세우려 하셨던 하나님의 계획이 드러나는 영역이었다.

언약에서 우리가 주목해야 할 것이 있다. 그것은 언약의 세 요소, 즉 관계, 선물, 조건의 요소 중에서 선물과 조건 사이에 긴장관계가 발생한다는 것이다. 조건을 지킬 때만 선물이 유지된다는 뜻이다. 하나님께서는 선택하신 언약 백성이 하나님께서 주신 땅에서 하나님의 말씀을 지키며 하나님의 나라를 구현할 때, 선물로 주신 땅을 평화롭게 유지하신다. 하지만 하나님께서 주신 땅을 선물로 받은 언약 백성이 그 땅에서 하나님의 나라를 확장해가는 사명을 망각하게 될 때, 선물로 준 땅에서 쫓겨나는 것이다. 우리는 구약의 역사서들을 통해 이 사실을 분명히 확인할 수 있다.

---

32 크리스토퍼 라이트 앞의 책, 444-445pp

언약 백성의 실패는 하나님의 언약의 목적(하나님의 조건 제시)을 망각하는 것이다. 하나님께서 자기 백성과 언약을 맺으신 목적은 그들을 통해 하나님나라를 이 땅에 이루어 가시는 것이다. 그렇게 하나님의 통치를 거부한 인간의 죄로 인해 망가진 이 땅을 회복하는 것이다. 따라서 하나님의 언약 백성은 하나님께서 선물이자 사명으로 주신 땅에서 하나님의 주권을 인정하며, 나아가 하나님의 나라를 확장하는 일이 언약의 목적이자 조건임을 깨닫고 순종의 삶을 살아가야 한다. 죽음 이후의 천국은 이 땅에서 하나님나라를 이루어 가며 살아가는 자들에게 주어지는 자연스런 최종적 축복이다.

성경은 언약의 세 가지 요소인 관계 맺음, 선물 수여, 조건 제시의 틀로 구성된 큰 세 가지 언약 이야기의 총합으로서의 큰 이야기이다. 이런 방식으로 성경을 읽는 것이 복음을 이해하는 데 가장 좋은 방법이다.

2부
킹덤복음의
핵심 키워드

04

하나님나라의 세 키워드 :

백성, 땅, 주권

1. 중심개념으로서의 하나님나라

우리가 성경을 읽는 이유는 성경이 복음을 계시하며, 성경이 복음 자체이기 때문이다. 하지만 성경을 하나님의 의도대로 바르게 이해하는 것은 쉽지 않다. 바르게 읽는 것 자체가 가능하느냐고 반문하는 사람들도 있겠지만, 해석의 다양성을 인정해야 하는 포스트모던 사회를 감안하더라도, 적어도 성경 전체를 하나님의 의도대로 바르게 이해하려는 노력은 여전히 중요하다. 성경이 독자의 생각대로 자유롭게 해석될 수 있는 책이라면 성경의 가치는 현저하게 떨어질 것이다. 성경이 하나님의 말씀이라고 믿는다면, 이 신학적 전제에 동의한다면, 성경은 분명 하나님의 의도대로 통일성을 가지고 해석되어야 할 것이다. 그렇다면, 성경을 하나님의 의도대로 통일성 있게 이해하는 방법에 대한 다양한 논쟁이 진행되어야 할 것이다.

좀 오래된 작업이긴 하지만 게하르드 하젤은 성경신학의 다양한 논쟁들을 정리했다.[33] 그는 성경을 이해하는 중심개념에 대한 입장을 정리할 때, 자신은 중심개념이 있어야 한다는 것에 동의하면서, 특히 다양한 학자들이 자신들의 신학 작업에서 제시한 중심개념들을 정리해주었다.[34]

성경은 66권의 방대한 문서이다. 여러 장르의 글들이 다양한 시대에 다양한 방법으로 기록되었고, 성경으로 수납되었다. 학자들에 따라 의견이 좀 다르긴 하지만, 성경은 최대 1500년에 걸쳐 다양한 저자들에 의해 기록되었다. 따라서 우리가 성경을 통일성 있게 이해한다는 것은 쉬운 일이 아니다. 우리가 우선 해야 하는 일은 성경 전체를 통일성 있게 이해하도록 돕는 중심개념을 가지는 일이다. 다양한 장르로, 다양한 시대에 기록된 모든 책들, 특히 너무나 달라 보이는 구약과 신약, 상이한 복음을 전하는 것처럼 보이는 신약의 복음서와 서신서들을 통합하여 복음을 이해할 수 있도록 도움을 주는 핵심적인 중심개념이 필요하다는 것이다.

수많은 건축 자재들이 설계도에 의해 자리매김 되어야 설계자의 의도대로 건축물이 되듯이, 성경 전체를 우리에게 주신 하나님의 의도를 정확히 파악하고, 모든 성경의 단어와 구절과 문장과 단락들과 책들이 조화롭게 자리를 잡아 복음에 기여하는 방식으로 해석되려면

---

33 게하르드 하젤의 〈구약신학:현대논쟁의 기본 이슈들〉(김정우 역, 엠마오:1993)과 〈신약신학:현대 논쟁의 기본 이슈들〉(권성수 역, 엠마오:1994)을 참고하라.

34 중심개념과 관련하여 앞의 책들, 특히 〈구약신학:현대논쟁의 기본 이슈들〉의 4장과 〈신약신학:현대 논쟁의 기본 이슈들〉의 3장을 참고하라.

다른 모든 개념을 포괄할 수 있는 중심개념이 있어야 한다. 실제로 지금까지 모든 성경신학자들은 자신만의 중심개념을 가지고 성경을 연구했다.

중심개념은 어쩔 수 없이 필요하다. 중심개념을 부인하는 이들은 사실상 자신만의 또 다른 중심개념을 만들어내고 성경을 왜곡할 수 있다. 그레고리 빌은 다음과 같이 말했다. "하나의 주제에 초점을 맞추게 되면 다른 중요한 개념들을 간과하게 되는 일이 벌어질 수 있고, 이런 현상은 조직신학 범주들에 의존할 때 때때로 일어날 수 있는 잘못이다. 그럼에도 중심개념에 대한 제안을 반대하는 일부 학자들도 결국에는 학자들 자신의 중심개념이나 본질적인 원리를 취하는 상황에 이르고 만다."[35] 결국 우리는 복음의 내용을 정확히 파악하기 위해 성경에서 중심개념을 찾아야 한다. 문제는 그 중심개념이 성경 전체를 정확히 포괄할 수 있느냐는 점이다.

다시 한 번 말하지만, 우리의 과제는 성경 전체를 포괄하면서 동시에 복음을 명확히 드러낼 수 있는 중심개념을 찾는 것이다. 그것은 먼저 구약의 두 가지 이야기, 즉 아담의 이야기(창 1-11장)와 이스라엘 이야기(창 12장-말라기)를 동시에 명확히 포함할 수 있어야 하며, 구약 이야기를 바탕으로 신약에서 예수 그리스도의 성취를 드러내야 한다. 게하르드 하젤은 자신의 책에서 구약성경의 중심주제들에 대

---

35 그레고리 빌의 〈신약성경신학〉(김귀탁 역, 부흥과개혁사:2013) 102페이지를 참고하라. 그는 실제로 하나의 중심개념보다 여러 중심개념들을 포함하는 광범위한 줄거리를 선호하고, 줄거리를 구성하기 위해 성경 전체를 개괄적으로 설명하는 일에 많은 분량을 투자했는데, 이에 대해서는 45-198pp를 참고하라.

한 다양한 학자들의 제안을 소개한다. 구약의 중요한 중심주제들로는 하나님, 이스라엘, 율법, 언약, 하나님나라 또는 통치 등이다.

나는 지금까지 성경 전체에서 드러나는 하나님의 구원 행위는 언약이라는 용어로 계시되었다고 주장했다. 구약에서 언약의 두 대상은 하나님과 이스라엘이다. 언약의 조건으로 주어진 것이 율법이다. 언약을 통해 구체적으로 성취하려는 것은 하나님께서 창조하신 세상의 회복이자 내세의 약속으로서의 하나님나라이다.

하나님나라는 결국 그동안 학자들이 제안했던 모든 중심개념들을 포괄하는 것이다. 신약은 구약에서의 언약을 대체하며 성취하는 새 언약의 이야기이다. 십자가에서 죽으시고 부활하신 예수를 통해 세워진 새 언약의 대상은 하나님과 새 이스라엘, 즉 교회이다. 교회는 구약의 율법을 새롭게 해석하신 예수의 가르침을 기준으로 성령의 인도하심을 따라 율법을 성취한다(마 5:17-20, 롬 13:8-10). 예수를 믿음으로 의롭게 된 하나님의 백성이 성령의 인도하심을 따라 이 세상에서 율법을 성취하는 순종으로 누리게 될 하나님나라가 구현되는 것이 결국 신약의 이야기이다. 따라서 언약이라는 용어로 계시되는 하나님나라는 모든 학자들이 제안한 중심개념을 포함한 중심개념이라 단언할 수 있는 것이다.

최근에 그레고리 빌은 좀 독특한 주장을 했다. 기존에 제안된 중심개념들은 결국 환원주의적인 경향을 가질 수밖에 없다고 주장하고, 여러 중심개념들을 통합하여 성경 전체를 파악할 수 있는 줄거리를 제안하고 입증한다. 그는 모든 중심개념들을 포괄하여 통일성 있게 성경신학을 하려면 중심개념들을 다 흡수한 줄거리가 필수적이라고 주장한 것이다.[36] 그가 정리한 구약성경의 줄거리는 다음과 같다.

"구약성경은 하나님이 자신의 영광을 위해 하나님의 말씀과 성령으로, 약속, 언약, 구속을 통해, 죄악된 사람들 위에 종말론적이고 새 창조적인 하나님나라를 혼돈으로부터 점진적으로 다시 세우시며, 그 결과 신자들에게 이 하나님나라를 확장하기 위해 세계적 사명을 주시고, 불신자들을 심판(패배나 포로)하시는 하나님에 대한 이야기이다."[37]

또한 그가 정리한 신약성경의 줄거리는 다음과 같다.

"삼위 하나님의 영광을 위해 예수의 삶, 고난, 죄인들을 위한 죽음 그리고 특히 성령에 의한 부활로 종말론적 '이미와 아직'의 새 창조적 하나님나라의 성취가 시작되었는데, 이 하나님의 나라는 은혜와 믿음으로 주어지며, 그 결과 하나님께서는 이 하나님나라를 확장하기 위해 신자들에게 세계적 사명을 주시고, 불신자들을 심판하신다."[38]

그레고리 빌은 매우 섬세하게 본문들을 살피고, 위의 줄거리들을 만들었다. 신약성경의 줄거리는 구약성경의 줄거리를 수정한 것이라는 그의 언급은 그가 예수의 모든 사역을 구약 위에 위치시킨다는 면에서 너무나 훌륭하다.[39] 그는 줄거리를 잡고, 줄거리에 모든 내용들

---

36 그레고리 빌의 〈신약성경신학〉(김귀탁 역, 부흥과개혁사:2013) 101-103페이지를 참고하라.

37 그레고리 빌은 앞의 책 35, 78, 102, 131, 178, 368에 계속해서 반복하여 구약성경의 줄거리를 제시하고 입증하려고 힘썼다.

38 앞의 책, 35-36, 42, 178, 311, 368를 참고하라.

39 앞의 책 368p

을 예속시킨다.[40] 이것은 아주 좋은 방법이다. 하지만 몇 가지 문제가 있다.

첫째, 우선 그가 설정한 줄거리 자체가 좀 복잡하다. 중심개념이란 선명한 뼈대가 되어야 하는데, 그 줄거리 자체가 복잡하고, 구약의 줄거리와 신약의 줄거리가 같은 용어로 되어 있지 않다. 예외는 '영광', '하나님나라', '사명', '심판', '성령' 등인데, 그는 '하나님나라'라는 중심개념으로 설명할 수 있는 것을 지나치게 복잡하게 만들었다.

하나님나라의 성취는 하나님께 영광이 된다. 하나님나라는 성도들에게 사명이며, 그 나라의 부르심을 따르지 않는 자들에게는 이미 심판이 주어진 것이다. 하나님나라, 그 통치는 예수께서 약속하신 성령에 의해 이루어질 것이다. '하나님나라'라는 중심개념 하나로 빌의 줄거리는 충분히 명확하게 환원될 수 있다.

둘째, 그가 구약의 줄거리에서 사용한 약속, 언약, 구속이라는 용어는 개념적 중첩이다. 모두 언약이라는 용어로 통일될 수 있다. 성경에서 약속이나 구속은 하나님께서 세우신 언약 안에 들어 있는 세부적인 개념이기 때문이다. 땅을 주신다는 약속, 자손을 번성시켜주시겠다는 약속은 모두 아브라함과 그의 후손과 맺을 언약의 핵심 내용에 불과하다. 구속은 하나님께서 이스라엘을 언약 백성으로 삼고, 그들을 하나님의 말씀에 순종하게 하는 것이다.

그는 신약신학을 구약의 줄거리 위에 위치시키는 놀라운 성과를

---

40 앞의 책, 6장(176-198)을 참고하라. 그는 게하르드 하쎌을 인용하여 여러 중심개념들을 정리하고, 다중 접근법에 따라 줄거리에 중심개념들을 예속시키는 방식을 사용한다.

냈다.[41] 그의 방법론은 구약의 이야기 위에서 신약을 해석함으로 구약과 신약의 통일성을 놀라울 정도로 정교하게 증명했다. 그의 작업은 현재까지 가장 탁월한 업적으로 평가될 수 있다. 하지만 여전히 중심 개념을 없애고, 다소 개념적으로 중첩된 복잡한 줄거리를 제안했다는 점은 아쉬운 부분이다. 그의 모든 줄거리는 언약으로 계시되며, 십자가에서 죽으시고 부활하신 예수를 통해 성취된 '하나님나라'로 통합이 가능하며, 이렇게 통합된 개념이 더 선명하게, 성경 전체를 포괄적으로 통일성 있게 파악하는 가장 좋은 방법이다.

2. 하나님나라의 세 가지 키워드: 백성, 땅, 주권

결국 우리는 성경을 바르게 읽고, 성경이 제시하는 복음을 바르게 이해하기 위해서 성경 전체를 포괄하면서 예수 그리스도를 통해 성취된 복음을 드러내는 중심개념을 찾는 것이 가장 중요하다는 것에 동의할 수밖에 없다. 그 중심주제가 바로 '하나님나라'이다. 타락으로 인해 왜곡되고 파괴된 세상을 구원하시기 위해 하나님께서 행하시는 모든 구원행위를 포괄적으로 계시하는 언약이라는 개념을 통해 드러난 하나님나라 이야기가 바로 구약이며, 예수를 통해 성취된 하나님나라 이야기가 바로 신약이다.

많은 학자들이 하나님나라를 성경의 중심개념으로 이해한다.[42] 다중 주제 접근법으로 성경을 이해하려는 학자들도 있는데, 둠브렐은

---

41 앞의 책, 서론(22-44)을 참고하라.

42 존 브라이트, 그레엄 골즈워디, G.E. 래드, 크리스토퍼 라이트, 그레고리 빌 등의 책들을 참고하라.

새 창조, 새 언약, 새 성전, 새 이스라엘, 새 예루살렘이라는 주제를 제안하고, 스코비는 하나님의 창조질서, 하나님의 종(그리스도), 하나님의 백성, 하나님의 길(윤리)이라는 주제를 제안한다.[43] 하지만 이런 다중 주제 접근법들도 역시 필자가 제시할 '하나님나라'라는 중심개념과 하나님나라 이해를 위한 세 가지 키워드에 충분히 수렴된다.

필자는 중심개념을 통해서 성경 전체를 이해하는 하나님나라의 세 가지 키워드를 제시하기 전에, 성경 전체를 포괄적이며 통일성 있게 구성하여 복음을 설명하는 세 가지 방법을 먼저 소개하려고 한다. 첫째는 성경 자체를 하나의 이야기로 보고 통일성 있게 요약하는 방법(마이클 고힌과 크레이그 바르톨로뮤의 〈성경은 드라마다〉), 둘째는 성경과 다양한 문서들을 통해 성경(혹은 성경의 기록자나 성경이 소개하는 예수)이 제시하는 세계관과 신념들을 제시하는 방법(톰 라이트의 〈예수와 하나님의 승리〉), 셋째는 중심개념과 키워드를 통해 성경 전체를 통일성 있게 제시하는 방법(크리스토퍼 라이트의 〈하나님의 선교〉)이다. 필자가 보기에 이들의 공통점은 모두 '하나님나라'라는 중심개념으로 신학을 하며, 복음을 설명한다는 데 있다.

첫째, 마이클 고힌과 크레이그 바르톨로뮤의 작업이다. 그들은 성경 전체를 하나의 이야기로 보고, 성경 전체를 통일성 있는 이야기로 요약한다.[44] 그들은 여섯 개의 막으로 성경을 요약한다. ① 하나님이 자신의 나라를 세우시다(창조) 〉 ② 반역이 일어나다(타락) 〉 ③ 왕이

---

43 빌, 〈신약성경신학〉 40페이지에서 재인용
44 마이클 고힌 & 크레이그 바르톨로뮤, 〈성경은 드라마다〉(김명희 역, IVP:2009)를 참고하라.

이스라엘을 택하시다(구속의 시작) 〉 ④ 왕의 오심(구속의 성취) 〉 ⑤ 왕에 대한 소식이 전파되다(교회의 선교) 〉 ⑥ 왕의 귀환(구속의 완성).

성경 전체를 인간의 반역을 뒤집고 예수를 통해 다시 하나님이 통치하시는 하나님나라를 성취하는 이야기로 설명하는 그들의 방식은 탁월하고 포괄적이며 통일성 있는 가장 적합한 방식이다. 그들의 방식은 성경을 이해하는 바른 길을 제시한다. 하지만 중심개념과 키워드로 설명하는 방식보다는 조금 방대하며, 이야기를 구성하는 뼈대 자체가 제시되기보다 이야기 자체가 드러나기 때문에 명료하지 않다는 단점이 있다.

둘째, 조금 독특하게 하나님나라를 설명하는 톰 라이트의 작업을 소개하려고 한다.[45] 톰 라이트는 '비판적 실재론'이라는 방법론을 통해 정경과 이외의 문서들을 포괄적으로 검토하면서, 세계관과 신념들과 목적들을 파악하는 방식을 그의 신학 방법론으로 채택한다.[46] 톰 라이트는 이런 방법론을 통해, 우선 '역사비평' 방법론으로 진행된 역사적 예수 탐구의 한계를 밝히고, 예수의 세계관과 신념이 하나님나라였다고 소개한다. 그리고 '하나님나라'에 대한 예수의 사역을 개관한다. 톰 라이트는 중심개념을 제시하는 방법이 아니라, 하나님나라와 관련하여 예수의 모든 사역을 설명하는 것이다. 그는 선포, 초대, 환영, 도전, 부르심, 심판과 신원 등의 용어로 '하나님나라'를 위한 예

---

45 톰 라이트 〈예수와 하나님의 승리〉(박문재 역, 크리스찬 다이제스트:2004))는 예수의 '하나님나라'를 정말 독특하게 설명한 책이다.

46 톰 라이트, 〈신약성서와 하나님의 백성〉(박문재 역, 크리스찬 다이제스트:2003)를 참고하라.

수의 설교와 논쟁들을 이해하고, 예수의 십자가의 죽음도 '하나님나라'와 관련해서 설명한다. 그의 설명은 1세기의 유대인으로 오셔서 구약의 역사를 배경으로 유대 땅에서 사역하신 예수의 '하나님나라' 사역을 이해하기 위한 설득력 있는 설명을 제시하는 것이다. 하지만 그의 설명은 조금 방대하고 명료하지 않다는 단점이 있다. 또한 그의 신학 방법의 특성상 구약 전체를 '하나님나라'라는 중심개념과 명료하게 연결시키기 어렵다.

셋째, 톰 라이트와 대조적으로 성경 전체를 명료하게 하나의 중심 개념과 세 가지 키워드로 설명하는 학자가 있다. 바로 크리스토퍼 라이트이다.[47] 그는 '하나님의 선교'가 성경 전체를 포괄하는 중심개념이라고 주장하면서, 세부적으로 세 가지 키워드를 제시한다. '하나님', '백성', '무대'이다. 필자는 그가 중심개념과 그 중심개념을 위해 이 세 가지 키워드를 제시하는 방식에 온전히 동의한다. 나아가 그가 성경 전체를 설명하는 방식에도 완벽히 동의한다. 다만 그가 제시한 중심개념인 하나님의 선교는 다소 오해될 수 있는 개념이며, 선교학적인 이해의 환원을 유발할 수 있다. 그의 '하나님의 선교' 개념은 하나님께서 성취하실 '하나님나라'를 의미하는 것이 분명하다. 그가 제시하는 세 가지 키워드인 '하나님', '백성', '무대'는 각각 우상을 무너트리고 세상을 통치하시는 하나님의 '주권', 하나님께서 택하셔서 구원하시고 세상 전체를 하나님나라로 회복하시려고 부르신 도구로서

---

47 크리스토퍼 라이트의 〈하나님의 선교〉(정옥배 한화룡 역, IVP:2010)의 전체 구성을 참고하라. 그는 명료하고 설득적으로 중심개념을 제시한다.

의 하나님의 '백성', 하나님께서 창조하신 세상이자 하나님나라가 임해야 할 대상으로서의 하나님의 '땅'이라고 할 수 있다.

나는 이미, 간략한 성경개관이긴 하지만, 언약이라는 용어를 중심으로 성경 전체가 백성, 땅, 주권 개념이라는 세 가지 키워드로 구성된 '하나님나라'라는 중심개념으로 가장 완벽하게 파악될 수 있다는 것을 주장했다.[48] 사도들의 공통 복음인 죽으시고 부활하신 예수를 통해 성취된 '하나님나라'가 성경 전체를 포괄하는 중심개념이다. 이렇게 성경 전체를 설명하는 방식은 ① 성경을 포괄적이며 통일성 있게 파악하여 중심개념과 세 가지의 키워드를 가지고 서술한 크리스토퍼 라이트의 방식과 매우 유사하며,[49] ② 구약과 신약성경 신학자들이 주장하는 다양한 중심개념들을 완벽하게 포괄하며, ③ 구약과 신약의 세 가지 이야기인 에덴동산에서의 아담의 이야기(창 1-11장), 가나안에서의 이스라엘 이야기(창 12장-말라기), 온 세상에서의 교회의 이야기(신약)를 설명하는 기초적 용어인 언약의 세 가지 요소, 즉 관계 맺음(백성)과 선물 수여(땅)와 조건 제시(주권)를 기초로 제시되었기에 구약과 신약 전체를 포괄할 수 있다.

'하나님나라'라는 개념을 백성, 땅, 주권이라는 키워드로 성경 전체를 파악하는 방식은 많은 학자들에게서 유사하게 발견할 수 있다. 특히 김세윤은 하나님나라를 대상적, 영역적, 역동적으로 설명해야

---

48 필자의 《하나님나라 관점으로 구약관통》(넥서스크로스:2014) 20-30페이지를 참고하라.

49 그가 필자와 유사하게 언약의 세 가지 요소를 통해 세 가지 키워드를 만들었는지는 확실하지 않다.

한다고 주장한다.[50] 결국 대상은 하나님이 택한 백성이며, 영역은 하나님이 창조하신 이 땅이며, 역동은 하나님의 주권적 통치가 미치는 것을 말한다. 그는 '하나님나라'를 복음의 핵심으로 제시하는데,[51] 그가 하나님나라를 나와 같이 백성, 땅, 주권이라는 세 가지 키워드로 설명하는 것으로 간주해도 무방하다고 본다. 그리고 그의 의견은 앞에서 소개한 크리스토퍼 라이트의 방식과도 일치한다.

우리가 성경을 하나님의 말씀으로 믿는다면, 하나님의 분명한 의도를 성경 속에서 찾아야 한다. 그것은 하나님이 인류를 구원하시려는 것이다. 하나님이 이 세상을 구원하시려는 모든 행위는 '하나님이 이스라엘과 언약을 맺는 것'으로 구체적으로 드러났다. 하나님의 언약은 이 세상을 구원하여 하나님나라를 성취하시는 것을 목적으로 하며, 그 목적은 예수께서 역사의 정점에 세상에 오셔서 죽으시고 부활하심으로 성취되었고, 다시 오심으로 완성될 것이다.

결국 성경은 '하나님나라'로 요약될 수 있으며, 하나님나라는 백성, 땅, 주권이라는 세 가지의 키워드로 설명할 때 가장 잘 표현될 수 있다. 이미 우리가 살펴본 바대로 언약은 관계 맺음, 선물 수여, 조건 제시라는 세 가지 핵심 요소로 구성되어 있는데, 이 세 요소는 성경 이야기를 구성하는 백성, 땅, 주권과 명확히 일치한다. 이제 이 세 가지 주제로 성경 본문들을 연구하는 작업을 해야 할 때이다.

---

50 풀러신학교 목회학박사 과정의 강의에서, 그는 필자에게 하나님나라에 대한 아주 많은 아이디어를 주었으며, 세 가지 방식으로 하나님나라를 설명해야 한다는 것은 그의 강의에서 많이 표현되었다. 그의 강의안을 참고하면 도움이 될 것이다.

51 김세윤, 〈복음이란 무엇인가〉(두란노:2011)를 참고하라.

05

백성 :

첫 번째 키워드

1. 세 가지 키워드: 백성과 땅과 주권

앞에서 살펴보았듯이 성경 전체는 하나님의 언약이다. 하나님께서 인류를 구원하시는 행위는 언약을 통해 계시되며, 언약은 관계 맺음, 선물 수여, 조건 제시의 세 가지 요소로 구성된다. 따라서 하나님의 구원 행위인 언약은 구약에서 다음과 같은 모습으로 구체화된다.

하나님께서는 아브라함의 후손인 이스라엘을 하나님의 백성으로 선택하여 관계를 맺으며, 그들에게 하나님의 통치에서 벗어나 죄로 가득한 땅, 하나님의 복을 잃어버린 가나안 땅을 선물로 주고, 그 땅에서 성막과 제사-정결-삶의 규례로 구성된 하나님의 율법을 통해 통치하시며 하나님의 주권을 회복하신다. 이것은 하나님께서 아브라함에게 계시하신 온 인류에 대한 구원 계획을 실행하시는 하나님의 방식이다. "아브라함은 강대한 나라가 되고 천하 만민은 그로 말미암아 복을 받게 될 것이 아니냐 내가 그로 그 자식과 권속에게 명하여 여호와의 도를 지켜 의와 공도를 행하게 하려고 그를 택하였나니 이는 나 여호와가 아브라함에게 대하여 말한 일을 이루려 함이니라"(창 18:18-19).

구약에 계시된 언약은 예수를 통해 온 인류에게로 확대되며 온전히 성취된다. 하나님께서 보내신 메시야 예수를 믿는 자들은 누구나 하나님의 백성이 된다. "영접하는 자 곧 그 이름을 믿는 자들에게는 하나님의 자녀가 되는 권세를 주셨으니"(요 1:12). 예수께서는 속죄제사로서의 죽음을 통해 죄인을 의로운 하나님의 백성으로 창조하신다(롬 3:23-28). 하나님의 백성에게는 이 땅이 선물로 주어진다. 그들이 이 땅을 유업으로 상속받는 것이다. "아브라함이나 그 후손에게 세상의 상속자가 되리라고 하신 언약은 율법으로 말미암은 것이 아니요 오직 믿음의 의로 말미암은 것이니라"(롬 4:13).

하나님의 백성은 이 땅에서 하나님의 통치 가운데 하나님의 복을 누리며 그들을 파송하신 하나님의 명령을 따라 이 땅에 하나님나라를 이뤄간다(마 5:3-12, 마 28:19-20). "그러므로 너희는 가서 모든 민족을 제자로 삼아 아버지와 아들과 성령의 이름으로 세례를 베풀고 내가 너희에게 분부한 모든 것을 가르쳐 지키게 하라 볼지어다 내가 세상 끝날까지 너희와 항상 함께 있으리라 하시니라"(마 28:19-20). "예수께서 또 이르시되 너희에게 평강이 있을지어다 아버지께서 나를 보내신 것 같이 나도 너희를 보내노라"(요 20:21).

하나님의 백성은 궁극적으로 이 세상에 하나님의 주권이 회복되는 것을 위해 부르심을 받았다. 십자가의 죽음과 연합된 하나님의 백성은 부활과 연합하여 하나님의 주권이 인정되는 새로운 삶을 살게 된다(롬 6:3-5). 그것이 바로 성령의 인도하심을 따르는 삶이다. "내가 이르노니 너희는 성령을 따라 행하라 그리하면 육체의 욕심을 이루지 아니하리라 육체의 소욕은 성령을 거스르고 성령은 육체를 거스르나니 이 둘이 서로 대적함으로 너희가 원하는 것을 하지 못하게 하려 함이니라"(갈 5:16-17). 그렇게 성령을 따라 온 세상에 예수를 통한 하나님의 구원을 증거하며, 세상에 하나님의 주권을 인정하게 하는 것이 하나님의 백성의 공동체인 교회의 사명이다. "오직 성령이 너희에게 임하시면 너희가 권능을 받고 예루살렘과 온 유대와 사마리아와 땅 끝까지 이르러 내 증인이 되리라 하시니라"(행 1:8).

하나님의 주권이 인정되는 땅에서 하나님의 백성은 복을 누린다. 창조질서가 회복된다. 만물에 하나님의 샬롬이 깃든다. 결국 하나님의 백성은 하나님의 주권이 온전히 실현된 새로운 땅에서 영원한 생명을 누린다(계 21:1-22:5). "다시 저주가 없으며 하나님과 그 어린 양의 보좌가 그 가운데에 있으리니 그의 종들이 그를 섬기며 그의 얼굴을 볼 터이요 그의 이름도 그들의 이마에 있으리라 다시 밤이 없겠고 등불과 햇빛이 쓸 데 없으니 이는 주 하나님이 그들에게 비치심이라 그들이 세세토록 왕 노릇 하리로다"(계 22:3-5).

언약은 이렇게 백성, 땅, 주권의 세 가지 키워드로 가장 온전히 설명될 수 있으며, 예수를 통해 성취된 하나님의 구원은 백성, 땅, 주권으로 구성된 하나님나라라는 개념을 통해 가장 온전한 형태로 집약된다. 이번 장에서는 세 가지 키워드 중 '하나님의 백성'에 대해 구체적으로 살펴보도록 하자.

2. 하나님의 백성: 백성, 양, 신부, 자녀

성경은 하나님에 대하여 인간의 언어로 기록한 책이다. 인간은 하나님에 대해서도, 하나님의 구원의 대상인 인간에 대해서도 인간의 언어로 기록할 수밖에 없다. 하나님께서 구원하시기 위해 선택한 대상들을 성경은 언약이라는 개념 하에서 하나님과의 관계로 표현한다. 하나님을 왕으로 섬기는 백성, 하나님을 목자로 따르는 양, 하나님을 신랑(혹은 남편)으로 맞는 신부(혹은 아내), 하나님을 아버지로 둔 자녀 등이다. 성경은 이렇게 다양하게 표현된 하나님의 백성에 관한 이야기이다. 하나님의 선택으로 예수를 믿어 하나님의 백성이 되는 것은 언약의 핵심이며, 복음에 있어 가장 중요한 기초다. 성경 전체는 하나님께서 택하신 하나님의 백성에 대한 이야기이다.

1) 왕의 백성

이스라엘 백성은 하나님의 선택을 받아 시내산에서 거룩한 백성이라 불리운다. "너희가 내게 대하여 제사장 나라가 되며 거룩한 백성이 되리라 너는 이 말을 이스라엘 자손에게 전할지니라"(출 19:6). 백성이라는 표현은 하나님의 왕국에 소속되어 하나님의 법을 지키는 백성이라는 뜻이다. 따라서 하나님의 백성에게는 땅과 더불어 율법이 주어진다. 시내산에서 하나님의 백성으로 규정된 이스라엘은 성막과 제사, 정결, 다양한 삶의 규례들이 담긴 율법을 받는다. 하나님께서 이스라엘과 언약을 맺고, 그들을 하나님의 백성으로 택한 것은 그들을 통해 하나님의 목적을 이루기 위함이다. "너는 여호와 네 하나님의 성민이라 네 하나님 여호와께서 지상 만민 중에서 너를 자기 기업의 백성으로 택하셨나니"(신 7:6). 그들은 스스로 하나님의 백성으로서의 정체성을 유지해야 한다. "내가 오늘 네가 명하는 여호와의 명령과 법도와 규례를 지키지 아니하고 네 하나님 여호와를 잊어버리지 않도록 삼갈지어다"(신 8:11).

하나님의 백성임을 망각하고 이방인처럼 살아가게 될 때, 그들은 무지한 백성이라고 책망 받는다. "소는 그 임자를 알고 나귀는 그 주인의 구유를 알건마는 이스라엘은 알지 못하고 나의 백성은 깨닫지 못하는도다"(사 1:3). 선지자들은 하나님의 백성 이스라엘이 죄악 중에 하나님의 진노를 받게 될 것이지만, 결국 남은 자들이 있어 여호와의 이름을 부르며 하나님의 백성으로 일컬어질 것이라고 예언한다. "누구든지 여호와의 이름을 부르는 자는 구원을 얻으리니 이는 나 여호와의 말대로 시온 산과 예루살렘에서 피할 자가 있을 것임이요 남은 자 중에 나 여호와의 부름을 받을 자가 있을 것임이니라"(욜 2:32). "그러나 이스라엘 자손의 수가 바닷가의 모래 같이 되어서 헤아릴 수도 없고 셀 수도 없을 것이며 전에 그들에게 이르기를 너희는 내 백성이 아니라 한 그 곳에서 그들에게 이르기를 너희는 살아 계신 하나님의 아들들이라 할 것이라 이에 유다 자손과 이스라엘 자손이 함께 모여 한 우두머리를 세우고 그 땅에서부터 올라오리니 이스르엘의 날이 클 것임이로다 너희 형제에게는 암미라 하고 너희 자매에게는 루하마라 하라"(호 1:10-2:1).

선지자들이 말한 여호와의 이름을 부르도록 남은 자들, 하나님의 백성(암미)이라고 일컬어질 사람들은 예수님의 죽음과 부활 이후에 하나님께서 보내신 그리스도 예수를 주(여호와의 헬라어 번역어인 퀴리오스)로 시인하는 모든 사람들이었다. "네가 만일 네 입으로 예수를 주로 시인하며 또 하나님께서 그를 죽은 자 가운데서 살리신 것을 네 마음에 믿으면 구원을 받으리라"(롬 10:9). 베드로는 예수님을 믿은 사람들이 하나님의 백성임을 천명한다. "그러나 너희는 택하신 족속이요 왕 같은 제사장들이요 거룩한 나라요 그의 소유가 된 백성이니 이는 너희를 어두운 데서 불러내어 그의 기이한 빛에 들어가게 하신 이의 아름다운 덕을 선포하게 하려 하심이라 너희가 전에는 백성이 아니더니 이제는 하나님의 백성이요 전에는 긍휼을 얻지 못하였더니 이제는 긍휼을 얻은 자니라"(벧전 2:9-10). 결국 예수에 대한 믿음을 끝까지 지키는 자는 하나님의 백성으로서 영원히 하나님과 더불어 거하며 모든 고통과 슬픔이 사라진 영원한 생명을 누린다. "내가 들으니 보좌에서 큰 음성이 나서 이르되 보라 하나님의 장막이 사람들과 함께 있으매 하나님이 그들과 함께 계시리니 그들은 하나님의 백성이 되고 하나님은 친히 그들과 함께 계셔서"(계 21:3). 결국 성경 전체는 하나님의 백성에 관한 이야기이다.

2) 목자의 양

성경에서 하나님의 백성은 종종 목자의 보호와 인도하심을 받는 양으로 표현된다. 하나님께서 창조하신 인간은 그 자체가 창조주에 대하여 의존적이다. 하나님의 돌보심 속에 살아가야 한다. 삶에 필요한 것들을 스스로 얻어낼 수 없다. 자신이 누구이며, 무엇을 목적으로 살아야 하는지에 대해 창조주에게 의존한다. 자신의 미래에 필요한 모든 것들을 창조주에게 의존한다. 따라서 목자의 양이라는 용어는 하나님의 백성에 대한 적절한 표현이다. "우리는 주의 백성이요 주의 목장의 양이니 우리는 영원히 주께 감사하며 주의 영예를 대대에 전하리이다"(시

79:13).

하나님의 백성은 스스로가 목자 없이는 존재할 수 없는 양임을 알아야 한다. "여호와가 우리 하나님이신 줄 너희는 알지어다 그는 우리를 지으신이요 우리는 그의 것이니 그의 백성이요 그의 기르시는 양이로다"(시 100:3). 선지자들은 종국에 임할 하나님나라의 실현을 하나님께서 목자와 같이 양을 먹이고 인도하는 것으로 표현한다. "그는 목자 같이 양 떼를 먹이시며 어린 양을 그 팔로 모아 품에 안으시며 젖먹이는 암컷들을 온순히 인도하시리로다"(사 40:11). 예수님은 선한 목자다. 예수를 믿는 자는 양과 같다. 하나님과 그 아들 예수 그리스도를 따르면 풍성한 꼴을 얻게 된다. "나는 선한 목자라 나는 내 양을 알고 양도 나를 아는 것이 아버지께서 나를 아시고 내가 아버지를 아는 것 같으니 나는 양을 위하여 목숨을 버리노라"(요 10:14-15).

3) 남편의 아내, 신랑의 신부

하나님과 선택된 백성과의 관계는 또한 남편과 아내, 신랑과 신부로 표현된다. "이는 너를 지으신 이가 네 남편이시라 그의 이름은 만군의 여호와이시며 네 구속자는 이스라엘의 거룩한 이시라 그는 온 땅의 하나님이라 일컬음을 받으실 것이라"(사 54:5). 하나님과 그의 백성의 관계는 남편과 아내처럼 서로에 대한 신실한 의무가 요구된다. 배우자의 신실한 의무에 대한 요구는 언약에서 하나님께서 제시한 조건에 대한 비유로 적절하다. 남편과 아내는 서로에 대한 성적 순결함이 요구되듯, 남편인 하나님과 아내인 백성은 영적인 순결함이 요구된다. "여호와의 말씀이니라 배역한 자식들아 돌아오라 나는 너희 남편임이라 내가 너희를 성읍에서 하나와 족속

중에서 둘을 택하여 너희를 시온으로 데려오겠고"(렘 3:14).

하나님의 아내 이스라엘의 불순종은 신실한 남편을 떠난 아내로 묘사된다. "그런데 이스라엘 족속아 마치 아내가 그의 남편을 속이고 떠나감 같이 너희가 확실히 나를 속였느니라 여호와의 말씀이니라"(렘 3:20). 남편인 하나님을 떠난 아내 이스라엘은 시내산에서 세운 언약을 파기한 것이다. "이 언약은 내가 그들의 조상들의 손을 잡고 애굽 땅에서 인도하여 내던 날에 맺은 것과 같지 아니할 것은 내가 그들의 남편이 되었어도 그들이 내 언약을 깨뜨렸음이라 여호와의 말씀이니라"(렘 31:32). 결국 파괴된 남편과 아내의 관계는 후에 회복될 것이다. "여호와께서 이르시되 그 날에 네가 나를 내 남편이라 일컫고 다시는 내 바알이라 일컫지 아니하리라"(호 2:16). 그 회복은 하나님께서 보내신 메시야 예수를 통해 인류가 고침을 받을 때 가능하다. 전 인류의 회복은 죄를 담당하여 죽으시고 부활하신 어린 양 예수와의 혼인잔치로 비유된다. "우리가 즐거워하고 크게 기뻐하며 그에게 영광을 돌리세 어린 양의 혼인 기약이 이르렀고 그의 아내가 자신을 준비하였으므로"(계 19:7). 우리는 순결한 배우자처럼, 끝까지 신실한 하나님의 백성으로 남기 위해 하나님을 기억해야 한다.

4) 아버지의 자녀

하나님과 그의 백성과의 언약 관계는 종종 아버지와 자식의 관계로 묘사된다. "그러나 여호와여, 이제 주는 우리 아버지시니이다 우리는 진흙이요 주는 토기장이시니 우리는 다 주의 손으로 지으신 것이니이다"(사 64:8). 예수께서는 하나님과 자신의 관계를 아버지와 아들로 묘사하셨으며, 예수를 믿는 자는 하나님을 아버지로 부르게 된다. "너희는 다시 무서워하는 종의 영을 받지 아니하고 양자의 영을 받았으므로 우리가 아빠 아버지라고 부르짖느니라"(롬 8:15). 성령은 우리가 하나님의 자녀임을 확신하게 하는 영이시다. "성령이 친히 우리의 영과 더불어 우리가 하나님의 자녀인 것을 증언하시나니"(롬 8:16).

하나님의 자녀는 하나님의 모든 기업을 상속한다. 즉, 하나님께서 이 세상에 행하실 모든 구원 사역을 유업으로 물려받는다. "자녀이면 또한 상속자 곧 하나님의 상속자요 그리스도와 함께 한 상속자니 우리가 그와 함께 영광을 받기 위하여 고난도 함께 받아야 할 것이니라"(롬 8:17). 끝까지 믿음을 지키는 자들은 마치 아버지의 집에 거하는 자녀처럼, 하나님의 영원한 나라에서 영원한 생명을 누린다. "이기는 자는 이것들을 상속으로 받으리라 나는 그의 하나님이 되고 그는 내 아들이 되리라"(계 21:7).

3. 선택된 하나님의 백성

구약은 끊임없이 선택된 하나님의 백성에 대해 언급한다. 성경은 반역한 인류를 구원하기 위해 하나님께서 아무 조건 없이 택하신 하나님의 백성에 대한 이야기로 시작된다. 성경의 스토리는 하나님의 백성이 하나님의 은혜로 택함받아 땅에서 살게 되었을 때, '그들이 하나님께서 주신 땅에서 왕이신 하나님의 나라 백성으로 살아가고 있는가? 그들이 하나님께서 주신 땅에서 목자이신 하나님의 인도하심을 따라 살아가고 있는가? 그들이 하나님께서 주신 땅에서 남편이신 하나님께 신실한 아내로 살아가고 있는가? 그들이 하나님께서 주신 땅에서 자신을 창조하신 아버지의 자녀로 살아가고 있는가?'에 집중한다. 그들의 신실함이 땅의 회복과 관련돼 있는 것이다. 이것이 구약 전체를 관통하는 언약적 질문이다. 결국 구약은 예수께서 십자가에서 죽으심으로 세우신 새 언약의 밑그림이다.

예수를 믿는 모든 자들은 아브라함의 후손이다. 하나님의 백성은 은혜로 택함을 받은 것이다. 구약의 아브라함의 후손들이 아무 공로 없이 하나님의 백성이 된 것처럼, 신약의 성도들도 아무 공로 없이 하나님의 백성이 되었다. "너희에게 성령을 주시고 너희 가운데서 능력을 행하시는 이의 일이 율법의 행위에서냐 혹은 듣고 믿음에서냐 아브라함이 하나님을 믿으매 그것을 그에게 의로 정하셨다 함과 같으니라 그런즉 믿음으로 말미암은 자들은 아브라함의 자손인 줄 알지어다"(갈 3:5-7). 그들은 천하 만민이 복을 받게 하기 위하여 이 땅에 파송된 하나님의 백성이다. 스스로 하나님의 주권이 인정되는 삶을 살면서, 예수의 복음을 전함으로 하나님이 통치하여, 하나님의 주권이 인정되는 땅으로 이 세상을 회복해 나가야 한다.

4. 하나님의 백성에 대한 하나님의 목적

하나님께서 아브라함을 택하시고, 장차 아브라함과 그 후손들, 나아가 신약의 교회를 하나님의 백성으로 택하시는 목적에 대해 밝히셨다. "여호와께서 이르시되 내가 하려는 것을 아브라함에게 숨기겠느냐 아브라함은 강대한 나라가 되고 천하 만민은 그로 말미암아 복을 받게 될 것이 아니냐 내가 그로 그 자식과 권속에게 명하여 여호와의 도를 지켜 의와 공도를 행하게 하려고 그를 택하였나니 이는 나 여호와가 아브라함에게 대하여 말한 일을 이루려 함이니라"(창 18:17-19).

하나님은 하나님의 영광을 위하여, 죄 중에 고통당하는 이 세상의 백성을 위하여 하나님의 백성을 선택하신다. 그 목적은 이 세상에 있다. 하나님은 세상을 사랑하신다. "하나님이 세상을 이처럼 사랑하사 독생자를 주셨으니 이는 그를 믿는 자마다 멸망하지 않고 영생을 얻게 하려 하심이라 하나님이 그 아들을 세상에 보내신 것은 세상을 심판하려 하심이 아니요 그로 말미암아 세상이 구원을 받게 하려 하심이라"(요 3:16-17). 요한이 말하는 영생, 세상에 임할 구원은 바로 예수께서 선포하신 '하나님나라'이다.

하나님나라가 이 땅에 구현되기 위하여 하나님나라의 백성이 있어야 한다. 하나님께서는 아담과 하와를 하나님의 백성으로 창조했다. 하나님이 그들을 창조하신 이유는 명백하게 이 세상에 하나님나라를 구현하기 위함이었다. 그들을 통해 하나님께는 영광이 되고 창조된 인류가 평강을 누리는 것이 기대되었다. 그 계획이 그들의 불순종으로 깨졌지만, 하나님의 계획이 사라지지는 않았다. 하나님께서는 타락한 인류 가운데서도 하나님의 백성의 계보를 이어가셨고(창 5:1-6:8), 아브람을 택하여 그의 후손을 통해 이 땅에 하나님나라를 구현하려 하셨다.

하나님께서는 아브라함의 후손인 이스라엘 백성을 하나님의 백성으로 선택하셨다. 그들에게 '내 백성'이라고 하시며, '나는 너희의 하나님'이라 선포하셨다. 출애굽기 6장 6-7절은 "그러므로 이스라엘 자손에게 말하기를 나는 여호와라 내가 애굽 사람의 무거운 짐 밑에서 너희를 빼내며 그들의 노역에서 너희를 건지며 편 팔과 여러 큰 심판들로써 너희를 속량하여 너희를 내 백성으로 삼고 나는 너희의 하나님이 되리니"라고 기록하고 있다. 이것이 바로 이스라엘과 맺은 하나님의 언약의 결과이다. 언약의 관계 맺음의 요소를 통해 하나님께서는 타락한 인류와 왕과 백성의 관계, 즉 왕이신 하나님과 하나님의 백성으로 관계를 맺게 되었음을 계시하신 것이다.

이것은 구약 전체에서 계속 반복되는 사상이다. "내가 내 언약을 나와 너 및 네 대대 후손 사이에 세워서 영원한 언약을 삼고 너와 네 후손의 하나님이 되리라 내가 너와 네 후손에게 네가 거류하는 이 땅 곧 가나안 온 땅을 주어 영원한 기업이 되게 하고 나는 그들의 하나님이 되리라"(창 17:7-8). "세계가 다 내게 속하였나니 너희가 내 말을 잘 듣고 내 언약을 지키면 너희는 모든 민족 중에서 내 소유가 되겠고 너희가 내게 대하여 제사장 나라가 되며 거룩한 백성이 되리라 너는 이 말을 이스라엘 자손에게 전할지니라"(출 19:5-6). "내가 이스라엘 자손 중에 거하여 그들의 하나님이 되리니 그들은 내가 그들의 하나님 여호와로서 그들 중에 거하려고 그들을 애굽 땅에서 인도하여 낸 줄을 알리라 나는 그들의 하나님 여호와니라"(출 29:45-46). "여호와께서 너희를 택하시고 너희를 쇠 풀무불 곧 애굽에서 인도하여 내사 자기 기업의 백성을 삼으신 것이 오늘과 같아도"(신 4:20). "너는 여호와 네 하나님의 성민이라 네 하나님 여호와께서 지상 만민 중에서 너를 자기 기업의 백성으로 택하셨나니"(신 7:6). "너는 네 하나님 여호와의 성민이라 여호와께서 지상 만민 중에서 너를 택하여 자기 기업의 백성으로 삼으셨느니라"(신 14:2). "여호와께서 네게 말씀하신 대로 또 네 조상 아브라함과 이삭과 야곱에게 맹세하신 대로 오늘 너를 세워 자기 백성을 삼으시고 그는 친히 네 하나님이 되시려 함이니라"(신 29:13). "땅의 어느 한 나라가 주의 백성 이스라엘과 같으리이까 하나님이 가서 구속하사 자기 백성으로 삼아 주의 명성을 내시며 그들을 위하여 큰 일을, 주의 땅을 위하여 두려운 일을 애굽과 많은 나라들과 그의 신들에게서 구속하신 백성 앞에서 행하셨사오며 주께서 주의 백성 이스라엘을 세우사 영원히 주의 백성으로 삼으셨사오니 여호와여 주께서 그들의 하나님이 되셨나이다"(삼하 7:23-24). "그러나 그 날 후에 내가 이스라엘 집과 맺을 언약은 이러하니 곧 내가 나의 법을 그들의 속에 두며 그들의 마음에 기록하여 나는 그들의 하나님이 되고 그들은 내 백성이 될 것이라 여호와의 말씀이니라"(렘 31:33). "그러나 이스라엘 자손의 수가 바닷가의 모래 같이 되어서 헤아릴 수도 없고 셀 수도 없을 것이며 전에 그들에게 이르기를 너희는 내 백성이 아니라 한 그 곳에서 그들에게 이르기를 너희는 살아 계신 하나님의 아들들이라 할 것이라"(호 1:10). "내가 그 삼분의 일을 불 가운데에 던져 은 같이 연단하며 금 같이 시험할 것이라 그들이 내 이름을 부르리니 내가 들을 것이며 나는 말하기를 이는 내 백성이라 할 것이요 그들은 말하기를 여호와는 내 하나님이시라 하리라"(슥 13:9).

구약은 이스라엘 백성을 하나님의 백성으로 언급하고, 그 특별한 언약적 관계를 계속해서 표현한다. "여호와께서 오직 네 조상들을 기뻐하시고 그들을 사랑하사 그들의 후손인 너희를 만민 중에서 택하셨음이 오늘과 같으니라"(신 10:15). "여호와의 분깃은 자기 백성이라 야곱은 그가 택하신 기업이로다"(신 32:9). "야곱의 집이여 이스라엘 집에 남은 모든 자여 내게 들을지어다 배에서 태어남으로부터 내게 안겼고 태에서 남으로부터 내게 업힌 너희여"(사 46:3). "이스라엘 자손들아 여호와께서 너희에 대하여 이르시는 이 말씀을 들으라 애굽 땅에서 인도하여 올리신 모든 족속에 대하여 이르시기를 내가 땅의 모든 족속 가운데 너희만을 알았나니 그러므로 내가 너희 모든 죄악을 너희에게 보응하리라 하셨나니"(암 3:1-2).

하나님은 선택한 백성과 관계를 맺으신다. 이들이 하나님의 백성이 된다. 이들은 자신들의 의지와 상관없이 하나님의 백성이 되는 것이다. 우리가 마치 자신의 의지와 상관없이 누군가의 아들이 된 것과 같다. 하나님을 반역한 인류가 하나님과의 관계 맺음을 통해 하나님의 백성이 되는 것은 예수 그리스도를 통해 온전히 성취된다. 혈통적 이스라엘에 국한되지 않고 메시야를 통해 온 열방을 하나님의 백성으로 삼으려는 사상은 구약 전체에 이어 신약에서도 계승된다(사 19:19-25, 엡 2:11-19). "여호와께서 아브람에게 이르시되 너는 너의 고향과 친척과 아버지의집을 떠나 내가 네게 보여 줄 땅으로 가라 내가 너로 큰 민족을 이루고 네게 복을 주어 네 이름을 창대하게 하리니 너는 복이 될지라"(창 12:1-2). "아브라함은 강대한 나라가 되고 천하 만민은 그로 말미암아 복을 받게 될 것이 아니냐"(창 18:18). "내가 네게 큰 복을 주고 네 씨가 크게 번성하여 하늘의 별과 같고 바닷가의 모래와 같게 하리니 네 씨가 그 대적의 성문을 차지하리라 또 네 씨로 말미암아 천하 만민이 복을 받으리니 이는 네가 나의 말을 준행하였음이니라 하셨다 하니라"(창 22:17-18). "네 자손을 하늘의 별과 같이 번성하게 하며 이 모든 땅을 네 자손에게 주리니 네 자손으로 말미암아 천하 만민이 복을 받으리라"(창 26:4). "주의 도를 땅 위에, 주의 구원을 모든 나라에게 알리소서"(시 67:2). "그의 이름이 영구함이여 그의 이름이 해와 같이 장구하리로다 사람들이 그로 말미암아 복을 받으리니 모든 민족이 다 그를 복되다 하리로다"(시 72:17). "너희는 선지자들의 자손이요 또 하나님이 너희 조상과 더불어 세우신 언약의 자손이라 아브라함에게 이르시기를 땅 위의 모든 족속이 너의 씨로 말미암아 복을 받으리라 하셨으니 하나님이 그 종을 세워 복 주시려고 너희에게 먼저 보내사 너희로 하여금 돌이켜 각각 그 악함을 버리게 하셨느니라"(행 3:25-26). "또 하나님이 이방을 믿음으로 말미암아 의로 정하실 것을 성경이 미리 알고 먼저 아브라함에게 복음을 전하되 모든 이방인이 너로 말미암아 복을 받으리라 하였느니라 … 이는 그리스도 예수 안에서 아브라함의 복이 이방인에게 미치게 하고 또 우리로 하여금 믿음으로 말미암아 성령의 약속을 받게 하려 함이라"(갈 3:8,14).

예수께서는 언약을 십자가 죽음을 배경으로 하여 한 번 언급하셨지만, 하나님께서 하나님의 백성과 언약을 통해 관계를 맺으셔서 하나님의 백성을 삼으신다는 것은 부인할 수 없는 성경 전체의 사상이다.[52] 인류의 구원을 성취한 예수 그리스도의 십자가 죽음 사건은 분명히 새 언약을 성취한 것이며, 영원히 기념하도록 요청된다. "이것은 죄 사함을 얻게 하려고 많은 사람을 위하여 흘리는 바 나의 피 곧 언약의 피니라"(마 26:28). "이르시되 이것은 많은 사람을 위하여 흘리는 나의 피 곧 언약의 피니라"(막 14:24). "저녁 먹은 후에 잔도 그와 같이 하여 이르시되 이 잔은 내 피로 세우는 새 언약이니 곧 너희를 위하여 붓는 것이라"(눅 22:20). 예수 그리스도의 죽음이 온 인류와 맺은 새 언약인 것이다. 이 새 언약의 목적은 구약의 언약의 목적을 계승한다. 온 인류 가운데 하나님께서 선택한 백성을 하나님의 백성으로 편입시키는 것이다. 그들을 통해 하나님나라를 이 땅에 구현하고 확장하려는 것이다.

---

52 Ridderbos, 하나님나라, 266-267.

이제 예수 이후 시대에는 예수를 믿는 자, 즉 성령의 역사로 인해 예수를 믿게 된 자들이 하나님의 백성이 된다. 예수를 믿게 되었다는 것은 하나님의 백성으로 선택되었다는 증거가 된다. 요한복음 1장 12절에서 "영접하는 자 곧 그 이름을 믿는 자들에게는 하나님의 자녀가 되는 권세를 주셨으니"라고 말씀한다. 이것은 언약적 표현이다. 왕과 백성으로 표현된 언약적 관계 맺음을 아버지와 자녀의 개념으로 다르게 표현한 것이다. "너희는 다시 무서워하는 종의 영을 받지 아니하고 양자의 영을 받았으므로 우리가 아빠 아버지라고 부르짖느니라 성령이 친히 우리의 영과 더불어 우리가 하나님의 자녀인 것을 증언하시나니 자녀이면 또한 상속자 곧 하나님의 상속자요 그리스도와 함께 한 상속자니 우리가 그와 함께 영광을 받기 위하여 고난도 함께 받아야 할 것이니라"(롬 8:15-17). 더 친밀한 표현이다. 하나님나라는 이렇게 구원받은 하나님의 백성을 통해 시작된다. 하나님나라는 하나님의 백성을 불러 관계 맺음을 계시함으로 드러난다.

성경은 계속해서 하나님과의 특별한 관계로 부르심을 받은 하나님의 백성이 이 세상에 하나님의 목적을 이뤄가는 사명을 받았다는 것을 강조한다. 하나님의 백성은 하나님의 주권을 인정하는 삶을 통해 자신들이 복을 누리며, 그들이 살아가는 땅을 하나님의 주권이 인정되는 땅으로 회복시키는 도구가 되는 사명을 가지고 있다. 그 사명이 삶의 진정한 목적이 되며, 자신뿐만 아니라 주위의 모든 이웃이 복을 받게 하는 유일한 길이다. 그 길은 예수의 복음을 증거하며, 하나님의 말씀을 가르쳐 지키게 하는 것이다. "내가 그로 그 자식과 권속에게 명하여 여호와의 도를 지켜 의와 공도를 행하게 하려고 그를 택하였나니 이는 나 여호와가 아브라함에게 대하여 말한 일을 이루려 함이니라"(창 18:19).

하나님의 말씀을 지키는 세상에 하나님의 복이 임하며, 하나님의 이름은 높임을 얻는다. 더불어 하나님의 백성은 복을 얻으며, 그들을 통해 세상은 하나님의 복으로 회복된다. 하나님의 백성은 이렇게 하나님나라의 회복을 위하여 부르심을 받은 복된 백성이다. 하나님께서 아브라함에게 복을 주시고, 아브라함을 통해 천하 만민에게 복을 주시려는 계획은, 바로 예수를 믿음으로 복을 받은 하나님의 백성을 통해 이 세상에 이루어진다. 신약의 하나님의 백성은 아브라함을 통하여 복을 받은 땅의 모든 족속이며, 동시에 그들을 통해 세상의 남은 족속들이 복을 받게 된다. "모든 것이 하나님께로서 났으며 그가 그리스도로 말미암아 우리를 자기와 화목하게 하시고 또 우리에게 화목하게 하는 직분을 주셨으니 곧 하나님께서 그리스도 안에 계시사 세상을 자기와 화목하게 하시며 그들의 죄를 그들에게 돌리지 아니하시고 화목하게 하는 말씀을 우리에게 부탁하셨느니라"(고후 5:18-19).

06
땅 1 :
두 번째 키워드

1. 언약과 땅

하나님께서 약속하시고 성취하신 구원은 언약으로 계시되었다. 하나님께서 인류와 맺으신 언약은 하나님께서 베푸시는 구원을 이해하도록 돕는다. 앞에서도 자세히 언급했지만, 언약이라는 개념은 고대 근동에 널리 퍼져 있었던 것이고, 성경의 저자들은 언약이라는 개념을 중심으로 하나님의 구원 행위를 이야기로 전달했다.

성경의 일차적인 독자는 당시의 인류다. 그래서 그들의 풍습과 언어대로 기록되었다. 우리는 그들에게 이해되는 방식으로 성경을 읽기 위해, 하나님의 언약을 중심으로 한 큰 이야기들을 통해 성경을 통합적으로 읽어야 한다. 이를테면 하나님께서 아브라함과 세우신 언약은 창세기 11장에서 25장에 데라의 족보 이야기로 제시된다. 이 언약에는 번성하게 될 후손에 대한 약속(창 17:1-7), 주실 땅에 대한 약속(창 15:18-21, 17:8), 언약의 대상자인 아브라함과 그 후손이 지켜야 할 규례에 대한 약속(창 18:19)을 포함하고 있다. 여기서 우리가 눈여겨 보아야 할 것은 하나님께서 맺으신 언약 안에 하나님께서 창조하였으나 죄로 파괴된 땅을 포함하고 있다는 점이다. 하나님께서 창조하셨으나 인류의 반역으로 망가진 땅을 회복하는 것은 언약에서 필수적인 요소다. 따라서 땅에 집중하여 성경 전체를 살펴봄으로 성경 전체를 이해할 수 있으며, 복음을 요약할 수 있게 된다.

2. 아담 언약과 땅: 땅의 원형과 저주 받은 땅

창세기 2장 4절에서 4장 26절은 천지가 창조될 때에 하늘과 땅의 내력(톨레도트)이다. 이 전체를 우리는 아담 언약의 이야기라 할 수 있다. 그 이후 11장 바벨탑까지의 이야기는 아담 언약의 결과에 대해 설명하며, 우리에게 복음이 필요하다는 것을 강력하게 증거해준다.

하나님께서는 아담과 언약을 맺으셨다. 하나님께서는 인류의 시조 아담을 창조하셔서 자기 백성을 삼으셨다. 그에게 창조하신 땅의 일부인 에덴동산을 주셨다. 그들에게 지켜야 할 명령을 주셨다. 지켜야 할 명령은 제시된 언약의 조건이었다. 즉, 하나님의 백성인 아담이 하나님께서 주신 땅에서 하나님의 언약의 조건인 말씀을 지키면, 그 땅에 하나님의 복이 계속된다는 것이다. "여호와 하나님이 그 사람을 이끌어 에덴동산에 두어 그것을 경작하며 지키게 하시고 여호와 하나님이 그 사람에게 명하여 이르시되 동산 각종 나무의 열매는 네가 임의로 먹되 선악을 알게 하는 나무의 열매는 먹지 말라 네가 먹는 날에는 반드시 죽으리라 하시니라"(창 2:15-17).

하나님은 여호와 백성을 창조하시고, 땅을 주시고, 그들에게 명령하신다. 명령에 순종하는 자들에게 땅에서 복을 누리게 하신다. 복은 하나님이 주시는 생명이다. 에덴동산에는 생명 나무가 있었고, 선악을 알게 하는 나무의 열매를 먹지 않는 한 생명 나무의 열매는 먹을 수 있었다. 인류가 하나님의 백성이 되어 하나님의 명령을 따라 살아가며 땅에서 생명을 누리는 상태가 바로 구원이다. 아담 언약은 바로 우리에게 하나님이 창조하신 생명의 땅, 그 원형을 보여주고 있다.

하나님의 의도는 자신의 백성이 창조하고 복 주신 땅을 잘 경작하고, 하나님의 복을 누리는 땅을 유지하도록 백성을 다스리시는 것이었다. "하나님이 그들에게 복을 주시며 하나님이 그들에게 이르시되 생육하고 번성하여 땅에 충만하라, 땅을 정복하라, 바다의 물고기와 하늘의 새와 땅에 움직이는 모든 생물을 다스리라 하시니라"(창 1:28). 땅의 복은 하나님의 구원의 현시이며, 하나님께 영광이고 기쁨이었다. 하지만 그 땅이 저주를 받게 되었다. "아담에게 이르시되 네가 네 아내의 말을 듣고 내가 네게 먹지 말라 한 나무의 열매를 먹었은즉 땅은 너로 말미암아 저주를 받고 너는 네 평생에 수고하여야 그 소산을 먹으리라"(창 3:17).

하나님에 대한 반역이 복된 땅을 저주 받은 땅으로 바꿔놓았다. 저주는 하나님의 복, 하나님의 구원이 없어진 상태를 말한다. 하나님께서 주시는 참된 생명이 없는 사망의 상태를 말한다. 그런데 하나님께서 인간에게 주신 지혜로 세상은 도시를 이루고 발전한다. "가인이 성을 쌓고 그의 아들의 이름으로 성을 이름하여 에녹이라 하니라 … 아다는 야발을 낳았으니 그는 장막에 거주하며 가축을 치는 자의 조상이 되었고 그의 아우의 이름은 유발이니 그는 수금과 퉁소를 잡는 모든 자의 조상이 되었으며 씰라는 두발가인을 낳았으니 그는 구리와 쇠로 여러 가지 기구를 만드는 자요"(창 4:17, 20-22). 하지만 동시에 세상에는 하나님의 복이 사라지고, 땅은 온갖 탐욕과 죄가 난무하는 곳이 되었다. 하나님께서는 노아를 통해 그 땅을 물로 심판하시고, 회복을 위한 프로젝트를 시작하신다. 땅은 파괴된 곳이지만, 하나님이 창조하셨으며 회복되어야 할 구원의 무대이다. 회복은 하나님의 통치가 다시 인간을 통해 땅에 임하게 될 때 이루어지는 것이다. 그 시작은 아브라함을 통해서다.

3. 아브라함 언약과 땅: 땅의 회복 계획

인간이 타락하지 않았다면 이 땅은 하나님의 복과 생명이 넘치는 곳이었을 것이다. 하지만 인간은 하나님을 반역했고, 이 땅에서 하나님의 통치가 거부되었고, 하나님의 복도 사라졌다. 이제 하나님의 구원 계획은 아브라함을 통해서 시작된다. 하나님의 계획은 명확하다. 하나님과 복과 생명을 잃어버린 인간을 회복하시려는 것이다. 또한 그 계획은 이 땅을 벗어나지 않으신다. 하나님께서 창조하신 땅, 그러나 인간의 반역으로 망가진 땅의 회복이 하나님의 일차적인 계획이다. 그 계획은 아브라함의 이야기에서 구체적으로 제시된다(창 11:27-25:11). 아브라함의 이야기, 즉 데라의 족보(톨레도트)는 하나님의 구원 계획을 담고 있는데, 이 이야기는 하나님의 구원 계획을 위해 선택된 하나님의 백성 아담의 계보(톨레도트)와 노아의 아들 셈의 족보를 계승한 것이다(창 5:1-31, 11:10-26).

아브라함 언약의 무대는 하나님이 주신 땅 가나안이다. 사실 가나안 땅을 무대로 한 이스라엘 백성과의 언약 이야기는 구약 끝까지 이어진다. 그래서 구약 전체를 아브라함 언약의 확장인 시내산 언약으로 볼 수 있는 것이다. 아브라함은 갈대아 우르에서 가나안 땅으로 이주했고, 그 땅을 주신다는 하나님의 약속을 받았다. "또 그에게 이르시되 나는 이 땅을 네게 주어 소유를 삼게 하려고 너를 갈대아인의 우르에서 이끌어 낸 여호와니라"(창 15:7). 그는 자녀 이삭에게도 그 땅에 거주할 사람으로 아내를 삼게 함으로 하나님께서 주실 땅에 대한 언약을 후대로 이어 간다. "하늘의 하나님 여호와께서 나를 내 아버지의 집과 내 고향 땅에서 떠나게 하시고 내게 말씀하시며 내게 맹세하여 이르시기를 이 땅을 네 씨에게 주리라 하셨으니 그가 그 사자를 너보다 앞서 보내실지라 네가 거기서 내 아들을 위하여 아내를 택할지니라"(창 24:7).

땅에 대한 약속은 이삭과 야곱에 이어 요셉에게도 이어진다. "여호와께서 이삭에게 나타나 이르시되 애굽으로 내려가지 말고 내가 네게 지시하는 땅에 거주하라 이 땅에 거류하면 내가 너와 함께 있어 네게 복을 주고 내가 이 모든 땅을 너와 네 자손에게 주리라 내가 네 아버지 아브라함에게 맹세한 것을 이루어 네 자손을 하늘의 별과 같이 번성하게 하며 이 모든 땅을 네 자손에게 주리니 네 자손으로 말미암아 천하 만민이 복을 받으리라"(창 26:2-4). "또 본즉 여호와께서 그 위에 서서 이르시되 나는 여호와니 너의 조부 아브라함의 하나님이요 이삭의 하나님이라 네가 누워 있는 땅을 내가 너와 네 자손에게 주리니 네 자손이 땅의 티끌 같이 되어 네가 서쪽과 동쪽과 북쪽과 남쪽으로 퍼져 나갈지며 땅의 모든 족속이 너와 네 자손으로 말미암아 복을 받으리라 내가 너와 함께 있어 네가 어디로 가든지 너를 지키며 너를 이끌어 이 땅으로 돌아오게 할지라 내가 네게 허락한 것을 다 이루기까지 너를 떠나지 아니하리라 하신지라"(창 28:13-15). "요셉이 그의 형제들에게 이르되 나는 죽을 것이나 하나님이 당신들을 돌보시고 당신들을 이 땅에서 인도하여 내사 아브라함과 이삭과 야곱에게 맹세하신 땅에 이르게 하시리라 하고 요셉이 또 이스라엘 자손에게 맹세시켜 이르기를 하나님이 반드시 당신들을 돌보시리니 당신들은 여기서 내 해골을 메고 올라가겠다 하라 하였더라"(창 50:24-25).

아브라함 언약의 핵심은 땅의 우주적 회복에 있다. 하나님을 반역하고 우상 숭배가 가득한 아모리 족속의 땅 가나안을 아브라함의 후손 이스라엘 백성에게 주어 하나님이 통치하시는 땅으로 바꾸시는 것이다. 하나님의 통치가 이뤄지는 가나안 땅은 하나님의 복이 흘러 넘치는 샬롬의 땅이 될 것이다. 나아가 이스라엘 백성에게 하나님의 통치가 회복됨을 통해 천하 만민이 복을 받는 우주적 회복이 일어나게 될 것이다. "아브라함은 강대한 나라가 되고 천하 만민은 그로 말미암아 복을 받게 될 것이 아니냐 내가 그로 그 자식과 권속에게 명하여 여호와의 도를 지켜 의와 공도를 행하게 하려고 그를 택하였나니 이는 나 여호와가 아브라함에게 대하여 말한 일을 이루려 함이니라"(창 18:18-19). 물론 이 모든 하나님의 언약은 시내산 언약과 다윗 언약을 포함한 이스라엘 역사를 통과해 메시야를 통해 이루어진다.

4. 시내산 언약과 땅: 가나안을 통한 온 세상의 회복 방식 계시

시내산 언약은 하나님께서 아브라함과 세운 언약이 그 후손들에게 확장된 것이다. 시내산 언약의 핵심은 하나님의 백성으로 선택된 이스라엘 민족이 가나안 땅에서 하나님의 통치 율법을 지키며 살아갈 것인가에 초점이 맞춰진다. 시내산 언약(여기서는 출애굽기 19장 이하 민수기 25장까지의 이야기로 한정하도록 하자)은 하나님의 백성으로 선택된 이스라엘에게 하나님이 주실 땅에서 지켜야 할 언약의 조건들로서 율법 조항들을 나열하고 지키도록 촉구하는 내용이다. 이것을 새로운 세대에게 반복한 것이 민수기 26장에서 신명기까지의 내용이다. 시내산 언약은 주어진 율법에 대한 순종의 여부가 창조세계의 회복과 연결된다는 것을 강조한다. 이것은 온 세상의 회복 방식을 계시하는 구약의 특별한 기능을 보여준다.

모세는 하나님께서 아브라함의 후손들에게 약속하신 땅을 바라보며 백성을 이끌고 가나안 땅을 향한다. 요셉의 유언은 백성에게 주어진 하나님의 명령이었다. "그러므로 하나님이 홍해의 광야 길로 돌려 백성을 인도하시매 이스라엘 자손이 애굽 땅에서 대열을 지어 나올 때에 모세가 요셉의 유골을 가졌으니 이는 요셉이 이스라엘 자손으로 단단히 맹세하게 하여 이르기를 하나님이 반드시 너희를 찾아오시리니 너희는 내 유골을 여기서 가지고 나가라 하였음이더라"(출 13:18-19). 출애굽기에서 신명기까지 이어지는 다양한 규례들은 하나님께서 주실 땅이 회복되기 위한 하나님의 통치의 법이었다. "하나님이 이 모든 말씀으로 말씀하여 이르시되 나는 너를 애굽 땅, 종 되었던 집에서 인도하여 낸 네 하나님 여호와니라"(출 20:1-2). 광야 이전 세대와 광야 이후 세대에게는 동일한 방식으로 땅에서의 축복과 저주에 대한 약속이 주어진다(레위기 26장, 신명기 28장). 하나님께서 언약의 조건으로 제시한 하나님의 법에 순종하면 그들이 받을 땅에 복이 주어지며, 불순종하면 그들이 받을 땅에 저주가 주어진다.

여호수아는 땅에 대한 약속을 믿고 이스라엘 백성을 이끈다. "내 종 모세가 죽었으니 이제 너는 이 모든 백성과 더불어 일어나 이 요단을 건너 내가 그들 곧 이스라엘 자손에게 주는 그 땅으로 가라 내가 모세에게 말한 바와 같이 너희 발바닥으로 밟는 곳은 모두 내가 너희에게 주었노니 곧 광야와 이 레바논에서부터 큰 강 곧 유브라데 강까지 헷 족속의 온 땅과 또 해 지는 쪽 대해까지 너희의 영토가 되리라"(수 1:2-4). 그리고 그 땅을 정복하여 백성에게 분배한다. "이와 같이 여호수아가 여호와께서 모세에게 말씀하신 대로 그 온 땅을 점령하여 이스라엘 지파의 구분에 따라 기업으로 주매 그 땅에 전쟁이 그쳤더라"(수 11:23). 이후 구약의 이야기는 이스라엘 백성이 하나님의 말씀의 통치에 순종하느냐의 여부에 따라 가나안 땅이 어떻게 되는지에 초점이 맞추어진다.

다윗은 하나님의 통치를 나라에 편만하게 이룸으로 하나님께서 아브라함에게 계획했던 것을 성취한다. "다윗이 온 이스라엘을 다스려 다윗이 모든 백성에게 정의와 공의(미슈파트와 체다카)를 행할새"(삼하 8:15). 다윗이 행한 정의와 공의는 하나님께서 아브라함의 후손들을 택하신 이유이다. "내가 그로 그 자식과 권속에게 명하여 여호와의 도를 지켜 의와 공도(체다카와 미슈파트: 다윗이 행한 공의와 정의와 동일한 단어)를 행하게 하려고 그를 택하였나니 이는 나 여호와가 아브라함에게 대하여 말한 일을 이루려 함이니라"(창 18:19). 다윗은 하나님의 통치가 회복되게 하여 땅에 복이 임하게 할 뿐 아니라, 많은 땅을 정복함으로 하나님의 통치가 더 널리 편만하도록 하여, 땅의 우주적 회복을 성취하는 지도자의 모습을 보인다. "다윗이 에돔에 수비대를 두되 온 에돔에 수비대를 두니 에돔 사람이 다 다윗의 종이 되니라 다윗이 어디로 가든지 여호와께서 이기게 하셨더라"(삼하 8:14).

구약 시가서는 시내산 언약의 원리에 입각하여 이스라엘 역사를 정리하고, 땅에 하나님의 복과 생명이 성취되는 원리를 노래한다. "할렐루야, 여호와를 경외하며 그의 계명을 크게 즐거워하는 자는 복이 있도다 그의 후손이 땅에서 강성함이여 정직한 자들의 후손에게 복이 있으리로다"(시 112:1-2). 하나님은 세상을 다스리시는 하나님이며, 그 기초는 정의와 공의이다. "여호와께서 다스리시나니 땅은 즐거워하며 허다한 섬은 기뻐할지어다 구름과 흑암이 그를 둘렀고 의와 공평(체다카와 미슈파트, 즉 공의와 정의)이 그의 보좌의 기초로다"(시 97:1-2). 하나님의 통치에 순종하지 않는 자들에게는 하나님의 구원이 주어지지 않는다. "그가 임하시되 땅을 심판하러 임하실 것임이라 그가 의로 세계를 심판하시며 그의 진실하심으로 백성을 심판하시리로다"(시 96:13). 이 원리는 시내산에서 주어진 원리로서 다윗이 드러낸 원리이다. 하지만 이스라엘은 이 원리를 따라 하나님의 구원을 가나안 땅에 온전히 성취하지 못하고 결국 바벨론의 포로가 된다.

5. 예수의 새 언약과 땅: 메시야를 통한 땅의 회복 성취와 완성

선지자들은 하나님께서 약속하신 구원이 이스라엘의 민족적 범주를 넘어 우주적으로 성취될 것을 바라본다. "그 후에 내가 내 영을 만민에게 부어 주리니 … 누구든지 여호와의 이름을 부르는 자는 구원을 얻으리니"(욜 2:28-32). 새 언약의 중보이신 예수를 통해 누구든지 하나님의 백성이 되고, 세상 모든 민족이 살고 있는 땅이 하나님의 구원의 무대가 되며,

하나님의 구원은 우주적으로 확장된다. "그러므로 너희는 가서 모든 민족을 제자로 삼아 아버지와 아들과 성령의 이름으로 세례를 베풀고"(마 28:19). 예수의 새 언약을 통해 가나안 땅에서 모형적이며 지협적으로 현시된, 하나님의 구원을 통한 땅의 회복은 온 세상으로 확장된다. 예수를 주로 고백하는 백성의 공동체를 통해 하나님의 통치가 회복되어 복과 생명이 넘치는 땅이 성취된다. 이것이 하나님나라다.

하나님의 구원은 이스라엘에 의해 실패한 것이 아니라, 이스라엘을 통해 우주적으로 확장된다. 하나님의 구원은 가나안 땅을 통해 모형적으로 현시되었고, 천하 만민이 살고 있는 하나님의 창조세계 전체로 확장된다. "그 날에 이스라엘이 애굽 및 앗수르와 더불어 셋이 세계 중에 복이 되리니 이는 만군의 여호와께서 복 주시며 이르시되 내 백성 애굽이여, 내 손으로 지은 앗수르여, 나의 기업 이스라엘이여, 복이 있을지어다 하실 것임이라"(사 19:24-25). 온 세계 열방은 끝까지 하나님을 대적하는 사탄의 미혹에 넘어간 자들에 의해 여전히 저주와 사망이 편만하겠지만, 하나님을 찬양하는 백성으로 인해 하나님의 나라가 성취될 것이다. 모든 피조물이 거주하는 땅은 하나님의 아들들이 나타나 회복될 것을 고대한다. "생각하건대 현재의 고난은 장차 우리에게 나타날 영광과 비교할 수 없도다 피조물이 고대하는 바는 하나님의 아들들이 나타나는 것이니 피조물이 허무한 데 굴복하는 것은 자기 뜻이 아니요 오직 굴복하게 하시는 이로 말미암음이라 그 바라는 것은 피조물도 썩어짐의 종 노릇 한 데서 해방되어 하나님의 자녀들의 영광의 자유에 이르는 것이니라"(롬 8:18-21).

이런 맥락에서 예수님은 선지자들이 예언한 땅의 회복, 즉 복과 생명으로 충만한 땅으로서의 하나님나라와 완성된 내세의 하나님나라를 성취하기 위하여 세상에 오신 메시야이다. "또 주께서 너희를 위하여 예정하신 그리스도 곧 예수를 보내시리니 하나님이 영원 전부터 거룩한 선지자들의 입을 통하여 말씀하신 바 만물을 회복하실 때까지는 하늘이 마땅히 그를 받아 두리라"(행 3:21-22). 예수의 새 언약은 일차적으로 인간의 반역으로 인해 파괴되어 복과 생명을 잃어버린 이 땅이 회복되는 것이다. 나아가 이 땅의 온전한 회복은 새 하늘과 새 땅에서 이뤄진다. "또 내가 새 하늘과 새 땅을 보니 처음 하늘과 처음 땅이 없어졌고 바다도 다시 있지 않더라 또 내가 보매 거룩한 성 새 예루살렘이 하나님께로부터 하늘에서 내려오니 그 준비한 것이 신부가 남편을 위하여 단장한 것 같더라"(계 21:1-2).

이렇게 온 땅과 내세에 하나님나라를 성취하실 예수 그리스도의 새 언약은 하나님의 통치를 이 땅에 성취하며 하나님의 복과 생명의 회복을 누렸던 성취의 모형인 다윗의 이미지를 통해 우리에게 전달된다. 예레미야는 새 언약에 대해 예언하는데, 그것은 메시야를 통해 성취될 하나님나라를 가리킨다. "여호와의 말씀이니라 보라 날이 이르리니 내가 이스라엘 집과 유다 집에 새 언약을 맺으리라 이 언약은 내가 그들의 조상들의 손을 잡고 애굽 땅에서 인도하여 내던 날에 맺은 것과 같지 아니할 것은 내가 그들의 남편이 되었어도 그들이 내 언약을 깨뜨렸음이라 여호와의 말씀이니라 그러나 그 날 후에 내가 이스라엘 집과 맺을 언약은 이러하니 곧 내가 나의 법을 그들의 속에 두며 그들의 마음에 기록하여 나는 그들의 하나님이 되고 그들은 내 백성이 될 것이라 여호와의 말씀이니라"(렘 31:31-33).

새 언약은 하나님의 법의 통치가 하나님의 백성의 마음 속에 있게 될 것이며, 하나님의 통치가 성령의 도우심을 통해 실천되는 것을 성취할 것이다. "또 새 영을 너희 속에 두고 새 마음을 너희에게 주되 너희 육신에서 굳은 마음을 제거하고 부드러운 마음을 줄 것이며 또 내 영을 너희 속에 두어 너희로 내 율례를 행하게 하리니 너희가 내 규례를 지켜 행할지라"(겔 36:26-27). 하나님의 통치를 회복하고 복과 생명을 이 땅에 부여하실 메시야의 모습은 공의와 정의를 행한 다윗을 온전히 성취할 왕이다. "내가 한 목자를 그들 위에 세워 먹이게 하리니 그는 내 종 다윗이라 그가 그들을 먹이고 그들의 목자가 될지라"(겔 34:23). 마태는 예수를 아브라함과 다윗의 언약을 성취하는 진정한 왕으로 소개한다(마 1:1-17).

메시야가 하나님의 통치를 성취할 때 땅에는 진정한 평강이 임한다. 하나님의 복과 생명이 땅에 편만해진다. "마침내 위에서부터 영을 우리에게 부어 주시리니 광야가 아름다운 밭이 되며 아름다운 밭을 숲으로 여기게 되리라 그 때에 정의가 광야에 거하며 공의가 아름다운 밭에 거하리니 공의의 열매는 화평이요 공의의 결과는 영원한 평안과 안전이라"(사 32:15-17). 메시야 예수를 통해 이 세상은 놀랍게 회복되고, 만물은 하나님의 복과 생명으로 충만해진다. "교회는 그의 몸이니 만물 안에서 만물을 충만하게 하시는 이의 충만함이니라"(엡 1:23).

6. 땅의 정리 1

지금까지 하나님의 구원 계시의 수단인 언약을 중심으로 땅에 대해 살펴보았다. 하나님께서 창조하신 땅은 하나님의 복과 생명으로 풍성한 땅이었다. 인간의 반역으로 인해 땅은 저주와 사망으로 가득하게 되었다.

하나님의 구원은 아브라함을 통해 가나안 땅과 온 세상의 회복을 바라보게 한다. 하나님의 백성을 선택하여 하나님의 말씀의 통치를 회복함으로 이 땅에 다시 복과 생명을 주시려는 하나님의 계획은 아브라함의 후손 이스라엘과 맺은 시내산 언약으로 구체화된다. 다윗은 그 정점에 서 있다. 그를 통해 가나안 땅과 주변 땅들이 회복된다. 인간을 대표하는 왕이 하나님의 통치의 대리자로서 하나님의 통치대로 정의와 공의를 따라 땅을 다스릴 때, 하나님의 복과 생명은 땅에 충만했다. 하지만 육신의 혈통으로서의 이스라엘은 다윗의 성취를 온전케 하지 못한다.

선지자들의 예언대로 메시야를 통해 온 세상이 하나님의 구원을 누리게 될 새 언약이 성취된다. 예수는 하나님의 메시야(그리스도)로 세상에 오셔서 교회의 머리가 되심으로 하나님의 백성에게 하나님의 통치를 복원시키며, 하나님의 복과 생명이 땅에 성취된다. 예수를 믿는 자들은 하나님의 백성이 되며, 성령을 통해 하나님의 모든 백성은 하나님의 통치의 회복을 경험한다. 그들을 통해 온 땅에 우주적 회복이 나타나며, 인류는 복과 생명을 맛본다. 하나님나라를 누리게 되는 것이다. 성경은 결국 새로운 땅에서 하나님의 백성이 영원히 거할 완성된 하나님나라를 바라본다.

지금까지 언약의 관점에서 성경 전체를 따라 나타나는 땅을 개괄했다. 이제 다음 장에서는 성경이 말하는 땅을 선물로서, 사명의 무대로서, 언약의 조건과의 관계 속에서 더 자세히 살펴볼 것이다.

07
땅 2 :
두 번째 키워드

1. 하나님의 통치 대상인 땅

하나님께서 세상을 창조하셨다. 하나님께서 창조하신 세상은 하늘과 땅이라고 표현된다. 하지만 통상적으로 하나님의 모든 뜻은 '하늘'의 통치로서 인간과 피조물이 거주하는 '땅'에 임한다고 표현된다. 땅은 하나님의 통치가 이루어지는 대상이다. 통치의 대리자인 인간을 통해 이 세상에 하나님의 통치가 임하게 하는 것이 하나님의 방식이다. 인간의 창조는 하나님의 방식과 관련되어 있다. "하나님이 그들에게 복을 주시며 그들에게 이르시되 생육하고 번성하여 땅에 충만하라 땅을 정복하라 바다의 물고기와 하늘의 새와 땅에 움직이는 모든 생물을 다스리라 하시니라"(창 1:28).

하나님의 통치를 대행하는 인간이 하나님의 통치를 거부하게 되었을 때 땅은 저주를 받게 되었다. 땅에 하나님의 뜻이 사라졌으며, 하나님의 복도 사라졌다. "아담에게 이르시되 네가 네 아내의 말을 듣고 내가 네게 먹지 말라 한 나무의 열매를 먹었은즉 땅은 너로 말미암아 저주를 받고 너는 네 평생에 수고하여야 그 소산을 먹으리라"(창 3:17). 땅이 저주를 받았다는 것을 주술적으로 이해하면 안된다. 저주는 하나님의 통치를 거부함으로 하나님의 복이 결여된 것을 의미한다.

모세를 통해 이스라엘 백성에게 주어진 하나님의 율법은 죄가 관영한 세상을 대표하는 가나안 땅으로부터 하나님의 통치를 다시 복원시키고, 이 세상을 구원(회복)하려는 하나님의 구원 계획을 계시하신 것이다. 하나님의 율법을 지킬 때 하나님의 복이 다시 세상에 복원된다. "네가 네 하나님 여호와의 말씀을 삼가 듣고 내가 오늘 네게 명령하는 그의 모든 명령을 지켜 행하면 네 하나님 여호와께서 너를 세계 모든 민족 위에 뛰어나게 하실 것이라 네가 네 하나님 여호와의 말씀을 청종하면 이 모든 복이 네게 임하며 네게 이르리니"(신 28:1-2). 하나님께서 예수를 세상에 보내신 것은 바로 가나안 땅의 확장인 세상을 사랑하시고, 구원하시기 위함이었다. "하나님이 세상을 이처럼 사랑하사 독생자를 주셨으니"(요 3:16).

율법은 출애굽기 19장부터 신명기까지 계속 이어진다. 하나님은 이스라엘 백성과 언약을 맺고(출 19-24장), 광야에 화려하지 않은 천막을 세우게 하시고(출 25-40장), 제사를 통해 하나님을 만날 수 있게 하시며(레 1-10장), 자신을 정결하게 할 뿐 아니라 하나님의 뜻을 따라 살아가도록 가르치신다(레 11-27장). 이스라엘 백성은 진과 행진의 법을 따라 가나안으로 나아가지만 실패한다(민 1-25장). 하지만 하나님께서는 그들에게 계속해서 하나님의 법을 가르치신다(민 26-신명기). 율법은 하나님을 거부한 백성이 어떻게 하나님을 만나며, 다시 하나님의 통치를 따라 살아가며 복을 얻게 될 것인지 가르치는 하나님의 통치문서이다. 율법은 하나님의 통치 대상으로 창조된 땅, 그러나 인간의 반역으로 망가진 땅을 회복하기 위한 문서다.

이스라엘 백성은 하나님의 율법을 따라 하나님의 통치를 구현하는 일에 실패한다. 그리고 땅을 빼앗기고 포로가 된다. 예수께서는 온 세상에 하나님의 통치가 다시 이루어지며, 하나님의 복으로 세상이 회복되게 하시기 위하여 세상에 오셨다. 예수는 우리에게 하나님의 통치를 구하는 기도를 가르치신다. "나라가 임하시오며 뜻이 하늘에서 이루어진 것같이 땅에서도 이루어지이다"(마 6:10). 하나님의 뜻이 성취되어야 하는 무대가 없는 언약과 구원은 사실상 의미가 없다.[53] 따라서 성경 전체는 항상 하나님의 통치가 이 땅에 이뤄져야 할 것을 강조한다. 메시야 예수를 통해 하나님의 통치가 이 땅에 이뤄질 때, 모든 민족이 믿어 순종하게 될 때, 하나님을 반역하여 인류가 맞이했던 저주는 하나님의 복으로 다시 바뀌게 될 것이다. 이것이 복음이다. "나의 복음과 예수 그리스도를 전파함은 영세 전부터 감추어졌다가 이제는 나타내신 바 되었으며 영원하신 하나님의 명을 따라 선지자들의 글로 말미암아 모든 민족이 믿어 순종하게 하시려고 알게 하신 바 그 신비의 계시를 따라 된 것이니 이 복음으로 너희를 능히 견고하게 하실 지혜로우신 하나님께 예수 그리스도로 말미암아 영광이 세세 무궁하도록 있을지어다 아멘"(롬 16:25-27).

---

53 크리스토퍼 라이트는 하나님의 선교, 즉 온 세상을 구원하시는 하나님의 행위의 무대로서 땅을 이해하고 있다. 〈하나님의 선교〉(IVP, 2010) 제 4부를 참고하라.

2. 땅은 하나님의 선물이자 사명

우리는 성경의 땅을 다양한 개념에서 이해할 수 있다. 앞 장에서 우리는 땅을 다양한 언약들과 연결하여 살펴보았다. 언약은 하나님께서 인류를 구원하는 모든 행위를 종합하여 계시하는 용어이므로 구원의 무대인 땅이 언약과 관련되는 것은 너무나 당연하다. 이제 고대 근동의 언약의 특징에 근거하여 땅을 살펴보자. 땅은 언약의 주도자가 언약의 상대방과 관계를 맺고 선물로 주는 것이다. 우리는 먼저 땅을 하나님의 선물로 이해할 수 있다.

1) 하나님의 선물로서의 땅

하나님께서는 선택하신 이스라엘 백성에게 항상 땅을 약속하셨다. 하나님께서 아브라함에게 주신 땅의 약속은 여러 족장들에게, 또한 모세와 여호수아 같은 지도자에게 계승되었다. "그 날에 여호와께서 아브람과 더불어 언약을 세워 이르시되 내가 이 땅을 애굽 강에서부터 그 큰 강 유브라데까지 네 자손에게 주노니"(창 15:18). "내가 너와 네 후손에게 네가 거류하는 이 땅 곧 가나안 온 땅을 주어 영원한 기업이 되게 하고 나는 그들의 하나님이 되리라"(창 17:8). "하늘의 하나님 여호와께서 나를 내 아버지의 집과 내 고향 땅에서 떠나게 하시고 내게 말씀하시며 내게 맹세하여 이르시기를 이 땅을 네 씨에게 주리라 하셨으니 그가 그 사자를 너보다 앞서 보내실지라 네가 거기서 내 아들을 위하여 아내를 택할지니라"(창 24:7). "네 자손을 하늘의 별과 같이 번성하게 하며 이 모든 땅을 네 자손에게 주리니 네 자손으로 말미암아 천하 만민이 복을 받으리라"(창 26:4). "또 본즉 여호와께서 그 위에 서서 이르시되 나는 여호와니 너의 조부 아브라함의 하나님이요 이삭의 하나님이라 네가 누워 있는 땅을 내가 너와 네 자손에게 주리니 네 자손이 땅의 티끌 같이 되어 네가 서쪽과 동쪽과 북쪽과 남쪽으로 퍼져 나갈지며 땅의 모든 족속이 너와 네 자손으로 말미암아 복을 받으리라"(창 28:13-14). "요셉이 그의 형제들에게 이르되 나는 죽을 것이나 하나님이 당신들을 돌보시고 당신들을 이 땅에서 인도하여 내사 아브라함과 이삭과 야곱에게 맹세하신 땅에 이르게 하시리라 하고"(창 50:24). "내가 내려가서 그들을 애굽인의 손에서 건져내고 그들을 그 땅에서 인도하여 아름답고 광대한 땅, 젖과 꿀이 흐르는 땅 곧 가나안 족속, 헷 족속, 아모리 족속, 브리스 족속, 히위 족속, 여부스 족속의 지방에 데려가려 하노라"(출 3:8). "여호와께서 모세에게 이르시되 너는 네가 애굽 땅에서 인도하여 낸 백성과 함께 여기를 떠나서 내가 아브라함과 이삭과 야곱에게 맹세하여 네 자손에게 주기로 한 그 땅으로 올라가라"(출 33:1). "내가 모세에게 말한 바와 같이 너희 발바닥으로 밟는 곳은 모두 내가 너희에게 주었노니 곧 광야와 이 레바논에서부터 큰 강 곧 유브라데 강까지 헷 족속의 온 땅과 또 해 지는 쪽 대해까지 너희의 영토가 되리라"(수 1:3-4).

하나님께서는 약속대로 여호수아를 통해 가나안 땅의 거점들을 정복하게 하셨다. "이와 같이 여호수아가 여호와께서 모세에게 말씀하신 대로 그 온 땅을 점령하여 이스라엘 지파의 구분에 따라 기업으로 주매 그 땅에 전쟁이 그쳤더라"(수 11:23). "이르시기를 내가 가나안 땅을 네게 주어 너희에게 할당된 소유가 되게 하리라 하셨도다"(시 105:11). 사사들이 다스리던 시대에 이스라엘은 땅을 정복하는 일을 멀리하고 우상을 숭배하였으나, 다윗과 솔로몬의 시대에는 하나님께 순종함으로 약속의 땅 대부분을 차지하게 되었다(삼하 8:1-14). "솔로몬이 그 강에서부터 블레셋 사람의 땅에 이르기까지와 애굽 지경에 미치기까지의 모든 나라를 다스리므로 솔로몬이 사는 동안에 그 나라들이 조공을 바쳐 섬겼더라 솔로몬이 그 강 건너편을 딥사에서부터 가사까지 모두, 그 강 건너편의 왕을 모두 다스리므로 그가 사방에 둘린 민족과 평화를 누렸으니"(왕상 4:21, 24).

땅은 이스라엘에게 선물이었다. 가나안 땅은 이방인으로서의 삶을 끝내고 주인의 삶을 살아갈 수 있는 터전이었다. 그들이 하나님의 복을 누리는 터전이 되었으며, 하나님의 통치가 이루어지던 다윗과 솔로몬 시대에 그 땅은 하나님의 복이 넘치는 땅이 되었다. "유다와 이스라엘의 인구가 바닷가의 모래 같이 많게 되매 먹고 마시며 즐거워하였으며 … 솔로몬이 사는 동안에 유다와 이스라엘이 단에서부터 브엘세바에 이르기까지 각기 포도나무 아래와 무화과나무 아래에서 평안히 살았더라"(왕상 4:20,25). 하나님의 통치가 넘치는 땅은 하나님의 복이 임하는 땅이 된다(시 72:1-7). 창조세계로서의 땅은 그 자체로 하나님의 선물이며, 하나님의 통치 가운데 회복된 땅은 하나님께서 인류에게 약속하시는 하나님의 구원의 현세적 형태이다.

2) 사명으로서의 땅

언약의 주도자(하나님)가 언약의 상대방(이스라엘)에게 땅을 주게 될 때, 그 땅에는 언약의 주도자가 가지고 있는 목적이 반영된다. 하나님께서 이스라엘 백성을 자기 백성으로 택하시고, 그들에게 땅을 주실 때에 분명한 목적을 가지고 있었고, 그것은 하나님을 반역한 이 세상을 구원하는 일과 관련되어 있었다.

시편 105편은 하나님과 이스라엘의 언약인 오경을 요약하면서, 그 언약은 하나님께서 자기 백성을 택하고 그들에게 땅을 주는 언약이었다고 정리한다. "그는 여호와 우리 하나님이시라 그의 판단이 온 땅에 있도다 그는 그의 언약 곧 천 대에 걸쳐 명령하신 말씀을 영원히 기억하셨으니 이것은 아브라함과 맺은 언약이고 이삭에게 하신 맹세이며 야곱에게 세우신 율례 곧 이스라엘에게 하신 영원한 언약이라 이르시기를 내가 가나안 땅을 네게 주어 너희에게 할당된 소유가 되게 하리라 하셨도다"(시 105:7-11). 나아가 자기 백성에게 땅을 주신 이유는 하나님의 율법을 통해, 하나님의 가르침을 통해 하나님의 통치주권이 이 땅에 회복되는 것임을 분명히 강조하고 있다. "그의 백성이 즐겁게 나오게 하시며 그의 택한 자는 노래하며 나오게 하시고 여러 나라의 땅을 그들에게 주시며 민족들이 수고한 것을 소유로 가지게 하셨으니 이는 그들이 그의 율례를 지키고 그의 율법을 따르게 하려 하심이로다 할렐루야"(시 105:43-45). 땅의 회복이 하나님께서 땅을 주신 목적이었으며, 그 목적은 하나님의 백성이 하나님의 통치에 순종하는 길을 통해 성취될 수 있었다. 따라서 하나님께서 이스라엘에게 약속한 땅은 선물인 동시에 사명으로서의 땅이었다.

모세 이후 가나안 땅은 이스라엘 백성이 정복해야 할 사명의 땅이었다. 이스라엘 백성은 가나안 땅을 향하여 나아가야 했다. 여호수아 이후 세대는 이미 정복한 땅의 거점들을 통해 하나님께서 약속하신 땅 전체를 정복해 나가야 하는 사명을 가지고 있었다. "보라 내가 요단에서부터 해 지는 쪽 대해까지의 남아 있는 나라들과 이미 멸한 모든 나라를 내가 너희를 위하여 제비 뽑아 너희의 지파에게 기업이 되게 하였느니라 너희의 하나님 여호와 그가 너희 앞에서 그들을 쫓아내사 너희 목전에서 그들을 떠나게 하시리니 너희의 하나님 여호와께서 너희에게 말씀하신 대로 너희가 그 땅을 차지할 것이라"(수 23:4-5).

이스라엘의 역사 속에서 하나님께서는 땅을 정복하는 사명을 잃어버린 백성을 책망하셨다. 결국 사명을 감당하지 않는 이스라엘 백성은 땅에 기근과 전염병과 전쟁이 일어나게 될 것이라는 언약 조문대로 징계를 받았다(신 28장). "여호와께서 이스라엘에게 진노하사 노략하는 자의 손에 넘겨 주사 그들이 노략을 당하게 하시며 또 주위에 있는 모든 대적의 손에 팔아 넘기시매 그들이 다시는 대적을 당하지 못하였으며 그들이 어디로 가든지 여호와의 손이 그들에게 재앙을 내리시니 곧 여호와께서 말씀하신 것과 같고 여호와께서 그들에게 맹세하신 것과 같아서 그들의 괴로움이 심하였더라"(삿 2:14-15).

언약 백성인 이스라엘에게 주어진 사명은 이방인들처럼 땅을 차지하고 소유를 취하는 것이 아니었다. 이스라엘은 그 땅에서 하나님의 율법으로 요구되는 하나님의 통치에 순종해야 하며, 이방인들의 죄를 끊고 그들도 하나님의 통치에 순종하도록 이끌어야 하는 사명을 가지고 있었다. 하나님께서는 자기 백성에게 선물로 주신 땅에서 하나님의 통치가 복원되는 언약의 목적을 늘 강조하셨다. "세계가 다 내게 속하였나니 너희가 내 말을 잘 듣고 내 언약을 지키면 너희는 모든 민족 중에서 내 소유가 되겠고 너희가 내게 대하여 제사장 나라가 되며 거룩한 백성이 되리라 너는 이 말을 이스라엘 자손에게 전할지니라"(출 19:5-6).

만약 언약의 목적이 성취되지 않는다면, 즉 이스라엘 백성이 하나님의 통치를 땅에 복원시키는 사명을 감당하지 않는다면, 하나님께서 가나안 족속을 쫓아내고 땅을 이스라엘 백성에게 주려는 계획을 바꾸어 이스라엘 백성이 그 땅에서 쫓겨나게 될 것이었다(민 33:51-56). 이스라엘 백성은 선물로 받은 가나안 땅에 하나님의 통치를 복원하고, 하나님의 율법을 따라 정의와 공의가 흐르는 땅으로 만들어가야 하는 사명을 가지고 있었다. 그를 위해 하나님께서 그들에게 그 땅을 주셨다는 사실을 잊지 말아야 하며, 계속해서 모세의 율법을 가르쳐야 했다. 물론 그 목적은 여호와를 경외하고, 그의 통치 가운데 살아가기를 갈망하는 것이었다. "오직 너는 스스로 삼가며 네 마음을 힘써 지키라 그리하여 네가 눈으로 본 그 일을 잊어버리지 말라 네가 생존하는 날 동안에 그 일들이 네 마음에서 떠나지 않도록 조심하라 너는 그 일들을 네 아들들과 네 손자들에게 알게 하라"(신 4:9). "너희는 스스로 삼가 너희의 하나님 여호와께서 너희와 세우신 언약을 잊지 말고 네 하나님 여호와께서 금하신 어떤 형상의 우상도 조각하지 말라"(신 4:23). "네 자녀에게 부지런히 가르치며 집에 앉았을 때에든지 길을 갈 때에든지 누워 있을 때에든지 일어날 때에든지 이 말씀을 강론할 것이며"(신 6:7). "또 그것을 너희의 자녀에게 가르치며 집에 앉아 있을 때에든지, 길을 갈 때에든지, 누워 있을 때에든지, 일어날 때에든지 이 말씀을 강론하고"(신 11:19).

하나님의 통치가 복원되는 땅에는 복이 주어질 것이고, 이방인들 같이 하나님을 언약의 하나님으로 알고 순종하지 못하는 악한 행위가 계속될 때에는 복의 결여 상태인 저주가 계속될 것이다. 이스라엘 백성은 결국 하나님의 율법을 무시했고, 여호와를 아는 지식을 상실했다. "이스라엘 자손들아 여호와의 말씀을 들으라 여호와께서 이 땅 주민과 논쟁하시나니 이 땅에는 진실도 없고 인애도 없고 하나님을 아는 지식도 없고 오직 저주와 속임과 살인과 도둑질과 간음뿐이요 포악하여 피가 피를 뒤이음이라"(호 4:1-2). "땅이여 들으라 내가 이 백성에게 재앙을 내리리니 이것이 그들의 생각의 결과라 그들이 내 말을 듣지 아니하며 내 율법을 거절하였음이니라 시바에서 유향과 먼 곳에서 향품을 내게로 가져옴은 어찌함이냐 나는 그들의 번제를 받지 아니하며 그들의 희생제물을 달게 여기지 않노라"(렘 6:19-20).

약속의 땅은 하나님의 통치가 복원되는 것을 목적으로 했다. 하나님의 목적을 사명으로 인식하지 못하고 하나님의 통치를 거부한 이스라엘 백성은 그 땅을 앗수르와 바벨론에게 빼앗기게 된다. 하나님의 구원의 최종적인 목적은 하나님을 반역한 인간에 의해 망가진 땅에 하나님의 통치가 회복되어 하나님의 복이 임하는 것이다. 이스라엘 백성의 역사는 하나님의 구원의 과정과 결과를 구체적으로 보여준다. 하나님은 자기 백성을 택하시고, 하나님의 통치에 대한 그들의 순종을 통해 반역으로 망가지고 왜곡된 이 땅에 하나님의 복을 이루시는 것이다. 나아가 장차 메시야를 통해 이 땅 만물의 회복을 이루시며, 하나님의 복을 영원히 풍성히 누리는 땅을 선물하는 것이다. 이스라엘 백성에게 주어진 땅은 하나님의 복이 없이 살아가는 인류에게 주어진 선물임과 동시에, 그 땅이 진정한 선물이 되기 위한 사명으로서의 특징을 동시에 가지고 있었던 것이다.

3. 신약에서의 땅의 확장

신약에서 땅의 주제를 다루는 것은 매우 어려운 일이다. 신약은 구약의 가나안 땅처럼 어떤 구체적인 땅의 틀 속에서 서술되지 않는다. 하지만 신약은 구약의 성취로서 이스라엘 백성을 구속하시고, 그들에게 땅을 주셔서, 하나님의 통치의 회복을 통해 세상을 회복하시려는 하나님의 구원 사역이 메시야 예수를 통해서 성취된 것을 증거한다. 따라서 구약의 밑그림을 고스란히 계승하여 메시야를 통해 성취되는 구원의 현장인, 신약에서의 땅의 개념에 대해 정리해야 한다.

우선 신약이 드러내는 땅의 개념에 대해 개략적 설명을 하려고 한다. 크리스토퍼 라이트는 바울의 안디옥 설교와 아덴에서의 설교를 분석하면서, 구약의 백성과 땅의 개념이 신약에서 확장된다고 주장한다. 즉, 구약의 이스라엘은 신약에서 온 인류로 확장되며, 가나안 땅은 온 땅으로 확장된다는 것이다.[54] "또 무엇이 부족한 것처럼 사람의 손으로 섬김을 받으시는 것이 아니니 이는 만민에게 생명과 호흡과 만물을 친히 주시는 이심이라 인류의 모든 족속을 한 혈통으로 만드사 온 땅에 살게 하시고 그들의 연대를 정하시며 거주의 경계를 한정하셨으니"(행 17:25-26). 아브라함과의 언약의 목적은 천하 만민에게 그 목적이 향해 있으며, 시내산 언약의 목적은 (천하 만민을 위한) 제사장 나라가 되게 하는 것에 있었음을 우리가 기억한다면, 신약에서 구약의 확장으로서의 땅의 개념을 정리해야 할 필요성은 분명해진다. "아브라함은 강대한 나라가 되고 천하 만민은 그로 말미암아 복을 받게 될 것이 아니냐"(창 18:18). "세계가 다 내게 속하였나니 너희가 내 말을 잘 듣고 내 언약을 지키면 너희는 모든 민족 중에서 내 소유가 되겠고 너희가 내게 대하여 제사장 나라가 되며 거룩한 백성이 되리라 너는 이 말을 이

---

54 하나님의 선교(IVP, 2010)의 496-497쪽을 참고하라.

스라엘 자손에게 전할지니라"(출 19:5-6). 신약에서의 땅은 온 세상이며, 하나님의 통치가 임해야 하는 모든 영역을 의미한다. 신약의 땅은 하나님의 통치가 회복되어야 할 온 세상이며, 하나님의 통치와 사탄의 통치가 혼재되며 결국 하나님의 심판이 임할 영적 전쟁의 현장이다.

1) 사명으로서의 온 세상

신약에서 땅은 구약과 마찬가지로 하나님의 사랑에서 기원한 하나님의 구원 행위가 메시야를 통해 성취되어 하나님의 통치가 복원되어야 하는 곳으로, 다음과 같은 의미를 갖는다. 신약의 땅은 하나님의 통치가 복원되어야 할 구약 가나안 땅의 우주적 확장으로, 하나님의 백성의 사명의 땅으로서의 기업 혹은 소유이다(히, 아후자, 헬, 클레로노미아: 창 17:8; 출 32:13; 마 5:5, 마 28:18-20; 막 16:15; 행 13:19, 20:32, 26:18, 엡 1:11, 5:5; 골 1:12). 하나님께서는 땅을 기업으로 주셨다. "내가 너와 네 후손에게 네가 거류하는 이 땅 곧 가나안 온 땅을 주어 영원한 기업이 되게 하고 나는 그들의 하나님이 되리라"(창 17:8). 메시야 예수를 통해 하나님의 통치를 받아들인 성도들은 아브라함의 후손의 유업을 우주적으로 확장하여 계승하게 된다. "온유한 자는 복이 있나니 그들이 땅을 기업으로 받을 것임이요"(마 5:5). 온 천하는 그리스도인의 기업이며, 그 땅은 하나님께서 이스라엘에게 가나안 땅을 주셨던 것과 같은 사명을 요청한다. "또 이르시되 너희는 온 천하에 다니며 만민에게 복음을 전파하라"(막 16:15).

하나님의 통치를 회복하는 사명에 신실하지 않은 이들은 하나님나라의 기업을 얻지 못하고 빼앗긴다. "너희도 이것을 정녕히 알거니와 음행하는 자나 더러운 자나 탐하는 자 곧 우상 숭배자는 다 그리스도와 하나님나라에서 기업을 얻지 못하리니"(엡 5:5). 신약에서는 온 천하로 개념이 확장되어 이스라엘에게 주어졌던 기업의 사명이 요청된다. 그 목적은 천하 만민이 메시야 예수를 믿고 하나님의 통치 가운데 복을 누리며 살아가는 것이며, 그들을 통해 세상에 하나님의 통치가 회복되어 사회에 변혁이 일어나며, 비록 여전히 하나님을 반역하는 이들 때문에 사회의 변혁은 완성될 수 없지만, 부분적 회복을 증거로 장차 내세의 영원한 나라에서 주와 더불어 살아갈 것을 소망하게 되는 것이다. 결국 세상은 온전히 회복되지 않으며, 영원한 하나님의 통치를 갈망하는 이들은 새 하늘과 새 땅을 누리게 된다. "또 내가 보매 거룩한 성 새 예루살렘이 하나님께로부터 하늘에서 내려오니 그 준비한 것이 신부가 남편을 위하여 단장한 것 같더라 내가 들으니 보좌에서 큰 음성이 나서 이르되 보라 하나님의 장막이 사람들과 함께 있으매 하나님이 그들과 함께 계시리니 그들은 하나님의 백성이 되고 하나님은 친히 그들과 함께 계셔서 모든 눈물을 그 눈에서 닦아 주시니 다시는 사망이 없고 애통하는 것이나 곡하는 것이나 아픈 것이 다시 있지 아니하리니 처음 것들이 다 지나갔음이러라"(계 21:2-4).

예수를 믿어 아브라함에게 주어진 복을 소유한 그리스도인들에게는 온 세상이 이스라엘에게 주어진 가나안 땅과 같은 역할을 한다. 그들은 사명을 감당하며 하나님의 복을 누린다. 이 땅에서 그들의 사명은 완성되지 않는다 하더라도 그들은 개인적으로 하나님의 통치를 체험하며, 사명을 감당하는 이들에게 주어지는 영원한 승리를 누리게 된다.

2) 하나님의 통치와 사탄의 통치가 혼재된 영적 전쟁의 현장

신약에서의 땅은 하나님의 통치가 임해서 회복된 땅, 하나님나라가 현시되는 곳을 의미하기도 하며, 동시에 여전히 사탄의 통치가 있는 땅(바벨론)을 의미하기도 한다(행 2:43-47, 4:32-35; 계 12-13장, 17-18장). "그 정죄는 이것이니 곧 빛이 세상에 왔으되 사람들이 자기 행위가 악하므로 빛보다 어둠을 더 사랑한 것이니라"(요 3:19). "세상이 너희를 미워하면 너희보다 먼저 나를 미워한 줄을 알라 너희가 세상에 속하였으면 세상이 자기의 것을 사랑할 것이나 너희는 세상에 속한 자가 아니요 도리어 내가 너희를 세상에서 택하였기 때문에 세상이 너희를 미워하느니라"(요 15:18-19). "이것을 너희에게 이르는 것은 너희로 내 안에서 평안을 누리게 하려 함이라 세상에서는 너희가 환난을 당하나 담대하라 내가 세상을 이기었노라"(요 16:33).

이 세상은 메시야의 도래에도 불구하고 온전히 회복되지 않는다. 끝이 가까워올수록 죄의 총량이 더욱 증가한다. 결국 세상은 하나님의 통치를 거부하고 멸망에 이르게 된다. 따라서 신약의 그리스도인들은 이 세상에서 사명을 가지고 살아가지만, 궁극적으로 세상이 멸망에 이르게 된다는 절망적 사실을 바라본다. "그 때에 너희는 그 가운데서 행하여 이 세상 풍조를 따르고 공중의 권세 잡은 자를 따랐으니 곧 지금 불순종의 아들들 가운데서 역사하는 영이라"(엡 2:2). "이 세상이나 세상에 있는 것들을 사랑하지 말라 누구든지 세상을 사랑하면 아버지의 사랑이 그 안에 있지 아니하니"(요일 2:15).

하지만 세상은 하나님의 통치로 인해 소망을 누린다. 절망과 소망이 혼재된 땅이 바로 예수님 이후의 이 세상이다. 구약의 선지자들은 율법이 실현되고 하나님의 놀라운 구원의 역사가 실현될 땅을 바라보았다(이사야 40-66장; 렘 30-33장; 겔 33-48장). 하나님의 놀라운 구원의 역사가 땅에 실현될 때 그 소식을 광야에서 알릴 사자가 올 것이라 예언했고, 세례요한을 통해 그 약속은 실현되었다(마 3장; 막 1장; 눅 3장). 하나님의 통치를 회복하고 하나님의 구원을 이 땅에 임하게 할 메시야가 약속되었고, 그 약속은 예수님을 통해 성취되었다.

메시야에 의해 열방을 기업으로 얻게 될 약속은 시편 2편의 예언이 성취된 것이다. "내가 나의 왕을 내 거룩한 산 시온에 세웠다 하시리로다 내가 여호와의 명령을 전하노라 여호와께서 내게 이르시되 너는 내 아들이라 오늘 내가 너를 낳았도다 내게 구하라 내가 이방 나라를 네 유업으로 주리니 네 소유가 땅 끝까지 이르리로다 네가 철장으로 그들을 깨뜨림이여 질그릇 같이 부수리라 하시도다"(시 2:6-9). 세상에는 여전히 사탄의 통치가 계속되지만, 메시야 예수를 믿은 백성을 통해 예수와 제자들이 선포한 하나님나라, 즉 하나님의 통치가 복원되어 하나님의 복이 회복될 땅은 교회를 통해 이 땅에 이루어질 것이다. 세상이 절망 속에 신음하며 하나님의 심판의 길로 접어들지만 하나님나라는 예수의 재림으로 초자연적으로 완성되며, 하나님의 백성은 믿음의 결과를 얻게 될 것이다.

신약의 땅은 사탄의 통치가 특징을 이루는 가운데, 성취된 하나님나라를 통해 미래의 비전을 소유한다. 하나님나라는 메시야의 백성을 통해, 성령에 의해 이 땅에 이뤄질 것이다. 하나님의 통치가 임해서 회복된 땅은 메시야와 그의 백성을 통해 확장될 것인데, 이것이 바로 하나님의 아들이 그의 백성과 더불어 왕 노릇하는 땅이다(행 2:43-

47,4:32-35; 롬 5:21; 딤후 2:12). "이는 죄가 사망 안에서 왕 노릇 한 것같이 은혜도 또한 의로 말미암아 왕 노릇 하여 우리 주 예수 그리스도로 말미암아 영생에 이르게 하려 함이니라"(롬 5:21). "참으면 또한 함께 왕 노릇 할 것이요 우리가 주를 부인하면 주도 우리를 부인하실 것이라"(딤후 2:12).

이 땅에 임할 하나님나라를 유업으로 받을 백성의 공동체는 바로 십자가에서 죽으시고 부활하신 예수를 믿는 공동체인 교회이다. 교회는 예수의 복음으로 예수께서 가르치신 하나님나라를 이 땅에 구현할 사명을 가진 공동체이다. 이 땅을 하나님의 통치로 회복하여 하늘의 복을 가지고 내려올 수 있는 유일한 하나님의 도구이다. "또 만물을 그의 발 아래에 복종하게 하시고 그를 만물 위에 교회의 머리로 삼으셨느니라 교회는 그의 몸이니 만물 안에서 만물을 충만하게 하시는 이의 충만함이니라"(엡 1:22-23). 사탄의 통치로 신음하는 세상을 사랑할 수 없지만, 하나님의 통치가 임하는 것을 바라보며 기뻐하고, 이 세상을 대체할 새 하늘과 새 땅을 이 세상에 임한 하나님나라를 통해 바라보고 소망을 갖는 삶이 그리스도인의 삶이다.

4. 땅의 정리 2

이스라엘과 맺은 언약에 대한 언급은 항상 땅과 연관된다. 하나님의 백성에 대한 언급은 땅에 대한 언급을 수반한다(창 17:8; 신 6:10; 수 24:8; 느 9:22-23; 시 44:2-3, 80:8, 105:43-44, 136:21-22). 실제로 구약성경은 하나님께서 아브라함의 후손 이스라엘을 택하시고, 그들에게 율법을 주신 후에, 땅에 들어가게 하신 이야기이다. 모세오경 이후 모든 구약성경은 그 땅에서의 이야기이다. 신약에서도 하나님께서는 예수 그리스도를 믿은 하나님의 백성에게 땅을 기업으로 주신다(마 5:5). 하나님의 백성은 땅, 즉 이 세상에서 분명한 사명을 가지고 살아간다(마 5:13-16, 6:9-10, 행 1:8). 땅은 하나님나라가 실제화되는 영역을 의미하는 개념이다. 즉, 하나님나라가 구현되는 영역이기도 하며, 동시에 하나님의 통치가 확장되어야 할 영적 전쟁의 영역이기도 하다.

하나님께서는 이스라엘 백성을 하나님나라의 백성으로 택하시고, 그들에게 땅을 주시기로 약속하신다. "너희를 내 백성으로 삼고 나는 너희의 하나님이 되리니 나는 애굽 사람의 무거운 짐 밑에서 너희를 빼낸 너희의 하나님 여호와인 줄 너희가 알지라 내가 아브라함과 이삭과 야곱에게 주기로 맹세한 땅으로 너희를 인도하여 그 땅을 너희에게 주어 기업을 삼게 하리라"(출 6:7-8).

하나님의 백성은 하나님의 통치가 땅에 이루어져야 하는 사명을 위하여 살아가야 한다. 하나님나라는 통치가 미치는 영역 없이 설명될 수 없다. 마태는 "온유한 자는 복이 있나니 그들이 땅을 기업으로 받을 것임이요"(마 5:5)라는 예수님의 설교를 기록한다. 온유한 자는 하나님의 백성이다. 그들은 땅을 기업으로 받는다. 이것은 하나님의 통치가 이루어지는 구체적 영역을 의미한다.

신약에서 땅은 구약에서처럼 구체적인 나라를 의미하는 것이 아니다.

첫째, 때로는 하나님의 통치를 받아들이는 하나님의 백성을 의미한다(롬 6:1-13). "우리가 항상 예수의 죽음을 몸에 짊어짐은 예수의 생명이 또한 우리 몸에 나타나게 하려 함이라 우리 살아 있는 자가 항상 예수를 위하여 죽음에 넘겨짐은 예수의 생명이 또한 우리 죽을 육체에 나타나게 하려 함이라"(고후 4:10-11). "내가 그리스도와 함께 십자가에 못 박혔나니 그런즉 이제는 내가 사는 것이 아니요 오직 내 안에 그리스도께서 사시는 것이라 이제 내가 육체 가운데 사는 것은 나를 사랑하사 나를 위하여 자기 자신을 버리신 하나님의 아들을 믿는 믿음 안에서 사는 것이라"(갈 2:20). "그 후로는 다시 사람의 정욕을 따르지 않고 하나님의 뜻을 따라 육체의 남은 때를 살게 하려 함이라"(벧전 4:2).

둘째, 또한 하나님의 백성이 살아가야 할, 그리고 하나님의 통치를 확장해야 할 사명을 가진 이 세상을 의미한다(마 5:13-16). "이는 너희가 흠이 없고 순전하여 어그러지고 거스르는 세대 가운데서 하나님의 흠 없는 자녀로 세상에서 그들 가운데 빛들로 나타내며"(빌 2:15).

셋째, 종국에 하나님의 백성이 유업으로 받아 누리게 될 내세의 천국을 의미한다. "그 때에 임금이 그 오른편에 있는 자들에게 이르시되 내 아버지께 복 받을 자들이여 나아와 창세로부터 너희를 위하여 예비된 나라를 상속받으라"(마 25:34).

땅이 백성을 의미하든지, 그들이 살아가야 할 세상을 의미하든지, 종국에 누리게 될 내세의 천국이든지, 중요한 것은 땅이 하나님나라가 실제화되는 영역이어야 한다는 것이다. 바울은 "하나님의 백성은 기업을 상속하여 기업을 위해 수고하며 동시에 기업을 누려야 하는 백성"이라고 말한다. "자녀이면 또한 상속자 곧 하나님의 상속자요"(롬 8:17). 하나님의 백성은 하나님께서 주신 땅에 거하며 하나님의 통치를 실현하게 된다. 하나님나라는 땅이라는 개념을 통해 더욱 구체적으로 이해된다.

예수 그리스도를 믿음으로 하나님의 백성이 된 자들에게 땅은 하나님의 통치가 임하는 영역으로, 하나님의 통치를 확장해야 하는 사명으로 제시된다. "온유한 자는 복이 있나니 그들이 땅을 기업으로 받을 것임이요"(마 5:5). "오직 성령이 너희에게 임하시면 너희가 권능을 받고 예루살렘과 온 유대와 사마리아와 땅 끝까지 이르러 내 증인이 되리라 하시니라"(행 1:8).

땅은 하나님의 백성이 하나님의 통치를 이루어야 할 사명의 영역이며, 하나님의 통치를 통해 하나님의 백성이 복을 누리는 현장이다. 또한 사탄의 통치를 거부해야 하고 하나님의 통치를 받기 위해 싸워야 하는 영적 전쟁의 현장이기도 하다(엡 6:10-17). 성경은 처음부터 끝까지 하나님의 통치가 회복되어야 할 영역인 땅에 대한 이야기를 하고 있다

08
주권 1 :
세 번째 키워드

1. 하나님나라와 주권

성경 전체는 언약을 통해 계시된 하나님의 복음이다. 우리는 지금까지 계속 이 사실을 반복하여 설명해왔다. 하나님의 복음은 우리를 구원하시겠다는 하나님의 계획이며, 우리에 대한 약속이다. 우리에게 구원이 필요한 이유는 우리의 불행한 현실 때문이다. 하나님 없이 우리가 만들어낸 세상에는 소망이 없기 때문이다. 이 세상이 왜 이렇게 되었는가?

성경은 첫 번째 이야기에서 그 이유를 설명한다. 하나님께서 창조한 아름다운 세상, 하나님의 복과 생명이 넘실거리던 세상은 인간이 하나님의 통치를 거부했기 때문에 지금과 같은 세상이 되었다. 따라서 하나님의 구원은 창조주로서의 하나님께서 다시 세상을 다스리시는 것이다. 하나님께서 다시 세상을 다스릴 때, 이 세상은 비로소 하나님의 복과 생명이 넘치는 곳이 될 수 있다. 하나님이 통치하시며, 그 결과 복과 생명이 넘치는 곳을 표현한 말이 하나님나라다. 따라서 하나님의 구원의 핵심은 하나님의 통치의 회복에 있다. 하나님께서 다시 왕이 되실 때, 세상에 하나님의 구원이 임한다. 하나님의 구원은 하나님의 복과 생명의 형태로 우리에게 임한다. 이것이 바로 하나님나라의 실체이다.

하나님께서 인류를 구원하시겠다는 좋은 소식인 복음은 언약을 통해 계시되었다. 성경 전체는 하나님의 통치를 거부하고 저주 가운데 살아가고 있는 인간을 구원하시기 위하여 하나님께서 그의 백성을 택하시고, 하나님의 통치를 거부하여 복이 사라진 이 땅을 주시고, 인간에게 하나님의 통치에 순종하도록 요청하시고 복을 약속하시는 거대한 이야기이다. 하나님의 통치에 대한 순종의 결과는 하나님나라의 실제화, 즉 복이다. 하나님의 언약은 인간에게 하나님의 통치 주권을 요구한다. 따라서 성경 전체를 관통하는 하나님나라의 복음 이야기의 가장 중요하고 결정적인 요소는 바로 주권이다. 성경 전체의 핵심을 하나님, 예수 그리스도, 언약, 십자가, 이스라엘 등 그 어떤 것으로 파악하든지, 결국 복음의 핵심은 하나님이 인류의 창조주요 통치자로 복귀하여 다스리시는 하나님의 주권을 요청한다.

따라서 하나님께서 다스리시며 복과 생명이 회복된 곳으로서의 하나님나라를 이해하기 위해 마지막으로 고려해야 할 세 번째 키워드는 '주권'이다. 이것은 '통치'라는 용어로도 설명될 수 있다. 하지만 하나님의 통치가 이루어지기 위해서는 하나님께서 '주'(主)라는 것이 인정되어야 하기 때문에, 주권이라는 용어가 더 적절하다고 볼 수 있다.

주권은 고대의 왕국에서 그 개념을 찾을 수 있다. 고대왕국에서 주권은 왕의 통치권을 의미했다. 그렇다면 성경에서 언약을 통해 계시된 하나님나라 개념에서 주권은 왕이신 하나님께서 다스리는 절대적 통치를 의미한다. 사실 하나님나라를 연구하는 많은 학자들은 하나님의 왕권이나 통치의 개념을 하나님나라의 핵심적인 요소로 제시한다.

'주권'이라는 말은 성경에 잘 나오지 않는 단어이다. 주권이라는 말은 역대상에 딱 한 번 나오며 여호와께 돌려진다. "여호와여 광대하심과 권능과 영광과 이김과 위엄이 다 주께 속하였사오니 천지에 있는 것이 다 주의 것이로소이다 여호와여 주권도 주께 속하였사오니 주는 높으사 만유의 머리심이니이다"(대상 29:11). 여기서 주권이라는 단어는 히브리어로 '맘라카'인데, 다스린다 혹은 통치한다는 뜻의 동사 '말라크'의 추상명사다. '말라크'의 명사형인 '멜렉'은 왕이다. 주권은 '누군가의 왕 됨', '왕의 통치가 미치는 지역이나 상태'이다. 하나님의 왕 되심, 하나님의 통치 권세가 미치는 상태가 '주권'이라고 표현된다. 성경에 이 단어가 많이 등장하지는 않는다. 하지만 사실 이 단어는 하나님의 명령의 형태로 성경 전체에 등장한다. 지금까지 논의했던 언약의 세 번째 요소에서 조건 제시는 항상 하나님의 명령의 형태로 등장하는데, 그것이 바로 하나님의 주권을 요구하는 것이다. 언약의 궁극적 목적은 하나님의 주권적 통치를 회복하는 것이다.

2. 창조와 하나님의 주권

성경은 세상을 창조하시고 다스리시는 하나님과 그에게 순종하며 복을 얻는 피조물의 이야기로 시작한다. 성경의 핵심에는 복이 있고, 그 복은 하나님의 주권 요구와 연관된다. "하나님이 그들에게 복을 주시며 하나님이 그들에게 이르시되 생육하고 번성하여 땅에 충만하라, 땅을 정복하라, 바다의 물고기와 하늘의 새와 땅에 움직이는 모든 생물을 다스리라 하시니라"(창 1:28). 하나님께서는 온 세상과 인류를 창조하셨다. 하나님은 그들에게 복을 주시며 말씀하신다. '복을 주심'은 창조주로서 피조물에게 필요한 모든 것을 공급하시는 하나님의 고유 행위이다. 하나님의 복 주심은 주권에 대한 요구를 동반한다. 하나님은 이 세상 모든 만물이 하나님의 통치 하에 있어야 함을 요청하신다. 따라서 하나님은 늘 거기 계시며 말씀하신다.[55] 즉, 하나님의 주권을 요구하신다.

성경은 하나님의 복 주심과 주권에의 복종 요구로 시작한다(창 1:26-28). 창세기의 첫 단락(창 1:1-2:3)뿐만 아니라, 시편은 하나님의 통치 주권에 대한 성문적 요구인 '율법을 주야로 묵상하는 자', 즉 여호와의 주권을 인정하며 살아가는 자가 복이 있음을 말하며 시작한다(시편 1편). 신약은 하나님의 아들로서 하나님의 주권적 통치를 성취할 메시야의 탄생과, 그의 메시야로서의 즉위와 사역을 준비하는 세례요한과 예수의 첫 선포로 하나님께서 다스리시는 나라, 즉 하나님의 나라로 들어오기 위한 회개를 제시하면서 시작된다(마 1-4장, 막

---

55 프란시스 쉐퍼의 책 제목이다.

1장, 눅 1-4장). 예수님은 하나님의 주권을 요구하는 선포를 하고 있는 것이며, 이것이 그의 사역의 시작이자 목적이다. 예수의 첫 설교는 팔복이며, 이는 회개하며 하나님의 통치를 받아들여 살아가는 자들이 누리는 하나님나라의 복이다(마 5장).

창조와 더불어 요청되는 하나님의 주권은 특히 하나님의 통치의 대행자로서의 인간에게 요청된다. '하나님의 형상'은 고대 근동에서 신의 통치를 대행하는 왕을 의미한다. 성경은 남자와 여자, 즉 모든 인간을 하나님의 형상, 즉 하나님의 통치를 대행하는 자로 규정한다. "하나님이 이르시되 우리의 형상을 따라 우리의 모양대로 우리가 사람을 만들고 그들로 바다의 물고기와 하늘의 새와 가축과 온 땅과 땅에 기는 모든 것을 다스리게 하자 하시고 하나님이 자기 형상 곧 하나님의 형상대로 사람을 창조하시되 남자와 여자를 창조하시고"(창 1:26-27). 인간은 하나님의 통치를 이 땅에서 대행하는 자로 창조되었다. 그리고 그 역할에 충실하여 하나님의 주권을 인정하며, 스스로가 통치자의 자리에 올라서지 않으면 하나님의 복과 생명을 누린다. 성경은 처음부터 하나님이 창조한 백성을 통해 온 세상 만물에 대한 창조주로서의 권리를 요청한다.

3. 하나님의 주권을 거부한 인류

창세기의 두 번째 이야기는 2장 4절에서 4장 26절까지이다. 이 단락은 이른바 타락이라는 교리가 만들어지는 단락이다. 이 단락은 우리에게 타락, 즉 하나님이 창조하신 이 세상을 지금과 같이 하나님의 복과 생명이 없는 땅으로 변질시킨 반역이 어떤 것인지 명확히 규정한다. 하나님의 형상인 인간은 하나님의 복과 생명이 넘치는 에덴동산을 선물로 받았다. 에덴동산에서 인류는 선악을 알게 하는 열매를 따먹지 말라는 경고를 받는다. "선악을 알게 하는 나무의 열매는 먹지 말라 네가 먹는 날에는 반드시 죽으리라 하시니라"(창 2:17). 정녕 죽는다는 경고는 하나님의 복과 생명을 빼앗기게 될 것이라는 경고다. 즉, 피조물인 인간이 스스로 자신의 존재에 필요한 모든 것을 얻어야 함을 의미한다.

선악을 알게 하는 열매를 먹는다는 것은 스스로 선과 악을 판단하는 지식을 소유하려는 시도로 묘사된다. "여호와 하나님이 이르시되 보라 이 사람이 선악을 아는 일에 우리 중 하나 같이 되었으니 그가 그의 손을 들어 생명 나무 열매도 따먹고 영생할까 하노라 하시고"(창 3:22). 사람이 선악을 아는 일에 하나님과 같이 된다는 말은 선악을 판단하는 기준을 스스로가 소유한다는 것을 의미한다. 즉, 선악을 판단하는 모든 주권을 하나님께 돌리는 것이 아니라, 그것을 찬탈하여 자신들이 모든 것의 기준이 됨을 의미한다. 선악을 아는 나무의 열매를 먹는 것은 하나님의 통치의 대행자로서 역할을 거부하고, 스스로가 통치자가 되려는 시도를 의미한다.

여호와께서는 선악을 판단하는 기준을 스스로 소유하고 하나님의 통치를 따라 살아가지 않는 자들에게는 생명 나무로 가지 못하게 했다. "이같이 하나님이 그 사람을 쫓아내시고 에덴동산 동쪽에 그룹들과 두루 도는 불칼을 두어 생명 나무의 길을 지키게 하시니라"(창 3:24). 에덴동산에서 하나님의 통치는 거부되었다. 인간이 스스로 통치자가 되려 했다. 모든 것을 자신의 기준으로 결정하고 판단하게 되었다. 프로타고라스의 말대로 인간이 만물의 척도가 되었다. 세상은 하나님의 통치가 배제된 채 인간의 결정과 판단에 따라 발전하기 시작했다(창 4장). 그 세상은 하나님의 복과 생명이 없는 경쟁과 탐욕이 가득한 죽음의 땅이 되었다.

선악과 명령은 선악을 판단하는 모든 기준이 하나님께 있음(주권)을 인정하고 살라는 명령이다. 선악과를 먹었다는 것은 인간 스스로가 선악을 판단하는 통치자가 되겠다는 선언이었다. 하나님의 주권을 찬탈하는 반역행위는 하나님의 복이 거두어지는 결과를 초래했다. 하나님의 구원 계획은 여기서 시작된다. 결국 구원은 하나님의 주권을 거부한 백성을 다시 하나님의 백성으로 부르시고, 그들을 통해 이 땅에 하나님의 통치가 임함으로, 다시 이 땅이 회복되는 것이다.

4. 아브라함을 통한 구원 계획: 하나님의 주권 회복을 통한 복의 약속

하나님의 주권을 찬탈한 인간 사회의 속성과 운명에 대한 이야기가 바로 홍수와 바벨탑의 이야기이다. 바벨탑의 이야기가 끝나고 창세기는 셈의 족보를 다시 한 번 제시한다. "셈의 족보는 이러하니라 셈은 백 세 곧 홍수 후 이 년에 아르박삿을 낳았고"(창 11:10). 그리고 한 번 더 역사를 클로즈업하여 데라의 족보를 소개한다. "데라의 족보는 이러하니라 데라는 아브람과 나홀과 하란을 낳고 하란은 롯을 낳았으며"(창 11:27).

왜 성경은 셈의 자손, 데라의 자손, 아브람에 집중하는가? 바로 아브람, 즉 아브라함을 통해 하나님의 구원 계획이 드러나기 때문이다. 여호와께서는 아브라함을 부르시고, 그를 택하여 그의 후손들과 언약을 세우신다. 그 언약의 내용은 아브라함과 그 후손을 자기 백성으로 택하시고, 그들에게 하나님에 대한 반역이 가득했던 가나안 땅을 선물로 주시겠다고 약속하시는 것이다. 여기서 가장 결정적인 진술은 소돔성의 멸망을 앞두고 인류를 향한 하나님의 계획을 계시하시는 장면이다. "여호와께서 이르시되 내가 하려는 것을 아브라함에게 숨기겠느냐 아브라함은 강대한 나라가 되고 천하 만민은 그로 말미암아 복을 받게 될 것이 아니냐 내가 그로 그 자식과 권속에게 명하여 여호와의 도를 지켜 의와 공도를 행하게 하려고 그를 택하였나니"(창 18:17-19). 하나님의 구원은 하나님의 주권을 찬탈했던 인류, 하나님의 통치를 거부했던 아담의 후손들이 다시 하나님을 경외하는 하나님의 백성이 되게 하는 것이다. 그 결과 창조주의 복을 다시 누리게 되는 것이 구원이다. 인류에게 주어진 창조주의 복이 선악을 판단하는 지위를 스스로 차지하여 사라지게 되었다면, 통치자이신 여호와께 그 지위를 다시 돌려드리고 창조주의 복을 얻는 것이 구원이다. 이를 위해 아브라함과 그의 후손이 선택되었다.

따라서 아브라함, 나아가 아브라함의 후손인 이스라엘의 이야기는 하나님께서 어떤 방식으로 인류를 구원할 것인지를 계시하는 이야기이다. 여호와께서는 자신의 주권을 찬탈하여 죄악과 파멸의 땅이 되어 버린 가나안에 하나님의 백성으로 택한 자들, 즉 이스라엘을 보내시고, 그들이 하나님의 주권의 표현인 율법을 지킴으로 그들에게 다시 복이 찾아올 수 있음을 약속하신다. 이 복이 바로 아브라함에게 약속하신 복이며, 그 복은 인류에게 주어질 구원의 복을 예표한다. "여호와께서 아브람에게 이르시되 너는 너의 고향과 친척과 아버지의 집을 떠나 내가 네게 보여 줄 땅으로 가라 내가 너로 큰 민족을 이루고 네게 복을 주어 네 이름을 창대하게 하리니 너는 복이 될지라"(창 12:1-2). 하나님의 백성을 통한 하나님의 주권의 회복을 통해 이 땅의 회복을 도모하는 것이 하나님께서 인류를 구원하시는 방식이다.

하나님의 주권을 인정하는 것이 바로 하나님나라에 들어가는 것이며, 길이 막힌 생명나무에 도달하는 길이다. "이같이 하나님이 그 사람을 쫓아내시고 에덴동산 동쪽에 그룹들과 두루 도는 불 칼을 두어 생명 나무의 길을 지키게 하시니라"(창 3:24). 이스라엘의 이야기에는 '하나님나라'라는 용어가 등장하지 않지만, 결국 이스라엘의 이야기는 하나님의 주권을 회복하는 땅에 하나님의 복이 주어진다는 것을 말하고 있다.

5. 이스라엘 백성에게 하나님의 주권이 율법으로 선포되다

구약의 이스라엘 이야기는 하나님의 백성으로 선택된 이스라엘이 모세의 율법에 순종하느냐에 관심을 집중하고 있다. 하나님의 복은 하나님의 주권적 통치를 거부해서 잃어버린 것이므로, 하나님께서 택한 백성이 그들의 삶에 하나님의 주권을 회복하여 그들이 하나님의 복을 다시 받을 수 있는지가 가장 중요한 관심사가 될 수밖에 없기 때문이다.

그들의 삶에서 자신들에 대한 하나님의 주권을 인정하고 모세의 율법에 순종하느냐의 여부는 그들이 가나안 땅에서 어떤 운명을 맞느냐와 직결된다. 그들은 에덴에서 쫓겨나 하나님의 복을 누리지 못하는 가나안 사람들의 삶을 반복할 것인가? 아니면 하나님의 주권을 회복하여 하나님의 복을 누리는 백성이 될 것인가? 이 질문에 대한 답은 이스라엘 백성에게 모세를 통해 선포된 율법에 대한 반응에 달려 있다. 왜냐하면 이 율법은 하나님의 주권이 가나안 땅에 선포되는 실제이기 때문이다. 이스라엘 백성은 사실상 어떤 규칙을 지킬 것을 요구받은 것이 아니라, 그 율법을 통해 하나님의 통치를 상기하고, 그 통치자의 주권에 순종하는 삶을 요구받은 것이다.

거대한 율법 모음집처럼 보이는 출애굽기 19장에서 신명기까지는 사실 모세 당시의 고대 근동에서 하나님의 주권을 지키는 백성의 삶의 규범을 담고 있다. 그 이야기의 시작은 애굽으로부터 이스라엘을 인도하신 하나님을 상기시키는 것이다. "모세가 하나님 앞에 올라가니 여호와께서 산에서 그를 불러 말씀하시되 너는 이같이 야곱의 집에 말하고 이스라엘 자손들에게 말하라 내가 애굽 사람에게 어떻게 행하였음과 내가 어떻게 독수리 날개로 너희를 업어 내게로 인도하였음을 너희가 보았느니라"(출 19:3-4). 이스라엘 백성은 하나님의 놀라운 은혜와 능력으로 애굽에서 자유하게 되었다. 그들이 하나님의 소유로서 보호를 받으려면, 자신들을 택하신 하나님의 은총과 능력을 의지하여, 그 통치 주권에 순종해야 한다. 하나님의 주권에 순종하는 것은 언약을 지킨다고 표현된다. "세계가 다 내게 속하였나니 너희가 내 말을 잘 듣고 내 언약을 지키면 너희는 모든 민족 중에서 내 소유가 되겠고 너희가 내게 대하여 제사장 나라가 되며 거룩한 백성이 되리라 너는 이 말을 이스라엘 자손에게 전할지니라"(출 19:5-6). 언약을 지킨다는 것은 자신들을 택하시고, 땅을 주신 하나님을 기억하고, 그의 통치를 따라 살아가는 것이다. 언약은 온 인류를 택하여 하나님의 주권을 인정하게 함으로 하나님께서 영광을 받으시고, 온 인류에게는 복을 주시려는 하나님의 궁극적 목적을 포함하고 있기 때문이다.

시내산에 연기가 자욱한 가운데 불 가운데 여호와께서 강림하신다. 하나님의 장엄한 음성이 울려 퍼진다. "시내 산에 연기가 자욱하니 여호와께서 불 가운데서 거기 강림하심이라 그 연기가 옹기 가마 연기 같이 떠오르고 온 산이 크게 진동하며 나팔 소리가 점점 커질 때에 모세가 말한즉 하나님이 음성으로 대답하시더라"(출 19:18-19). 여호와께서 다시 이 세상에 자신의 주권을 선포하신다. 이스라엘은 십계명을 필두로 하여 종(출 21:1-11), 폭행(출 21:12-27), 보상(출 21:28-22:15), 여성, 나그네, 고아, 과부, 가난한 자, 재판장에 대한 배려(출 22:16-31), 공평과 정의(출 23:1-9), 안식년과 안식일과 세 절기(23:10-19)에 대한 규례를 지킬 것을 요구받는다. 여기에 나온 기본적인 규례들은 주로 사람과 관련하여 하나님의 주권을 인정하도록 요구하는 것들이다.

이스라엘 백성이 하나님의 주권을 찬탈하여 자신의 욕망대로 살아가는 가나안 사람들의 죄를 답습하지 않고, 스스로 자신들이 그러함을 인정하고 하나님의 주권을 인정하며 살아가기 위해, 여호와께서 주신 규례대로 우선 성막을 짓고 하나님의 임재 가운데 살아가야 한다(출 25-40장). "내가 그들 중에 거할 성소를 그들이 나를 위하여 짓되 무릇 내가 네게 보이는 모양대로 장막을 짓고 기구들도 그 모양을 따라 지을지니라"(출 25:8-9). 이방인들의 신전보다 매우 소박한 성막은 이방신처럼 인간을 착취하지 않고 오히려 인간을 사랑하시는 하나님께서 세상에 임재하셔서 세상을 다스리실 것이라는 하나님의 주권적 통치를 선포한다. "이는 너희가 대대로 여호와 앞 회막 문에서 늘 드릴 번제라 내가 거기서 너희와 만나고 네게 말하리라 내가 거기서 이스라엘 자손을 만나리니 내 영광으로 말미암아 회막이 거룩하게 될지라 내가 그 회막과 제단을 거룩하게 하며 아론과 그의 아들들도 거룩하게 하여 내게 제사장 직분을 행하게 하며 내가 이스라엘 자손 중에 거하여 그들의 하나님이 되리니"(출 29:42-45).

이스라엘 백성은 하나님과 만나기 위해 신을 만족시켜 소원을 이루려는 이방인들의 제사를 답습하는 것이 아니라, 자신들이 하나님의 통치를 거부하여 하나님의 영광에 이를 수 없는 존재임을 스스로 고백하며, 하나님의 명하신 방식대로 제사하며 하나님 앞에 나아가야 한다(레 1-10장). 나아가 하나님의 주권을 거부하며 살아가는 이 세상에서 자신을 정결하게 하며(레 11-17장), 하나님의 주권을 거부한 이방인들의 삶의 방식을 버리고 여호와의 말씀이 규정하는 삶의 방식을 따라 살아가야 한다(레 18-신명기). "너희는 너희가 거주하던 애굽 땅의 풍속을 따르지 말며 내가 너희를 인도할 가나안 땅의 풍속과 규례도 행하지 말고 너희는 내 법도를 따르며 내 규례를 지켜 그대로 행하라 나는 너희의 하나님 여호와이니라 너희는 내 규례와 법도를 지키라 사람이 이를 행하면 그로 말미암아 살리라 나는 여호와이니라"(레 18:3-5). 하나님의 주권을 인정하는 삶의 방식이 우리에게 진정한 생명의 복을 가져다준다(레 26장, 신 28장).

이스라엘은 결국 하나님의 말씀을 준행함으로 하나님의 주권을 인정하는 것을 궁극적인 목표로 삼아야 한다. 하나님의 목표는 선택한 백성이 하나님의 주권이 거부된 땅에서 하나님의 율법으로 선포되는 하나님의 주권을 회복하는 것이다. 광야에서의 실패는 하나님의 선택을 받은 백성이 하나님을 주권을 인정하지 않을 때의 결과를 보여준다(민11-25장). 신명기의 결론은 하나님께서 이스라엘을 포로의 끔찍한 징계를 통해서라도 자신의 주권을 인정하는 삶을 살아가도록 이끌 것이라는 사실을 선포한다. "네 하나님 여호와께서 마음을 돌이키시고 너를 긍휼히 여기사 포로에서 돌아오게 하시되 네 하나님 여호와께서 흩으신 그 모든 백성 중에서 너를 모으시리니 네 쫓겨간 자들이 하늘 가에 있을지라도 네 하나님 여호와께서 거기서 너를 모으실 것이며 거기서부터 너를 이끄실 것이라"(신 30:3-4). 하나님의 주권은 율법을 통해 선포되었고, 하나님의 백성은 명백히 하나님의 뜻을 안다. 그리고 하나님께서는 그들이 그것을 행할 수 있도록 이끄실 것이다(신 30:11-14). 후에 메시야를 믿는 백성은 입으로 예수를 주로 시인하며, 마음으로 하나님을 믿어 하나님의 주권을 인정하는 백성이 되어 하나님의 복을 누리게 될 것이다(롬 10:8-10).

하나님의 주권을 인정하며 하나님께서 부여하신 가치를 존중하며, 하나님이 창조하신 동료 인간을 존중하며 살아감으로 하나님의 복을 누리는 것이 바로 하나님의 구원이다. 율법은 이 구원을 위해 주어진 것이다. 모세는 이 일을 위해 일곱 해마다 하나님의 율법을 낭독하여 듣고 배우고 지키도록 하여 여호와를 경외하도록, 즉 하나님의 주권을 지키게 하도록 했다(신 31:9-13).

율법을 통해 하나님의 주권을 인정하는 삶을 살아가는 것은 이스라엘 백성의 사명이었다. "모세가 우리에게 율법을 명령하였으니 곧 야곱의 총회의 기업이로다"(신 33:4). 그리고 레위의 후손들을 축복하여 율법을 통해 하나님의 주권을 선포하도록 사명을 선포했다. "레위에 대하여는 일렀으되 주의 둠밈과 우림이 주의 경건한 자에게 있도다 … 주의 법도를 야곱에게, 주의 율법을 이스라엘에게 가르치며 주 앞에 분향하고 온전한 번제를 주의 제단 위에 드리리로다"(신 33:8,10). 이렇게 이스라엘에게 율법을 통해 여호와의 주권이 선포되었고, 여호와는 말씀으로 이 땅을 다스리시는 진정한 왕으로 선포되었다. "여호와께서 다스리시니 만민이 떨 것이요 여호와께서 그룹 사이에 좌정하시니 땅이 흔들릴 것이로다 시온에 계시는 여호와는 위대하시고 모든 민족보다 높으시도다"(시 99:1-2).

09

주권 2 :

세 번째 키워드

1. 하나님의 주권이 선포된 이스라엘의 역사

여호와 하나님께서 이스라엘을 선택하신 목적은 하나님의 통치를 거부하여, 저주 가운데 있는 온 세상에 하나님의 주권(통치)이 복원되어 창조세계 전체가 하나님의 복으로 회복되는 것이다. "아브라함은 강대한 나라가 되고 천하 만민은 그로 말미암아 복을 받게 될 것이 아니냐 내가 그로 그 자식과 권속에게 명하여 여호와의 도를 지켜 의와 공도를 행하게 하려고 그를 택하였나니"(창 18:18-19). 여호와 하나님은 이스라엘 민족의 신이 아니다. 온 세상을 창조하신 유일한 신이시며, 온 세상을 다스리신다. 하나님께서는 이스라엘 백성과 시내산에서 언약을 세우며 아브라함과 이삭과 야곱에게 계시한 하나님의 계획을 확장하신다. "세계가 다 내게 속하였나니 너희가 내 말을 잘 듣고 내 언약을 지키면 너희는 모든 민족 중에서 내 소유가 되겠고 너희가 내게 대하여 제사장 나라가 되며 거룩한 백성이 되리라"(출

19:5-6). 먼저 이스라엘 백성은 하나님의 주권 요구에 따라 하나님의 통치에 순종해야 한다. 나아가 그들은 천하 만민이 복을 받게 하는 제사장 백성이 되어야 한다. 언약을 지킨다는 것은 언약의 조건(모세를 통해 준 율법 준수)을 잘 따르는 것이다. 언약의 조건을 지킬 때 이스라엘은 가나안 땅에서 복을 받을 것이다. 나아가 제사장 나라로서의 역할을 영광스럽게 감당할 것이다. 반대로 언약의 조건을 어길 때는 하나님의 복의 결여로서의 저주가 주어질 것이 약속된다(레 26장, 신 28장).

이스라엘 백성은 출애굽기에서 신명기에 이르기까지 율법으로 선포된 하나님의 주권을 요구받고 가나안 땅으로 들어간다. 하나님의 백성으로 택함받은 이스라엘의 역사는 하나님의 주권이 선포되는 역사다. 우선 가나안 땅을 정복하는 일에서부터 하나님의 주권에 대한 순종이 요구된다. "오직 강하고 극히 담대하여 나의 종 모세가 네게 명령한 그 율법을 다 지켜 행하고 우로나 좌로나 치우치지 말라 그리하면 어디로 가든지 형통하리니 이 율법책을 네 입에서 떠나지 말게 하며 주야로 그것을 묵상하여 그 안에 기록된 대로 다 지켜 행하라 그리하면 네 길이 평탄하게 될 것이며 네가 형통하리라"(수 1:7-8). 여호수아를 필두로 한 이스라엘 백성이 가나안 땅 정복에 성공하게 된것은 하나님의 주권을 인정했기 때문에 가능한 것이었다. 가장 작은 성인 아이성 전투에서 이스라엘이 패배했던 것은 여리고 성을 정복하는 과정에서 하나님의 주권을 인정하지 않았기 때문이었다.

여호수아가 죽은 후에 이스라엘은 다른 신들을 섬김으로 암흑의 시대로 접어든다. "이스라엘 자손이 여호와의 목전에 악을 행하여 바알들을 섬기며 애굽 땅에서 그들을 인도하여 내신 그들의 조상들의 하나님 여호와를 버리고 다른 신들 곧 그들의 주위에 있는 백성의 신들을 따라 그들에게 절하여 여호와를 진노하시게 하였으되"(삿 2:11-12). 이스라엘이 다른 신들을 섬겼다는 것은 1-2계명을 어기고 욕망을 형상화하여 우상을 삼고, 거기에 절하며 자신의 탐욕을 위해 살아가는 이방인들의 삶의 방식을 따랐다는 말이다. 여호와 하나님의 주권을 인정하지 않고 자신의 욕망을 따라 우상을 숭배하는 방식으로 살아가는 이스라엘 백성, 자신의 소견대로 살아가는 이스라엘 백성의 모습은 미가의 신상 이야기에 잘 드러난다(삿 17-18장). 이스라엘은 사사 시대에 이방인들의 침략으로 고통당한다. 이것은 하나님의 주권을 인정하지 않는 이스라엘 백성에게 하나님의 통치를 거부한 결과가 드러난 것이다.

이후 이스라엘의 역사는 반전되어 다윗과 솔로몬 치세 초기에 절정을 이룬다. 하나님의 주권을 인정하지 않음으로 이방인의 침략이 잦았던 사사 시대에도 하나님의 주권을 인정하며 이웃을 사랑하는 보아스와 룻을 통해 다윗이 태어나고, 자녀에 대한 하나님의 주권을 철저히 인정하는 한나를 통해 사무엘이 이스라엘의 영적 지도자로 성장한다. 사무엘을 통해 이스라엘 백성은 하나님의 주권을 인정하는 백성으로 변화된다. "사무엘이 이스라엘 온 족속에게 말하여 이르되 만일 너희가 전심으로 여호와께 돌아오려거든 이방 신들과 아스다롯을 너희 중에서 제거하고 너희 마음을 여호와께로 향하여 그만을 섬기라 그리하면 너희를 블레셋 사람의 손에서 건져내시리라 이에 이스라엘 자손이 바알들과 아스다롯을 제거하고 여호와만 섬기니라"(삼상 7:3-4). 다윗을 통해, 이스라엘 백성은 하나님의 계획을 따라 약속의 땅을 정복해 나가기 시작한다. "이에 다윗이 여호와의 명령대로 행하여 블레셋 사람을 쳐서 게바에서 게셀까지 이르니라"(삼하 5:25). 다윗은 하나님의 임재와 통치를 상징하는 법궤를 예루살렘으로 옮기고, 하나님의 주권을 주변국들로 확장해간다. 솔로몬의 시대에 이르러, 하나님의 통치가 지혜로운 왕을 통해 이스라엘에 시행된다. 이스라엘은 하나님의 복으로 풍성해진다. "솔로몬이 사는 동안에 유다와 이스라엘이 단에서부터 브엘세바에 이르기까지 각기 포도나무 아래와 무화과나무 아래에서 평안히 살았더라"(왕상 4:25). 하지만 이스라엘의 역사는 주변국들로 하나님의 통치가 확장되어가면서 온 세상이 복을 받는 방식으로 끝나지 않는다. 아브라함의 자손들이 강대한 나라를 이루고, 그 나라를 통해 천하 만민이 복을 얻는다는 하나님의 약속은 우리의 예상과 다르게 흘러간다. 이스라엘 백성은 결국 하나님의 주권을 거부하고, 주변국들과 같은 방식으로 탐욕스러운 왕정을 이어가다가, 더 탐욕스러운 제국 앗수르와 바벨론에게 멸망당한다.

이스라엘의 역사 속에 결국 한 가지만 남았다. 하나님께서 정의와 공의로 온 세상을 다스리시며, 그 여호와 하나님의 통치 주권에 순종하는 자들에게 복이 주어진다는 것이다. "여호와께서 다스리시나니 땅은 즐거워하며 허다한 섬은 기뻐할지어다 구름과 흑암이 그를 둘렀고 의와 공평이 그의 보좌의 기초로다"(시 97:1-2). 하나님께서 이스라엘에게는 복을 주시고 이방인은 망하게 하시려는 것이 아니었다. 구약의 역사는 이스라엘을 통해 하나님의 주권적 통치에 순종하는 자들 모두에게 하나님의 복이 주어진다는 것을 드러내는 역사였다. 이 진리를 깨닫는 것이 바로 지혜다. "여호와를 경외하는 것이 지식의 근본이거늘 미련한 자는 지혜와 훈계를 멸시하느니라"(잠 1:7). 이스라엘의 역사는 하나님의 주권을 선포한다. 그리고 하나님의 주권이 인정되는 땅에 하나님의 복이 주어지며 회복이 시작된다.

2. 이스라엘의 실패와 하나님의 주권(적 통치)을 성취할 메시야

구약 시대를 살아가던 이스라엘 백성은 하나님의 백성 이스라엘이 강성해져서 온 세상을 하나님이 통치하시는 나라로 통일하게 될 것이라고 예상했을 것이다. 그것이 하나님의 계획이라고 믿었을 것이다. 특히 다윗과 솔로몬 시대에 그런 기대가 절정에 이르렀을 것이다. 하지만 이스라엘의 역사는 그렇게 흘러가지 않았다. 이스라엘은 결국 이방인의 포로가 되고 말았으며, 그런 상황은 수백 년 동안 이어지게 되었다. 하나님의 백성에게 주어진 땅은 무조건 하나님의 복을 받아 회복되는 것이 아니었다. 이스라엘의 실패는 하나님의 통치를 거부한 인류가 메시야를 통해 다시 하나님의 주권을 인정하고, 하나님의 통치를 받아들일 때에만 하나님의 복이 주어진다는 것을 보여준다.

이스라엘 백성이 포로가 되기 이전부터 선지자들은 이스라엘이 실패하게 될 것을 예상했다. 신명기도 이미 이스라엘이 가나안 땅에 들어가기 이전부터 이스라엘 백성의 실패를 예견하고 있었다. "내가 네게 진술한 모든 복과 저주가 네게 임하므로 네가 네 하나님 여호와로부터 쫓겨간 모든 나라 가운데서 이 일이 마음에서 기억이 나거든"(신 30:1). 이스라엘 역사의 끝에는 하나님께서 다스릴 나라에 대한 청사진으로서 하나님의 통치를 이 땅에 성취할 메시야에 대한 기대와 그 하나님의 주권적 통치를 기대하는 거룩한 백성의 씨가 남게 되었다. 거룩한 백성은 메시야를 통해 하나님의 주권적 통치가 실현되는 하나님나라를 고대했다 (겔 37:24-27).

하나님의 주권적 통치를 기대하는 거룩한 백성의 특징은 회개였다. 에스라를 통한 회개 운동은 메시야를 통한 하나님의 나라를 기다리는 백성의 특징을 보여준다. "에스라가 하나님의 성전 앞에 엎드려 울며 기도하여 죄를 자복할 때에 많은 백성이 크게 통곡하매 이스라엘 중에서 백성의 남녀와 어린아이의 큰 무리가 그 앞에 모인지라"(스 10:1). "그 달 스무나흗 날에 이스라엘 자손이 다 모여 금식하며 굵은 베 옷을 입고 티끌을 무릅쓰며 모든 이방 사람들과 절교하고 서서 자기의 죄와 조상들의 허물을 자복하고 이 날에 낮 사분의 일은 그 제 자리에 서서 그들의 하나님 여호와의 율법책을 낭독하고 낮 사분의 일은 죄를 자복하며 그들의 하나님 여호와께 경배하는데"(느 9:1-3). 메시야에 대한 기대는 자신들의 욕망의 투영이 아니었다. 하나님의 통치에 대한 소망을 담고 있는 거룩한 기대였다. 하나님께서 자신과 세상을 다스리시기 위해 백성은 하나님의 통치에 따르지 않고 욕망을 따라 살아가는 자신들의 삶을 회개해야 한다. 자신들의 욕망을 따라 율법을 통해 요구하는 하나님의 주권을 거부하는 삶을 끝내기로 결단하고 하나님의 통치 앞에 서는 것이 회개이다.

이스라엘의 메시야는 결국 이스라엘 역사를 통해 드러난 하나님의 주권의 요구를 성취하여 하나님나라를 이 땅에 가져올 분이다. 그는 하나님의 모든 권세를 가지신 분으로서 이 세상에 오실 것이며, 모두의 왕이 되실 것이며, 영원히 멸망하지 않는 나라를 세울 것이다. "내가 또 밤 환상 중에 보니 인자 같은 이가 하늘 구름을 타고 와서 옛적부터 항상 계신 이에게 나아가 그 앞으로 인도되매 그에게 권세와 영광과 나라를 주고 모든 백성과 나라들과 다른 언어를 말하는 모든 자들이 그를 섬기게 하였으니 그의 권세는 소멸되지 아니하는 영원한 권세요 그의 나라는 멸망하지 아니할 것이니라"(단 7:13-14). 그는 모두를 하나님의 주권 요구에 순종하게 할 것이며, 하나님의 통치를 이 땅에 이루어 전혀 새로운 세상을 만드실 것이다. "내가 붙드는 나의 종, 내 마음에 기뻐하는 자 곧 내가 택한 사람을 보라 내가 나의 영을 그에게 주었은즉 그가 이방에 정의를 베풀리라 … 너희는 이전 일을 기억하지 말며 옛날 일을 생각하지 말라 보라 내가 새 일을 행하리니 이제 나타낼 것이라 너희가 그것을 알지 못하겠느냐 반드시 내가 광야에 길을 사막에 강을 내리니"(사 42:1, 43:18-19).

메시야는 다윗과 같이, 그리고 다윗을 능가하여 하나님의 백성으로 하여금 하나님의 주권을 인정하며 하나님을 경외하게 할 것이다. 하나님을 경외하는 백성은 하나님의 통치를 거부하여 받게 된 저주를 극복하고, 하나님의 복을 누리게 될 것이다. "그 후에 이스라엘 자손이 돌아와서 그들의 하나님 여호와와 그들의 왕 다윗을 찾고 마지막 날에는 여호와를 경외하므로 여호와와 그의 은총으로 나아가리라"(호 3:5).

3. 하나님의 메시야이자 이스라엘의 왕 예수
이스라엘 역사의 끝에 남는 것은 하나님의 주권을 인정하도록 인류를 인도하여, 하나님의 나라가 성취되도록 만드실 진정한 왕에 대한 기대이다. 이스라엘을 포함하여 온 인류가 기다리는 메시야는 하나님의 주권적 통치를 이 땅에 성취할 메시야이다. 그는 하나님께서 세상을 통치하도록 이끄실 것이며, 그 결과 온 인류에게 하나님의 구원의 복을 선사할 것이다. 따라서 그 메시야는 이스라엘의 왕이라 불리운다. 이는 메시야가 이스라엘 민족의 왕이라는 의미가 아니라, 자기 백성을 사탄의 통치에서 해방시켜 하나님의 통치에 순종하게 하는 진정한 통치자라는 의미이다.

예레미야는 메시야를 왕 다윗으로 칭한다. "그들은 그들의 하나님 여호와를 섬기며 내가 그들을 위하여 세울 그들의 왕 다윗을 섬기리라"(렘 30:9). 여호와께서 일으킬 다윗적(的) 메시야를 섬기는 것은 여호와 하나님의 주권을 인정하는 결과를 낳게 된다. "나 여호와는 그들의 하나님이 되고 내 종 다윗은 그들 중에 왕이 되리라 나 여호와의 말이니라"(겔 34:24). 메시야를 왕으로 섬기는 백성에게는 여호와가 그들의 하나님, 즉 진정으로 다스리시는 분이 된다. 메시야 사상에는 우리의 반역을 위한 메시야의 속죄와 더불어 하나님께서 다시 우리를 다스리도록 하나님의 주권을 회복하시는 통치자 왕의 개념이 강력하게 드러난다.

마태는 십자가에서 죽으시고 부활하신 유대 청년 예수를 메시야로 인정하고, 그를 이스라엘의 왕의 자손의 소개한다(마 1:1-17). 동방의 박사들은 예수를 왕으로서의 메시야로 인정하고 왕에 합당한 예물을 드린다(마 2:1-12). 복음서 저자들은 모두 예수를 하나님이 보내신 메시야, 즉 하나님의 아들이며 동시에 이스라엘의 왕으로 소개한다. 예수는 하나님의 통치를 회복하러 오신 분이다. 메시야 예수는 하나님의 통치를 온 인류에 회복함으로, 그들에게 하나님나라의 복(주로 공관복음) 혹은 참된 생명(주로 요한복음)을 주시는 인류의 구원자이다. 메시야 예수는 곧 하나님의 주권을 회복하여, 하나님나라를 이루려고 오신 분이시다. 명절에 모인 이스라엘 군중들은 메시야를 자신들의 민족 해방을 위한 도구로 이해했다(마 21:1-11; 막 11:1-11; 눅 19:28-38; 요 12:12-19). 하지만 복음서의 저자들과 많은 유대인들은 예수가 십자가에서 죽으시고 부활하신 후에 그가 인류의 죄를 사하여 자신을 믿는 자들을 하나님의 백성으로 삼고, 온 인류에게 하나님의 주권을 회복하여, 하나님나라의 새로운 생명을 누리게 하실 분으로 이해하기 시작했다. 복음은 구약의 메시야 예언을 성취하기 위해 다윗의 혈통으로 오셨고, 부활하셔서 하나님의 아들로 선포되셨으며, 유대인들을 포함하여 모든 이방인들이 하나님의 주권을 인정하고 믿고 순종하게 하시는 예수 그리스도, 우리 왕이시다(롬 1:2-5).

결국 바울이 제시하는 구원은 하나님과 그 아들 예수를 주(통치자 하나님)로 시인하고, 하나님의 통치를 따라 말씀에 순종하게 되는 것이다(롬 10:8-10). 따라서 메시야는 하나님의 주권적 통치를 이 땅에 성취하시는 이스라엘의 진정한 왕이시다. 십자가에서 그는 왕이면 자신을 구원해 보라고 조롱당했지만, 부활하고 승천하셔서 인류의 진정한 왕으로 하나님의 통치를 성취하고 계신다. "또 충성된 증인으로 죽은 자들 가운데에서 먼저 나시고 땅의 임금들의 머리가 되신 예수 그리스도로 말미암아 은혜와 평강이 너희에게 있기를 원하노라"(계 1:5).

4. 메시야의 말씀을 통해 선포된 하나님의 주권

예수께서 하신 설교는 모두 하나님나라에 대한 것이었다. 우리가 흔히 천국 비유라고 알고 있는 장(마 13장)뿐 아니라, 복음서의 모든 설교들은 하나님나라에 대한 것이다. 예수님의 설교들은 흔히 은혜로 구원을 받는다는 바울의 서신들과 상충된다고 여겨졌다. 하지만 이런 의견은 예수의 설교와 바울의 서신들 모두를 잘못 이해한 결과이다. 예수의 설교들뿐만 아니라 바울의 서신들 모두 결국 예수를 믿어 하나님의 주권을 인정하는 하나님나라의 삶을 가르치고 있다.

예수는 구약 전체가 제시하고 있는 언약의 조건으로서 하나님의 주권 요구를 폐하러 온 것이 아니라 완전하게 하러 오셨다고 천명한다. "내가 율법이나 선지자를 폐하러 온 줄로 생각하지 말라 폐하러 온 것이 아니요 완전하게 하려 함이라 진실로 너희에게 이르노니 천지가 없어지기 전에는 율법의 일점 일획도 결코 없어지지 아니하고 다 이루리라 그러므로 누구든지 이 계명 중의 지극히 작은 것 하나라도 버리고 또 그같이 사람을 가르치는 자는 천국에서 지극히 작다 일컬음을 받을 것이요 누구든지 이를 행하며 가르치는 자는 천국에서 크다 일컬음을 받으리라"(마 5:17-19). 예수는 오경과 그 적용(율법과 선지자)에 드러난 하나님의 주권 요구를 더 완벽하게 해석하시고, 그에 따라 살아가도록 인도하시는 메시야이다. 산상설교(마 5-7장)는 하나님나라 백성의 조건과 정체성(마 5:1-16)에 이어, 유대인들의 잘못된 율법 해석을 깨고 진정한 하나님의 주권적 요구를 전하시며(마 5:17-48), 하나님의 통치를 따르지 않는 이방인의 종교생활과 우상숭배를 드러내며 하나님의 통치를 받으라고 요청하신다(마 6장).

하나님의 주권을 인정하는 자는 자신의 죄를 깨달으며, 하나님을 신뢰하고 대접하며, 하나님의 통치를 향한 좁은 문으로 들어간다(마 7:1-14). 결국 하나님의 주권을 인정하는 사람의 삶은 그 삶의 열매로 알 수 있다(마 7:15-27). 이를 위해 예수는 포로 후기 남은 자의 전통을 따라 회개하라고 요청하신다. 하나님의 통치를 거부하여 저주 가운데 살아가는 인류가 자신의 처지를 인식하며 하나님의 주권적 통치를 인정하고, 자신을 사랑하는 삶에서 하나님과 이웃을 사랑하는 삶을 살아가도록 하시는 예수의 가르침은 복음서 도처에 나타난다. "수고하고 무거운 짐 진 자들아 다 내게로 오라 내가 너희를 쉬게 하리라 나는 마음이 온유하고 겸손하니 나의 멍에를 메고 내게 배우라 그리하면 너희 마음이 쉼을 얻으리니"(마 11:28-29). "무리와 제자들을 불러 이르시되 누구든지 나를 따라오려거든 자기를 부인하고 자기 십자가를 지고 나를 따를 것이니라"(막 8:34). "예수께서 이르시되 율법에 무엇이라 기록되었으며 네가 어떻게 읽느냐 대답하여 이르되 네 마음을 다하며 목숨을 다하며 힘을 다하며 뜻을 다하여 주 너의 하나님을 사랑하고 또한 네 이웃을 네 자신 같이 사랑하라 하였나이다 예수께서 이르시되 네 대답이 옳도다 이를 행하라 그러면 살리라 하시니"(눅 10:26-28). "내가 진실로 진실로 너희에게 이르노니 한 알의 밀이 땅에 떨어져 죽지 아니하면 한 알 그대로 있고 죽으면 많은 열매를 맺느니라 자기의 생명을 사랑하는 자는 잃어버릴 것이요 이 세상에서 자기의 생명을 미워하는 자는 영생하도록 보전하리라"(요 12:24-25).

이 모든 예수의 가르침은 우리가 하나님의 통치를 떠나 스스로의 욕망에 이끌려 사탄의 통치를 받고 살아가는 사망의 삶을 인식하고,

자신의 통치를 끝내고 하나님의 주권을 인정하는 삶을 살아가도록 요청하시는 구약의 언약적 요구를 온전히 반영하신다. 예수는 이스라엘의 왕으로서 메시야의 직분에 충실하게 온 인류가 인정하고 순종해야 할 하나님의 주권을 '하나님나라'에 대한 가르침 속에 온전히 드러내고 계신다. 예수의 하나님나라 선포인 "이때부터 예수께서 비로소 전파하여 이르시되 회개하라 천국이 가까이 왔느니라 …"(마 4:17), "이르시되 때가 찼고 하나님의 나라가 가까이 왔으니 회개하고 복음을 믿으라 …"(막 1:15)라는 말씀은 스스로 왕 노릇 하는 삶을 버리고 하나님의 통치에 순종하여, 율법을 통해 드러난 하나님의 주권 요구에 충실하게 살아감으로 하나님의 복을 누리라는 복음으로 요약할 수 있다.

5. 예수의 죽음(인간의 자기 통치 종결)과 예수의 부활(하나님나라의 시작)

예수의 하나님나라에 대한 가르침은 윤리적인 가르침에서 끝나지 않는다. 인류가 윤리적인 가르침으로 변화될 수 있었다면 예수 이전의 현자들이 그 일을 완수했을 것이다. 예수는 자신을 믿는 자들이 자신의 죽음과 연합하여 하나님과 화목하게 되며, 하나님의 통치를 구현하는 성령의 내주하심을 통해 부활과 연합하여 새로운 삶을 살게 하시는 방식으로 하나님나라를 성취하셨다.

예수의 죽음과 연합한 성도는 회개하며 자신의 통치를 종결하려고 시도한다. 따라서 자신에 대하여 왕 노릇 했던 자아의 죽음에 이르게 되는 신비한 연합을 체험한다. "무릇 그리스도 예수와 합하여 세례를 받은 우리는 그의 죽으심과 합하여 세례를 받은 줄을 알지 못하느냐 그러므로 우리가 그의 죽으심과 합하여 세례를 받음으로 그와 함께 장사되었나니"(롬 6:3-4).

나아가 예수의 십자가를 통해 자아의 죽음을 경험하는 성도는 예수의 부활과 연합하여 새로운 삶을 살아가는 놀라운 영적 변화를 경험한다. "이는 아버지의 영광으로 말미암아 그리스도를 죽은 자 가운데서 살리심과 같이 우리로 또한 새 생명 가운데서 행하게 하려 함이라 만일 우리가 그의 죽으심과 같은 모양으로 연합한 자가 되었으면 또한 그의 부활과 같은 모양으로 연합한 자도 되리라 우리가 알거니와 우리의 옛 사람이 예수와 함께 십자가에 못 박힌 것은 죄의 몸이 죽어 다시는 우리가 죄에게 종 노릇 하지 아니하려 함이니"(롬 6:4-6). 이 신비한 연합이 없다면 예수의 하나님나라 복음은 단순한 윤리나 정치적 신념으로 이해될 것이다. 따라서 우리 본성의 변화는 일어나지 않을 것이며, 하나님의 주권적 통치가 우리 안에 성취될 수 없을 것이다. 구약의 율법이 단순한 윤리적 규범이 아니라 하나님의 주권적 통치를 당대의 문화 속에서 요구한 것이었듯이, 예수의 하나님나라 복음 선포와 설교는 윤리적 가르침이 아니라 예수를 믿는 자들에게 요청되는 하나님의 주권에 대한 요청이었다. 이것은 인간의 깨달음이나 교육을 통해서가 아니라, 성령을 통해 일어나는 신비한 연합으로 성취된다.

6. 예수를 주요 메시야로 선포하는 사도들의 복음과, 하나님의 주권 요구로서의 사도들의 율법 해석

사도들은 '죽으시고 부활하신 예수가 주요 메시야'라는 복음을 전했다. 서신서에 많이 등장하는 '주 예수 그리스도'라는 표현은 예수를 하나님이자 하나님의 아들로 고백하는 복음의 양식이다. 그렇다면 사도들은 예수를 믿기만 하면 된다고 가르치는가? 그렇지 않다. 모든 사도들은 율법들을 재해석한다. 1세기의 문화 속에서 하나님의 주권에 대한 요구로 재해석하며, 예수를 주로 고백하는 자들이 따라야 할 규범으로 제시한다.

바울은 예수를 믿기만 하면 된다고 가르치는 것이 아니라, 예수를 믿어 의롭다 함을 입은 자가 하나님의 주권적 요구를 실천하도록 성령충만하라고 가르친다. 복음은 예수를 믿고 하나님의 주권적 요구에 순종하라는 부르심이다. 따라서 사도들의 복음은 당연히 율법의 재해석을 담고 있다. 바울은 신명기 25장의 죽은 형제에 대한 의무(신 25:4-10)를 과부 친척에 대한 의무로 재해석한다. "만일 믿는 여자에게 과부 친척이 있거든 자기가 도와 주고 교회가 짐지지 않게 하라 이는 참 과부를 도와 주게 하려 함이라"(딤전 5:16). 레위기의 동성애를 비롯한 성윤리는 거의 그대로 적용한다(레 18장; 고전 6장; 롬 1:26-27; 갈 5:19 등). 사도들의 복음도 죽으신 예수를 믿어 하나님 앞에 의롭게 되는 것에서 끝나는 것이 아니라, 하나님의 주권에 대한 요구에 순종하도록 요청한다는 사실을 주목하여 보아야 한다(롬 13:8-10). 결국 사도들의 복음도 예수의 하나님나라의 복음과 동일하다. 십자가에서 죽으시고 부활하신 예수를 믿고 하나님의 주권을 인정하는 새로운 삶으로 나아가는 것이다. 성령의 인도하심으로 예수를 주로 고백하고 하나님을 경외하며 하나님의 주권을 인정하는 삶을 살아가는 것이 하나님의 구원을 온전히 누리고 이루는 길이다. "그러므로 나의 사랑하는 자들아 너희가 나 있을 때뿐 아니라 더욱 지금 나 없을 때에도 항상 복종하여 두렵고 떨림으로 너희 구원을 이루라"(빌 2:12).

정경의 마지막 책인 요한계시록은 하나님의 주권을 인정하지 않는 교회들에게 모두 회개하라고 요청한다(계 2:16, 21-22). "그러므로 어디서 떨어졌는지를 생각하고 회개하여 처음 행위를 가지라 만일 그리하지 아니하고 회개하지 아니하면 내가 네게 가서 네 촛대를 그 자리에서 옮기리라"(계 2:5). "그러므로 네가 어떻게 받았으며 어떻게 들었는지 생각하고 지켜 회개하라 만일 일깨지 아니하면 내가 도둑 같이 이르리니 어느 때에 네게 이를는지 네가 알지 못하리라 … 무릇 내가 사랑하는 자를 책망하여 징계하노니 그러므로 네가 열심을 내라 회개하라"(계 3:3,19). 이는 하나님의 주권적 통치를 따라 살아가라는 의미이다. 하나님께서는 모든 교회에 하나님의 주권을 요청하고 계신다. 결국 기독교 신앙은 하나님의 언약적 요구였던 하나님의 주권에 대한 요구에 순종하여 하나님나라를 누리는 것이다. 나아가 하나님의 통치에 순종하는 교회를 통해 이 세상을 회복하는 신앙이다. 기독교가 내세의 천국 티켓을 위한 신앙, 하나님의 통치와는 상관 없이 내소원을 이루려는 신앙으로 전락하면, 그것은 하나님이 진노하신 우상숭배가 되고 만다(출 32장; 민 25장).

7. 주권의 정리

하나님께서는 구약 시대에 하나님의 백성 이스라엘을 택하시고, 그들에게 땅을 주셨다. 그리고 나서 그들에게 시내산과 모압평지에서 율법을 선포했다. 그 율법을 기록하여 대대로 지키게 했다. 사실 이스라엘 백성을 택한 이유는 율법을 지키게 하려 함이다. "여호와께서도 네게 말씀하신 대로 오늘 너를 그의 보배로운 백성이 되게 하시고 그의 모든 명령을 지키라 확언하셨느니라"(신 26:18). "여호와께서 네게 맹세하신 대로 너를 세워 자기의 성민이 되게 하시리니 이는 네가 네 하나님 여호와의 명령을 지켜 그 길로 행할 것임이니라"(신 28:9). 나아가 율법을 지키는 것을 통해 하나님의 통치가 온 세상에 구현되게 하기 위함이다. "아브라함은 강대한 나라가 되고 천하 만민은 그로 말미암아 복을 받게 될 것이 아니냐 내가 그로 그 자식과 권속에게 명하여 여호와의 도를 지켜 의와 공도를 행하게 하려고 그를 택하였나니 이는 나 여호와가 아브라함에게 대하여 말한 일을 이루려 함이니라"(창 18:18-19).

하나님께서 시내산 앞에서 이스라엘 백성에게 율법을 주시면서 이렇게 말씀하신다. "세계가 다 내게 속하였나니 너희가 내 말을 잘 듣고 내 언약을 지키면 너희는 모든 민족 중에 내 소유가 되겠고 너희가 내게 대하여 제사장 나라가 되며 거룩한 백성이 되리라"(출 19:5-6). 하나님께서는 하나님의 백성에게 말씀을 주셔서 지키게 하셨다. 이 율법의 말씀들이 하나님의 주권을 나타내는 것이다. 구약의 하나님의 백성이 하나님의 주권을 인정하지 않음으로 책망을 받고 포로가 될 위기에 처했을 때에 선지자들은 새 언약에 대해 언급한다. 선지자들은 새 언약의 목적도 하나님께서 하나님의 백성을 통해 하나님의 주권을 인정하여 하나님의 통치가 땅에 임하게 하는 것이라고 분명히 제시한다(렘 31:31-34; 겔 36:25-27).

신약에서 제시하는 개념인 예수를 믿는 것도 '예수를 주님으로 영접하는 것'을 의미한다. 주님을 영접하는 것은 나의 삶의 주인이 나에서 주님으로 전환되는 것, 즉 주권이 이양되는 것을 의미한다. "무릇 그리스도 예수와 합하여 세례를 받은 우리는 그의 죽으심과 합하여 세례를 받은 줄을 알지 못하느냐 그러므로 우리가 그의 죽으심과 합하여 세례를 받음으로 그와 함께 장사되었나니 이는 아버지의 영광으로 말미암아 그리스도를 죽은 자 가운데서 살리심과 같이 우리로 또한 새 생명 가운데서 행하게 하려 함이라"(롬 6:3-4). "이는 내게 사는 것이 그리스도니 죽는 것도 유익함이라"(빌 1:21). "그리스도께서 이미 육체의 고난을 받으셨으니 너희도 같은 마음으로 갑옷을 삼으라 이는 육체의 고난을 받은 자는 죄를 그쳤음이니 그 후로는 다시 사람의 정욕을 따르지 않고 하나님의 뜻을 따라 육체의 남은 때를 살게 하려 함이라"(벧전 4:1-2). 그것이 바로 새로운 피조물의 삶이다. "그런즉 누구든지 그리스도 안에 있으면 새로운 피조물이라 이전 것은 지나갔으니 보라 새 것이 되었도다"(고후 5:17). 성령의 인도하심을 따라 하나님의 말씀을 순종하며 살아가는 것이 바로 하나님의 주권을 인정하는 삶이 되는 것이다. "내가 이르노니 너희는 성령을 따라 행하라 그리하면 육체의 욕심을 이루지 아니하리라 육체의 소욕은 성령을 거스르고 성령은 육체를 거스르나니 이둘이 서로 대적함으로 너희가 원하는 것을 하지 못하게 하려 함이니라"(갈 5:16-17).

하나님의 백성이 이 땅과 내세를 살아가며 하나님의 주권을 인정하여 하나님의 통치가 실현되는 것, 이 세 가지의 개념이 조화되어 설명될 때 복음의 구체적인 이해에 도달할 수 있다.

3부
킹덤복음과
땅과 주권의 관계

10
땅과 주권의 관계와 복음 1

1. 땅의 중요성

모든 설교자들은 성경을 통해 하나님께서 계시하신 복음을 총체적이고 포괄적으로 연구하고, 현대 사회에 시의적절하게 선포해야 한다. 이것을 목표로 지금까지 '하나님나라'의 개념과 '하나님나라의 복음'에 대해 살펴보았다. 그리고 관계 맺음, 선물 수여, 조건 제시의 세 요소로 구성된 언약의 개념을 통해 하나님의 구원 행위가 어떻게 구약 전체에 계시되고 있는지 다루고, 언약의 개념에서 도출된 백성, 땅, 주권이라는 세 키워드를 통해 성경 전체의 복음 이야기를 개괄적으로 다루었다. 이제부터는 복음을 더 선명히 이해하기 위해 땅과 주권의 관계를 성경 전체를 꿰뚫어 살펴보려 한다.

땅은 하나님의 창조세계로 하나님의 복이 넘치는 곳이었다. 하지만 하나님의 통치를 거부하고 하나님의 복이 상실된 곳이 되었다. 하나님의 복이 상실된 가운데 인류는 온갖 탐욕으로 세상을 망가트렸다. 복음은 하나님의 복이 상실되어 회복을 필요로 하는 땅에 선포된다. 예수 그리스도를 통한 복음 선포의 결과가 땅에 어떤 영향을 미치는가에 대해, 성경의 거대한 서사가 무엇을 말하고 있는지 아는 것은 너무나 중요하다.

예수 그리스도를 통해 성취될 하나님의 구원은 망가진 창조세계인 땅을 그 대상으로 한다. 하나님의 구원은 망가진 창조세계인 땅이 회복되는 것이다. 성경의 거대 서사는 에덴동산과 가나안과 온 세상을 무대로 진행되며, 땅에서 복이 사라진 현실을 해결할 하나님의 거대 서사가 바로 예수 그리스도를 통해 성취된 복음이다.

두 가지가 주된 요점이다. 땅은 왜 이렇게 창조질서를 잃고 망가졌는가? 망가진 땅의 문제는 무엇이며, 구약이 제시하는 이 문제에 대한 해결책은 무엇인가? 예수 그리스도를 통한 하나님의 구원은 망가진 이 땅에 어떤 결과를 초래하는가? 이 질문들에 대한 답은 땅의 상실과 주권과의 관계를 살펴보고, 땅의 회복과 주권과의 관계를 살피면서 성경 전체에서 찾을 수 있다.

2. 땅과 주권의 관계

땅과 주권의 관계를 살펴보는 것은 하나님의 구원의 대상으로서 땅과 구원의 결과로서 땅의 회복을 강조하면서, 동시에 구원이 내포하고 있지만 잘 인식되지 못하는 '땅의 회복으로서 구원에 드러난, 하나님의 통치를 통한 그리스도인의 삶의 변화와, 변화된 사회에 대한 함의'에 관심을 기울여, 성경을 총체적인 구원 이야기로 이해하는 데 도움을 주려는 것이다.[56] 하나님이 구원하실 대상을 인간으로 보고, 그 인간이 사후에 내세의 천국을 누리는 식으로 축소된 복음은 성경의 거대 서사를 읽지 못하는 데서 온 것이다. 또한 땅의 회복을 개인의 물질적인 복으로 축소하여, 총체적인 땅의 회복을 위한 그리스도인의 책임과, 관계에서 변화를 통해 누려야 할 가정과 이웃과 사회에서의 공동체적 샬롬을 외면하고, 탐욕적인 존재 방식을 정당화하는 현대 기독교의 모습은 예수의 십자가를 아전인수하는 샤머니즘적 본성에서 나온 것이다.

크리스토퍼 라이트는 그의 책 〈하나님의 선교〉에서 성경 전체는 하나님의 선교, 즉 만물이 십자가의 그리스도를 통해 하나님과 화목되는 것이라고 주장했다.[57] 사도 바울은 죽으시고 부활하신 예수 그리스도가 복음임을 선포하고(고전 15:1-8), 부활이 인류에게 제시하는 구원의 결과물이 성도들이 누리는 새로운 생명이며, 장차 만물이 예수 그리스도처럼 하나님의 통치하에 회복되는 것임을 선포한다. "사망이 한 사람으로 말미암았으니 죽은 자의 부활도 한 사람으로 말미암는도다 아담 안에서 모든 사람이 죽은 것 같이 그리스도 안에서 모든 사람이 삶(하나님이 통치하시는 새로운 생명)을 얻으리라"(고전 15:21-22). "만물을 그에게 복종하게

---

56 구원 개념에 내재된 윤리적 함의에 대해 강조하는 많은 신학 연구들이 나오고 있다. 리차드 헤이즈의 〈신약의 윤리적 비전〉(유승원 역, IVP), 김세윤의 〈칭의와 성화〉(두란노), 리처드 미들턴의 〈새 하늘과 새 땅〉(새물결플러스) 등. 이원화되고 내세화된 구원관과 교회의 비윤리성에 대항하는 이런 성경신학적 연구들은 총체적 구원관으로 교회를 건강하게 하려는 의도에서 나온 것들이다.

57 그의 책 669-774페이지를 참고하라. 그는 선교를 타문화권에서 복음을 전하는 것이 아니라, 온 땅을 회복시키는 하나님의 모든 구원 행위라고 정의한다. 나아가 이런 관점으로 성경을 읽어야 한다고 주장한다.

하실 때에는 아들 자신도 그 때에 만물을 자기에게 복종하게 하신 이에게 복종하게 되리니 이는 하나님이 만유의 주로서 만유 안에 계시려 하심이라"(고전 15:28). 하나님의 구원은 총체적이며, 하나님의 주권이 인간에게 회복되어, 만물이 회복되는 것이다.

크리스토퍼 라이트는 하나님의 모든 구원 행위로서의 선교가 펼쳐지는 곳, 성경의 거대 서사가 전개되는 커다란 무대는 바로 하나님의 창조세계로서의 이 세상이라는 점을 분명히 한다. 그는 구약의 가나안땅을 통해 신약의 온 땅으로 선교의 무대가 확장되고 있다는 것을 사도 바울의 두 설교(안디옥 선교와 아덴 설교)를 통해 분석한다.[58] 그가 강조하는 것은 하나님의 구원의 무대가 온 창조세계라는 점이다. 하나님의 구원은 선택된 백성이 메시야를 주로 인정하는 삶을 통해 땅에 하나님의 주권이 회복되는 것이다. 나아가 모든 관계가 회복되고, 자연만물이 본연의 아름다움을 회복하여 환경 문제에까지 하나님의 주권이 미치는 것이다.

리처드 미들턴은 창조세계를 새롭게 하거나 구속하려는 하나님의 의도에 대한 총체적 시각이 성도들은 물론이고 목회자들도 잘 모르는 일급 비밀이 되었다고 꼬집으며, 마태복음 19장 28절, 골로새서 1장 20절, 에베소서 1장 10절 등을 들어 하나님의 구속의 대상으로서 땅에 대해 관심을 집중해야 한다고 주장한다.[59] "예수께서 이르시되 내가 진실로 너희에게 이르노니 세상이 새롭게 되어 인자가 자기 영광의 보좌에 앉을

---

58 위의 책 495-498페이지를 참고하라.

59 J. 리처드 미들턴, 〈새 하늘과 새 땅〉(새물결플러스, 2015), 34-42를 참고하라.

때에 나를 따르는 너희도 열두 보좌에 앉아 이스라엘 열두 지파를 심판하리라"(마 19:28). "그의 십자가의 피로 화평을 이루사 만물 곧 땅에 있는 것들이나 하늘에 있는 것들이 그로 말미암아 자기와 화목하게 되기를 기뻐하심이라"(골 1:20). "그 뜻의 비밀을 우리에게 알리신 것이요 그의 기뻐하심을 따라 그리스도 안에서 때가 찬 경륜을 위하여 예정하신 것이니 하늘에 있는 것이나 땅에 있는 것이 다 그리스도 안에서 통일되게 하려 하심이라"(엡 1:9-10).

3. 에덴동산: 하나님 백성이 주권을 인정하며 복을 누리는 땅

복음 서술의 원천인 성경의 거대 서사는 하나님의 창조와 에덴동산 이야기로 시작된다. 에덴동산 이야기는 인류가 하나님의 통치 안에서 복을 누리던 시기가 인류 역사에 존재했다는 것을 보여준다. 그 시기에는 인류가 하나님의 주권을 인정하며, 하나님과의 관계 속에서 자신과 세상을 규정하며, 하나님의 윤리적 규범을 따라 살아가며, 하나님과 이웃을 사랑하는 삶을 살았다. 따라서 이 땅에 하나님의 창조 질서가 온전히 보전되며, 하나님의 복이 세상에 가득하여 모든 피조물이 행복을 누렸다. 하지만 인류는 선악을 알게 하는 나무의 열매를 먹고 영적 사망의 상태로 살아가게 되었다. 선악을 알게 하는 나무의 열매를 먹는다는 것은 인간이 선과 악을 판단하는 자의 위치에 서서 하나님의 통치를 거부하고, 스스로 삶의 방식을 선택하고, 윤리의 기준과 삶의 규범을 스스로 만들어내고, 자연만물의 순리를 따르지 않고 자신의 탐욕을 위한 도구로 삼았다는 것을 의미한다. 그 결과 인류는 에덴동산을 잃어버렸다. 즉, 하나님의 백성이 하나님의 주권을 인정하며 복을 누리던 땅을 잃어버렸다는 것이다.

에덴동산에서 쫓겨난 이야기는 우리가 왜 지금의 세상에서 살게되었는지를 보여준다. 바로 하나님의 주권을 거부했기 때문이다. 에덴동산 이야기가 성경의 첫 이야기라는 것은(실제로 창세기 2장 4절에서 4장 26절까지의 에덴동산 이야기는 창세기의 열 번째 톨레돗, 즉 계보를통한 이야기 중 첫 번째이다) 성경 전체의 이야기가 우리가 지금의 세상에서 살게 된 이유를 설명하고, 이 불행한 상태에서 벗어나게 하기 위한 하나님의 계획을 계시하는 것에 있음을 보여준다. 성경 전체의 거대 서사는 결국 하나님의 주권을 거부한 인류에게 닥친 불행한 상태를 자각하게 하며, 예수를 통해 성취된 복음이 하나님의 주권을 거부한 인간을 새롭게 하여 이 세상(땅)을 회복함으로, 불행한 상태로부터 벗어나게 하려는 하나님의 계획이라는 것을 알게 해준다.

4. 하나님의 주권(다스림)이 사라진 땅의 현실과 이스라엘에 계시된 복음

성경의 첫 번째 이야기는 지금 우리가 왜 이런 세상에 살게 되었는지에 대한 답을 주는 것이다. 하나님의 주권을 거부한 것이 지금의 땅의현실을 만들어냈다. 인간이 하나님의 주권을 거부하고 스스로의 자율성을 존중하며 살아간 결과 땅은 어떻게 되었는가? 하나님과의 교제가 사라짐으로 자신이 누구인지 알 수 없는 영적 외로움 속에서 살아가게 되었다. 인간 스스로 윤리와 규범을 정함으로 모든 비인간적인 일(정복과 전쟁, 온갖 종류의 금지된 성적 쾌락, 다른 사람들의 것을 빼앗는 탐욕과 사회적 불의)이 가능한 세상이 되었다. 인간 스스로 삶의 목적을 찾을 수 없음으로 쾌락과 즐거움이 삶의 목표가 되어 허무함을 이겨낼 수 없게 되었다. 미래와 내세에 대한 두려움으로 늘 근심과 염려 속에서 살아가며, 근심과 염려를 이겨내기 위해 온갖 우상숭배에 빠지게 되었다. 가인과 아벨의 이야기, 라멕의 이야기, 바벨탑 이야기는 하나님의 주권을 거부한 인간에게 주어진 실존적 현실을 보여주는 이야기들이다.

이 땅의 현실을 바꾸기 위해 주어진 소식이 바로 이스라엘을 통해 계시된 복음이다. 하나님은 아브라함과 그 후손을 온 세상을 구원하시기 위한 하나님의 도구로 택하셨다. 이스라엘에게 계시된 복음의 핵심은 선택된 하나님의 백성을 통해 온 세상에 하나님의 주권을 되돌리는 것이다. 하나님을 경외하며 그 주권을 인정하도록 이끄시는 것이다. 그 과정에서 가나안 땅에서는 우상숭배가 제거되고, 이스라엘이 거주하는 땅은 복된 땅이 될 것이다. 나아가 모든 열방이 복을 받는 길이 열리게 될 것이다. 이스라엘에게 계시된 복음은 언약으로 표현된다. 아브라함의 후손들은 하나님의 백성이 될 것이다. 그들에게는 가나안 땅이 주어질 것이다. 하나님의 주권에 순종한다면 이스라엘은 그 땅에서 복을 얻을 것이다. 언약은 하나님의 주권을 인정하여 하나님의 말씀에 순종하는 백성을 창조하는 것을 목적으로 한다. "아브라함은 강대한 나라가 되고 천하 만민은 그로 말미암아 복을 받게 될 것이 아니냐 내가 그로 그 자식과 권속에게 명하여 여호와의 도를 지켜 의와 공도를 행하게 하려고 그를 택하였나니 이는 나 여호와가 아브라함에게 대하여 말한 일을 이루려 함이니라"(창 18:18-19).

아브라함의 후손인 이스라엘이 애굽에서 해방되었고 가나안 땅으로 가게 된다. 그들이 가나안 땅에 들어가기 전에 시내산에서(출 19장 민 10장), 광야에서(민 11장-20장), 모압 평지에서(민 21장-신명기) 방대한 양의 율법을 받는다. 시내산에서 주어진 십계명과 기본법, 성막, 제사, 정결, 도덕법, 진과 행군법 등(출 20장-민 10장)에 광야와 모압 평지를 거치며 여러 규례들이 보충, 정리, 추가된다(민 11장-신명기).

이스라엘에게 주어진 언약에 계시된 복음은 하나님의 백성을 택하며, 그들에게 하나님의 주권을 요청하는 것이다. 하나님의 백성 이스라엘은 자신을 계시하신 여호와 하나님을 신뢰하고 그 통치에 순종하도록 요청 받는다. 그들은 자신들의 탐욕을 위해 신들의 형상을 만들고 그 신들에게 제사하는 애굽과 가나안의 종교와 그 종교에서 파생되는 탐욕적 삶을 버리고, 하나님의 주권 요청에 응하여 형상이 없는 종교와 여호와의 계명에 순종하는 삶을 요청받은 것이다. "하나님이 이 모든 말씀으로 말씀하여 이르시되 나는 너를 애굽 땅, 종 되었던 집에서 인도하여 낸 네 하나님 여호와니라 너는 나 외에는 다른 신들을 네게 두지 말라 너를 위하여 새긴 우상을 만들지 말고 또 위로 하늘에 있는 것이나 아래로 땅에 있는 것이나 땅 아래 물 속에 있는 것의 어떤 형상도 만들지 말며 그것들에게 절하지 말며 그것들을 섬기지 말라 나 네 하나님 여호와는 질투하는 하나님인즉 나를 미워하는 자의 죄를 갚되 아버지로부터 아들에게로 삼사 대까지 이르게 하거니와 나를 사랑하고 내 계명을 지키는 자에게는 천 대까지 은혜를 베푸느니라"(출 20:1-6).

하나님을 떠난 인류는 자신들의 필요에 따라 신을 만들었다. 그들의 종교를 통해서는 하나님의 주권을 거부한 그들의 삶의 방식에 아무 변화가 없다. 아무리 열심히 종교의식을 행하고 많은 제물을 바쳐도, 그들의 삶과 그들이 만들어내는 세상은 달라지지 않는다. 하나님의 주권을 거부한 땅의 현실은 하나님의 주권이 회복되기 전까지 달라지지 않는다. 여호와 하나님은 이스라엘 백성에게 형상을 금하고 계명을 주셨다. 그 계명은 여호와의 주권을 거부한 인류의 삶의 방식에 근본적인 변화를 요청한다. "너는 그들의 신을 경배하지 말며 섬기지 말며 그들의 행위를 본받지 말고 그것들을 다 깨뜨리며 그들의 주상을 부수고"(출 23:24). "너희는 내가 너희 앞에서 쫓아내는 족속의 풍속을 좇지 말라 그들이 이 모든 일을 행하므로 내가 그들을 가증히 여기노라"(레 20:23).

여호와 하나님은 소원을 이루기 위해 만들어진 인류의 모든 종교들을 거부한다. 망가진 땅의 현실을 회복하기 위해 하나님의 주권을 요청하고 복(땅의 회복)을 약속한다. "너희가 내규례와 계명을 준행하면 … 내가 너희를 돌보아 너희를 번성하게 하고 너희를 창대하게 할 것이며 내가 너희와 함께 한 내 언약을 이행하리라 … 내가 내 성막을 너희 중에 세우리니 내 마음이 너희를 싫어하지 아니할 것이며 나는 너희 중에 행하여 너희의 하나님이 되고 너희는 내 백성이 될 것이니라"(레 26:3,9,11-12).

이스라엘에 계시된 복음은 여호와 하나님께서 택한 백성을 통해 하나님의 주권이 인정되면 땅이 회복되어 복을 누리게 될 것이라는 것이다. 간단히 말하자면, 하나님의 주권이 회복되면 땅이 회복된다는 것이다. 주권을 거부하여 땅이 저주를 받은 에덴동산 이야기가 요청하는 복음이 바로 이것이다. 주권의 회복이다. 하나님의 주권이 회복된 상태가 바로 하나님나라다.

5. 이스라엘 역사에 나타난 주권과 땅의 관계

가나안 땅에 들어간 이스라엘 백성은 주권의 회복이 땅의 회복(복)을 가져온다는 복음의 공식이 신뢰할 만한 것인지, 그 복음을 계시한 언약의 하나님이 신실하신지 확인하는 시간을 갖는다. 이것이 이스라엘의 역사이며, 이 역사는 복음이 무엇인지 이해하는 데 매우 중요하다. 우리는 이스라엘 역사를 통해 하나님의 주권을 인정하고 율법이 명하는 삶의 방식을 살아갈 때 땅에 샬롬(풍요와 평화의 공존)이 주어지며, 반대로 하나님의 주권을 인정하지 않은 인류(열방)의 삶을 계속할 때 이 땅에 회복 대신 저주가 계속될 것이라는 사실을 확인할 수 있다.

하나님은 아브라함에게 땅을 약속하셨다. 땅을 전혀 소유하지 못한 한, 이방인에게 약속한 가나안 땅은 하나님의 주권을 회복하여 땅을 회복시키려는 하나님의 구원 계획의 무대이다. 아브라함의 후손들은 이 약속을 굳게 붙들고 모세와 함께 가나안 땅으로 나아간다. 이 세상을 구원하시려는 하나님의 계획은 여호수아를 통해 정복된 가나안 땅을 무대로 펼쳐진다. 사사시대 이스라엘은 여호와의 언약을 어기고 우상을 숭배하며 하나님의 주권을 가나안 땅에 회복하는 일에 실패한다. 그 결과 가나안 땅은 하나님의 복을 누리지 못하는 땅이 되고, 이방인들에게 땅을 빼앗기게 된다(삿 2:11-14).

하지만 사무엘과 그에 의해 왕으로 세워진 다윗, 그의 아들 솔로몬의 시대에 이르러 하나님의 주권은 약속의 땅 가나안에 회복되었다. 다윗은 하나님의 주권을 찬양하면서 가나안 땅의 이방인들을 정복하였으며, 하나님의 통치를 상징하는 법궤를 영구히 둘 성전을 계획한다. 다윗과 솔로몬의 시대를 통해 우리는 하나님의 주권이 인정되는 백성에 의해 땅에 하나님의 복이 회복되어 샬롬이 찾아온다는 사실을 확인한다. 작은 나라의 왕이었던 다윗은 어디로 가든지 승리했다. "다윗이 소금 골짜기에서 에돔 사람 만 팔천 명을 쳐죽이고 돌아와서 명성을 떨치니라 다윗이 에돔에 수비대를 두되 온 에돔에 수비대를 두니 에돔 사람이 다 다윗의 종이 되니라 다윗이 어디로 가든지 여호와께서 이기게 하셨더라"(삼하 8:13-14). 하나님의 통치를 대행하는 솔로몬의 시대에 가나안 땅은 놀라운 번영을 누린다. "유다와 이스라엘의 인구가 바닷가의 모래 같이 많게 되매 먹고 마시며 즐거워하였으며 솔로몬이 그 강에서부터 블레셋 사람의 땅에 이르기까지와 애굽 지경에 미치기까지의 모든 나라를 다스리므로 솔로몬이 사는 동안에 그 나라들이 조공을 바쳐 섬겼더라 … 솔로몬이 그 강 건너편을 딥사에서부터 가사까지 모두, 그 강 건너편의 왕을 모두 다스리므로 그가 사방에 둘린 민족과 평화를 누렸으니 솔로몬이 사는 동안에 유다와 이스라엘이 단에서부터 브엘세바에 이르기까지 각기 포도나무 아래와 무화과나무 아래에서 평안히 살았더라"(왕상 4:20-21,24-25).

하나님의 백성 이스라엘에 의해 하나님의 주권이 가나안 땅에 회복되어 하나님의 복으로 가득하게 된 역사는 솔로몬 치세 말기부터 비극을 향해 치닫는다. 솔로몬 이후 이스라엘이 남과 북으로 분열되고, 각각 앗수르와 바벨론에 의해 땅이 빼앗기는 과정은 '하나님의 주권 = 땅의 회복'이라는 공식이 다시 한 번 확인되는 역사였다. 하나님의 주권에 대한 솔로몬의 실패는 약속의 땅을 반역의 땅으로 만들고,

결국 약속의 땅을 모두 빼앗기고 포로가 되는 결과에까지 이르게 되었다. "여호와께서 에돔 사람 하닷을 일으켜 솔로몬의 대적이 되게 하시니 그는 왕의 자손으로서 에돔에 거하였더라"(왕상 11:14). "하나님이 또 엘리아다의 아들 르손을 일으켜 솔로몬의 대적자가 되게 하시니 그는 그의 주인 소바 왕 하닷에셀에게서 도망한자라"(왕상 11:23). "여로보암에게 이르되 너는 열 조각을 가지라 이스라엘의 하나님 여호와의 말씀이 내가 이 나라를 솔로몬의 손에서 찢어 빼앗아 열 지파를 네게 주고"(왕상 11:31). "아람의 벤하닷 왕이 그의 군대를 다 모으니 왕 삼십이 명이 그와 함께 있고 또 말과 병거들이 있더라 이에 올라가서 사마리아를 에워싸고 그 곳을 치며"(왕상 20:1). "모압 왕 메사는 양을 치는 자라 새끼 양 십만 마리의 털과 숫양 십만 마리의 털을 이스라엘 왕에게 바치더니 아합이 죽은 후에 모압 왕이 이스라엘 왕을 배반한지라"(왕하 3:4-5). "여호와께서 이스라엘에게 노하사 늘 아람 왕 하사엘의 손과 그의 아들 벤하닷의 손에 넘기셨더니"(왕하 13:3).

가나안 땅은 평화를 누릴 수 없었다. 하나님의 복은 그들에게서 사라졌다. 주변 온 나라들이 하나님의 징계의 도구가 되었다. 그 이유는 가나안 땅에서 하나님의 주권이 거부되었기 때문이다. "이는 그들이 나를 버리고 시돈 사람의 여신 아스다롯과 모압의 신 그모스와 암몬 자손의 신 밀곰을 경배하며 그의 아버지 다윗이 행함 같지 아니하여 내 길로 행하지 아니하며 나 보기에 정직한 일과 내 법도와 내 율례를 행하지 아니함이니라"(왕상 11:33).

결국 이스라엘의 역사는 하나님의 주권을 거부함으로 에덴동산으로의 회복을 목적으로 주어진 가나안 땅을, 하나님의 주권을 더 강력하게 거부하는 열방에게 빼앗기게 되는 아이러니로 마무리된다. 이스라엘의 역사를 통해 두 가지가 분명해졌다. 땅의 회복(에덴으로의 회복)은 하나님의 주권 회복을 통해서만 온다는 것과, 땅을 빼앗긴 이스라엘이나 땅을 빼앗은 제국들이나 하나님의 복을 누리기 위해서는 하나님의 주권을 인정하도록 온 세상을 구원할 메시야가 필요하다는 사실이다.

마소라 본문이 아니라, 기독교 전통에서 구약의 뒷 부분인 시가서와 선지서들은 하나님의 주권을 온 땅에 회복하여 새 하늘과 새 땅을 성취하실 메시야를 대망하게 되며, 성경 전체는 예수 그리스도를 통해 하나님의 주권이 회복되고, 장차 이 세상이 회복될 것이라는 복음의 약속을 향해 나아가게 된다. 하나님의 주권이 회복되어, 하나님의 복으로 회복될 세상이 바로 '하나님나라'다.

11
땅과 주권의 관계와 복음 2

1. 하나님의 주권(통치)과 더불어 회복될 땅에 대한 예언들

선지자들은 하나님에 대한 이스라엘의 반역에 대해 책망했다. 이스라엘의 반역은 아담의 반역을 연장하는 것이었다. "그들은 아담처럼 언약을 어기고 거기에서 나를 반역하였느니라"(호 6:7). 가나안 땅은 다윗과 솔로몬 시대에 누리던 하나님의 복을 누리지 못하게 되었다. 이스라엘은 결국 앗수르와 바벨론에 의해 멸망하여 땅을 빼앗겼다.

선지자들은 이스라엘과 유다의 멸망에 당황했다. 과연 하나님의 언약은 어떻게 성취될 것인가? 천하 만민이 복을 받으리라는 하나님의 약속, 언약 안에 포함된 하나님의 약속은 어떻게 된 것인가? 그 약속은 무효가 되는 것인가? 선지자들은 하나님의 언약이 결코 폐기되지 않는다는 것을 믿었다. 그들은 하나님이 그 언약 안에 담겨 있는 온 세상의 회복에 대한 약속을 성취하실 전능하신 여호와라는 사실을 포기하지 않았다. 선지자들은 하나님께서 아브라함의 후손 이스라엘과 맺으셨던 언약에 근거하여 이스라엘과 열방의 미래를 바라보았다. 하나님의 주권이 회복되면 땅이 회복될 것이다. 선지자들은 하나님의 언약과 이스라엘의 현실을 묵상하며 크게 두 가지의 사실에 집중하게 되었다. 하나님께서 장차 세상을 다스리실 것이며, 그 때 이 세상이 회복될 것이라는 기대와, 하나님께서 다스리실 하나님나라를 이룰 메시야가 세상에 오게 될 것이라는 소망이다.

2. 하나님께서 다스릴 세상에 대한 선지자들의 예언

1) 이사야

이사야부터 말라기까지의 선지자들의 메시지는 크게 하나님에 대한 반역의 결과에 대한 경고와 하나님께서 다스릴 세상에 대한 소망의 예언으로 구성되어 있다. 이사야는 하나님께서 통치하실 세상에 대한 소식을 전한다(특히 40-66장). "아름다운 소식을 시온에 전하는 자여 너는 높은 산에 오르라 아름다운 소식을 예루살렘에 전하는 자여 너는 힘써 소리를 높이라 두려워하지 말고 소리를 높여 유다의 성읍들에게 이르기를 너희의 하나님을 보라 하라"(사 40:9). 이스라엘의 거룩하신 이, 여호와 하나님이 다시 세상을 다스리신다. "좋은 소식을 전하며 평화를 공포하며 복된 좋은 소식을 가져오며 구원을 공포하며 시온을 향하여 이르기를 네 하나님이 통치하신다 하는 자의 산을 넘는 발이 어찌 그리 아름다운가"(사 52:7).

하나님께서 다스릴 세상은 반역한 인간들에 의한 우상숭배(하나님에 대한 반역으로서의 죄)가 사라진 세상이다. "벨은 엎드러졌고 느보는 구부러졌도다 … 너희는 옛적 일을 기억하라 나는 하나님이라 나 외에 다른 이가 없느니라 나는 하나님이라 나 같은 이가 없느니라"(사 46:1,9). 우상은 하나님을 반역한 인류가 자신들의 불행한 처지를 개선하기 위해 만들어낸 가짜 신이다. 이사야는 이스라엘의 우상숭배가 아담의 비극을 연장시킨다는 것을 경고하고, 우상숭배가 사라지고 인류가 하나님을 왕으로 인정하게 될 때 변화될 세상에 대한 아름다운 그림을 그린다.

이사야가 그리는 회복된 세상은 아름다움이 가득한 땅이다. 하나님께서 다스릴 세상(하나님나라)은 하나님의 복으로 인해 회복된 땅으로 묘사된다. "광야와 메마른 땅이 기뻐하며 사막이 백합화 같이 피어 즐거워하며 무성하게 피어 기쁜 노래로 즐거워하며 레바논의 영광과 갈멜과 사론의 아름다움을 얻을 것이라 그것들이 여호와의 영광 곧 우리 하나님의 아름다움을 보리로다"(사35:1-2). 하나님을 거부한 세상은 광야와 같고 황폐한 곳과 같을 것이며, 다시 하나님이 다스리는 세상은 에덴과 같이 하나님의 복으로 충만하게 된다. "나 여호와가 시온의 모든 황폐한 곳들을 위로하여 그 사막을 에덴 같게, 그 광야를 여호와의 동산 같게 하였나니 그 가운데에 기뻐함과 즐거워함과 감사함과 창화하는 소리가 있으리라"(사 51:3). 하나님께서 다스리는 나라는 새 하늘과 새 땅이 된다. 지금의 세상과 전혀 다른 세상이 펼쳐진다. "보라 내가 새 하늘과 새 땅을 창조하나니 이전 것은 기억되거나 마음에 생각나지 아니할 것이라 …그들의 수고가 헛되지 않겠고 그들이 생산한 것이 재난을 당하지 아니하리니 그들은 여호와의 복된 자의 자손이요 그들의 후손도 그들과 같을 것임이라 그들이 부르기 전에 내가 응답하겠고 그들이 말을 마치기 전에 내가 들을 것이며 이리와 어린 양이 함께 먹을 것이며 사자가 소처럼 짚을 먹을 것이며 뱀은 흙을 양식으로 삼을 것이니 나의 성산에서는 해함도 없겠고 상함도 없으리라 여호와께서 말씀하시니라"(사 65:17,23-25). 하나님께서 다스리는 땅은 하나님을 거부하고 탐욕으로 서로를 해하고 상하게 하는 엔샬롬에서 벗어나 진정한 샬롬의 땅이 된다.

2) 에스겔

에스겔은 하나님께서 다스리는 세상을 하나님께서 계시는 성전의 이미지로 제시한다. 여호와의 말씀을 대언함으로 마른 뼈들이 살아나 군대가 되는 환상(겔 37장)은 여호와의 통치를 거부하여 영적인 죽음의 상태에 있던 백성이 하나님의 통치에 순종하는 백성으로 회복되는 것을 예고한다. "그들이 그 우상들과 가증한 물건과 그 모든 죄악으로 더 이상 자신들을 더럽히지 아니하리라 내가 그들을 그 범죄한 모든 처소에서 구원하여 정결하게 한즉 그들은 내 백성이 되고 나는 그들의 하나님이 되리라 내 종 다윗이 그들의 왕이 되리니 그들 모두에게 한 목자가 있을 것이라 그들이 내 규례를 준수하고 내 율례를 지켜 행하며"(겔 37:23-24). 하나님이 다시 통치하실 세상은 여호와께서 계시는 성전과 성전에서 흘러나오는 물로 회복되는 땅으로 묘사된다. 하나님께서 통치하실 세상은 모든 것이 네모 반듯한 성전과 같고(겔 40-46장), 모든 지파의 땅이 여호와께 예물로 드릴 땅을 중심으로 하여 양쪽으로 균등하게 분배된 새로운 세상이다(겔 48장). 그 성전의 이름은 여호와께서 계시며 다스리는 땅, 즉 여호와삼마이다. "모든 그 사방의 합계는 만 팔천 척이라 그 날 후로는 그 성읍의 이름을 여호와삼마라 하리라"(겔 48:35).

여호와께서 다스릴 세상은 하나님의 복으로 회복되는 세상이다. "그가 나를 데리고 성전 문에 이르시니 성전의 앞면이 동쪽을 향하였는데 그 문지방 밑에서 물이 나와 동쪽으로 흐르다가 성전 오른쪽 제단 남쪽으로 흘러 내리더라 … 이 강물이 이르는 곳마다 번성하는 모든 생물이 살고 또 고기가 심히 많으리니 이 물이 흘러 들어가므로 바닷물이 되살아나겠고 이 강이 이르는 각처에 모든 것이 살 것이며 … 강 좌우 가에는 각종 먹을 과실나무가 자라서 그 잎이 시들지 아니하며 열매가 끊이지 아니하고 달마다 새 열매를 맺으리니 그 물이 성소를 통하여 나옴이라 그 열매는 먹을 만하고 그 잎사귀는 약 재료가 되리라"(겔 47:1,9,12).

3) 기타 선지자들

미가는 하나님께서 다스리실 세상을 하나님의 전에서 여호와의 도를 배우고 행하는 백성이 평화와 풍요를 누리며 살아가게 될 나라로 그린다. "곧 많은 이방 사람들이 가며 이르기를 오라 우리가 여호와의 산에 올라가서 야곱의 하나님의 전에 이르자 그가 그의 도를 가지고 우리에게 가르치실 것이니라 우리가 그의 길로 행하리라 하리니 이는 율법이 시온에서부터 나올 것이요 여호와의 말씀이 예루살렘에서부터 나올 것임이라 그가 많은 민족들 사이의 일을 심판하시며 먼 곳 강한 이방 사람을 판결하시리니 무리가 그 칼을 쳐서 보습을 만들고 창을 쳐서 낫을 만들 것이며 이 나라와 저 나라가 다시는 칼을 들고 서로 치지 아니하며 다시는 전쟁을 연습하지 아니하고 각 사람이 자기 포도나무 아래와 자기 무화과나무 아래에 앉을 것이라 그들을 두렵게 할 자가 없으리니 이는 만군의 여호와의 입이 이같이 말씀하셨음이라"(미 4:2-4). 이 묘사는 다윗과 솔로몬의 시대를 연상시킨다(왕상 4:20,25).

아모스는 하나님이 다스리실 세상을 양식과 포도주가 풍성한 세상으로 그린다. "여호와의 말씀이니라 보라 날이 이를지라 그 때에 파종하는 자가 곡식 추수하는 자의 뒤를 이으며 포도를 밟는 자가 씨 뿌리는 자의 뒤를 이으며 산들은 단 포도주를 흘리며 작은 산들은 녹으리라"(암 9:13).

요엘은 하나님께서 다스리실 세상을 이른 비와 늦은 비가 내려 풍요가 넘치는 땅으로 묘사한다. "들짐승들아 두려워하지 말지어다 들의 풀이 싹이 나며 나무가 열매를 맺으며 무화과나무와 포도나무가 다 힘을 내는도다 시온의 자녀들아 너희는 너희 하나님 여호와로 말미암아 기뻐하며 즐거워 할지어다 그가 너희를 위하여 비를 내리시되 이른 비를 너희에게 적당하게 주시리니 이른 비와 늦은 비가 예전과 같을 것이라 마당에는 밀이 가득하고 독에는 새 포도주와 기름이 넘치리로다"(욜 2:22-24).

선지자들은 이렇게 하나님이 다스리실 세상이 올 것이며, 그 때 하나님의 주권이 회복된 세상은 새롭게 창조된 에덴으로, 하나님의 복이 흘러넘치는 성전으로, 평화와 풍요가 넘치는 땅이 될 것이라고 묘사한다. 성경은 하나님의 통치를 거부한 땅이 저주를 받았다고 설명하며, 이스라엘 백성도 하나님의 통치를 거부하여 언약적 저주를 계승했지만, 하나님께서 다스리는 세상이 올 것이며, 하나님의 주권을 인정하며 여호와를 경외하는 백성은 이스라엘 백성이건 이방 백성이건 하나님께서 창조하실 새로운 세상의 복을 누리게 될 것이다.

3. 하나님의 통치를 실현할 메시야에 대한 예언

선지자들은 하나님의 주권이 회복되어 새롭게 될 땅에 대한 소망을 버리지 않았다. 이 땅의 회복으로서의 하나님나라는 그냥 주어지지 않는다. 하나님께서 세상을 다스리셔야 한다. 그렇게 되기 위해 하나님의 통치를 이 땅에 대행할 하나님의 형상인 인간이 하나님을 반역하는 영적 질병으로부터 치유되어야 한다. 누가 인류를 인도하여 하나님의 통치에 순종하게 하는 이 일을 감당할 것인가? 선지자들은 다양한 방식으로 메시야에 대한 예언을 전했다.

1) 선지서 외 메시야에 대한 예언

하나님을 반역한 인류를 치유하여 하나님의 통치에 순종하여 이 땅을 회복시킬 이가 바로 메시야이다. 메시야에 대한 고대는 이미 모세오경에서 나타나기 시작한다. 야곱의 유언 가운데 유다에게 메시야적 사명이 주어진다. "규가 유다를 떠나지 아니하며 통치자의 지팡이가 그 발 사이에서 떠나지 아니하기를 실로가 오시기까지 이르리니 그에게 모든 백성이 복종하리로다"(창 49:10). 이스라엘의 선지자는 야훼의 통치를 백성에게 전할 것이다. "네 하나님 여호와께서 너희 가운데 네 형제 중에서 너를 위하여 나와 같은 선지자 하나를 일으키시리니 너희는 그의 말을 들을지니라 … 내가 그들의 형제 중에서 너와 같은 선지자 하나를 그들을 위하여 일으키고 내 말을 그 입에 두리니 내가 그에게 명령하는 것을 그가 무리에게 다 말하리라"(신 18:15,18).

시편에 소개되는 메시야는 하나님을 대적하는 세상의 모든 권세들을 여호와 하나님께 굴복시키는 이다. "세상의 군왕들이 나서며 관원들이 서로 꾀하여 여호와와 그의 기름 부음 받은 자를 대적하며 우리가 그들의 맨 것을 끊고 그의 결박을 벗어 버리자 하는도다 … 내가 나의 왕을 내 거룩한 산 시온에 세웠다 하시리로다 내가 여호와의 명령을 전하노라 여호와께서 내게 이르시되 너는 내 아들이라 오늘 내가 너를 낳았도다 내게 구하라 내가 이방 나라를 네 유업으로 주리니 네 소유가 땅 끝까지 이르리로다 … 그런즉 군왕들아 너희는 지혜를 얻으며 세상의 재판관들아 너희는 교훈을 받을지어다 여호와를 경외함으로 섬기고 떨며 즐거워할지어다"(시 2:2-3, 6-8, 10-11). 여호와의 기름 부음 받은 자는 여호와 하나님의 우편에 계시며 세상의 모든 백성을 주님께로 인도하는 영원한 제사장이시며 인류의 주이시다. "여호와께서 내 주에게 말씀하시기를 내가 네 원수들로 네 발판이 되게 하기까지 너는 내 오른쪽에 앉아 있으라 하셨도다 여호와께서 시온에서부터 주의 권능의 규를 내보내시리니 주는 원수들 중에서 다스리소서 주의 권능의 날에 주의 백성이 거룩한 옷을 입고 즐거이 헌신하니 새벽 이슬 같은 주의 청년들이 주께 나오는도다 여호와는 맹세하고 변하지 아니하시리라 이르시기를 너는 멜기세덱의 서열을 따라 영원한 제사장이라 하셨도다 주의 오른쪽에 계신 주께서 그의 노하시는 날에 왕들을 쳐서 깨뜨리실 것이라"(시 110:1-5).

2) 이사야

선지자들에게서 메시야에 대한 기대는 더 분명해진다. 하나님의 택함을 받아 하나님의 통치(주권, 다스림)를 회복하기 위하여 이 땅에 오셔서 인류의 소망을 성취할 메시야는 많은 선지자들에게서 다양한 표현으로 고대된다. 이사야는 여호와의 종이 이 세상에 정의를 베풀 것이라고 말한다. "내가 붙드는 나의 종, 내 마음에 기뻐하는 자 곧 내가 택한 사람을 보라 내가 나의 영을 그에게 주었은즉 그가 이방에 정의를 베풀리라"(사 42:1). 이방에 정의를 베푼다는 것은 그가 하나님의 통치를 이 땅에 실현시킨다는 의미이다. 여호와 하나님은 그를 백성의 언약과 이방의 빛이 되어 눈먼 자들의 눈을 밝히고 갇힌 자를 감옥에서 이끌어 내며 흑암에 앉은 자를 감방에서 나오게 한다. 즉, 이스라엘과 열방으로 표현되는 온 인류가 하나님을 반역한 불행의 상태로부터 벗어나 하나님을 경외하는 가운데 복을 누리게 될 것이라고 예고한다. "나 여호와가 의로 너를 불렀은즉 내가 네 손을 잡아 너를 보호하며 너를 세워 백성의 언약과 이방의 빛이 되게 하리니 네가 눈먼 자들의 눈을 밝히며 갇힌 자를 감옥에서 이끌어 내며 흑암에 앉은 자를 감방에서 나오게 하리라"(사 42:6-7).

3) 기타 선지자들

예레미야와 에스겔, 호세아는 하나님을 거부하고 우상을 섬기며 불행 속에 살아가는 인류가 다시 하나님을 섬기도록(하나님의 주권을 인정하도록) 하여 땅이 회복되어 하나님의 복을 누리도록 하는 메시야로 다윗(과 같은) 왕을 제시한다. "만군의 여호와의 말씀이라 그 날에 내가 네 목에서 그 멍에를 꺾어 버리며 네 포박을 끊으리니 다시는 이방인을 섬기지 않으리라 그들은 그들의 하나님 여호와를 섬기며 내가 그들을 위하여 세울 그들의 왕 다윗을 섬기리라"(렘 30:8-9). "내 종 다윗이 그들의 왕이 되리니 그들 모두에게 한 목자가 있을 것이라 그들이 내 규례를 준수하고 내 율례를 지켜 행하며 내가 내 종 야곱에게 준 땅 곧 그의 조상들이 거주하던 땅에 그들이 거주하되 그들과 그들의 자자손손이 영원히 거기에 거주할 것이요 내 종 다윗이 영원히 그들의 왕이 되리라"(겔 37:24-25). "그 후에 이스라엘 자손이 돌아와서 그들의 하나님 여호와와 그들의 왕 다윗을 찾고 마지막 날에는 여호와를 경외하므로 여호와와 그의 은총으로 나아가리라"(호 3:5). 메시야는 백성의 왕이 되며, 동시에 백성이 하나님을 경외하며 그의 주권을 인정하도록 한다.

다니엘은 메시야를 여호와의 왕권을 수여 받은 인자(사람의 아들 같은 이)로 소개한다. "내가 또 밤 환상 중에 보니 인자 같은 이가 하늘 구름을 타고 와서 옛적부터 항상 계신 이에게 나아가 그 앞으로 인도되매 그에게 권세와 영광과 나라를 주고 모든 백성과 나라들과 다른 언어를 말하는 모든 자들이 그를 섬기게 하였으니 그의 권세는 소멸되지 아니하는 영원한 권세요 그의 나라는 멸망하지 아니할 것이니라"(단 7:13-14). 그는 하나님을 대적하는 열국들을 꺾고 승리하여 하나님나라를 세울 것이며, 모든 인류가 하나님의 주권을 인정하도록 하여 세상을 회복할 것이다. "이 여러 왕들의 시대에 하늘의 하나님이 한 나라를 세우시리니 이것은 영원히 망하지도 아니할 것이요 그 국권이 다른 백성에게로 돌아가지도 아니할 것이요 도리어 이 모든 나라를 쳐서 멸망시키고 영원히 설 것이라 손대지 아니한 돌이 산에서 나와서 쇠와 놋과 진흙과 은과 금을 부서뜨린 것을 왕께서 보신 것은 크신 하나님이 장래 일을 왕께 알게 하신 것이라 이 꿈은 참되고 이 해석은 확실하니이다 하니"(단 2:44-45). 이 메시야의 사역으로 인해 여호와를 경외하지 않는 자들은 그들의 운명을 맞게 되며, 여호와를 경외하는 백성에게는 참된 회복이 있게 될 것이다. "그러나 심판이 시작되면 그는 권세를 빼앗기고 완전히 멸망할 것이요 나라와 권세와 온 천하 나라들의 위세가 지극히 높으신 이의 거룩한 백성에게 붙인 바 되리니 그의 나라는 영원한 나라이라 모든 권세 있는 자들이 다 그를 섬기며 복종하리라"(단 7:26-27).

구약 전체에 나타나는 메시야는 하나님을 반역한 인류의 죄를 해결하며, 하나님의 주권을 이 땅에 실현한다. 따라서 인류는 메시야로 인해 다시 여호와 하나님의 사랑을 누리게 된다. "내가 그들의 반역을 고치고 기쁘게 그들을 사랑하리니 나의 진노가 그에게서 떠났음이니라"(호 14:4). 물론 메시야를 보내는 자체가 하나님의 사랑이다. 메시야는 하나님을 반역한 결과 이 땅에 주어진 저주를 소멸시키며, 하나님의 복을 이 땅에 회복시킨다. 이것이 하나님나라다. 메시야를 통해 여호와께서 온 천하에 왕이 되신다. "여호와께서 천하의 왕이 되시리니 그 날에는 여호와께서 홀로 한 분이실 것이요 그의 이름이 홀로 하나이실 것이라 … 사람이 그 가운데에 살며 다시는 저주가 있지 아니하리니 예루살렘이 평안히 서리로다"(슥 14:9,11). 메시야를 통한 하나님나라의 도래는 하나님을 대적한 자들에게는 심판의 날이 될 것이며, 하나님의 주권을 인정하는 경건한 자들에게는 신원의 날이 될 것이다.

4. 메시야와 하나님의 영(성령)

지금까지 살펴본 것처럼 선지자들은 메시야를 통해 회복될 하나님의 통치를 예언했다. 하나님의 통치가 회복되면 이 세상이 새롭게 될 것이다. 이것이 바로 메시야를 통한 하나님나라에 대한 좋은 소식이다. 우리가 여기서 추가적으로 살펴보아야 할 것은 선지자들이 메시야를 통한 하나님나라를 예언할 때 언급한 하나님의 영(성령)의 역할이다.

성령은 우선 메시야에게 주어진다. "여호와의 영 곧 지혜와 총명의 영이요 모략과 재능의 영이요 지식과 여호와를 경외하는 영이 그 위에 강림하시리니"(사 11:2). "내가 붙드는 나의 종, 내 마음에 기뻐하는 자 곧 내가 택한 사람을 보라 내가 나의 영을 그에게 주었은즉 그가 이방에 정의를 베풀리라"(사 42:1). 메시야가 세상에 올 것이고, 메시야는 여호와의 영에 의해 하나님의 모든 구원 계획을 온전히 성취할 수 있게 될 것이다.

성령은 또한 인류의 마음 속에 주어진다. "또 새 영을 너희 속에 두고 새 마음을 너희에게 주되 너희 육신에서 굳은 마음을 제거하고 부드러운 마음을 줄 것이며"(겔 36:26). 성령을 통해 인류는 다시금 하나님의 주권을 인정하며 살아갈 수 있게 될 것이다. "또 내 영을 너희 속에 두어 너희로 내 율례를 행하게 하리니 너희가 내 규례를 지켜 행할지라"(겔 36:27). 하나님을 반역하고 온 세상을 망가트린 인류의 죄는 인간 스스로의 힘으로 고칠 수 없다. 하나님께서 창조하신 이 세상은 인간의 완악한 심령으로 왜곡되었기 때문에, 인간 스스로 하나님의 말씀을 따라 세상을 회복할 수 없다. 따라서 메시야를 통한 하나님나라는 메시야의 말을 듣고 실천하는 윤리운동을 통해 가능한 것이 아니라, 메시야를 믿는 자들에게 주어지는 성령의 새롭게 하심으로 가능한 것이다. "그 후에 내가 내 영을 만민에게 부어 주리니 너희 자녀들이 장래 일을 말할 것이며 너희 늙은이는 꿈을 꾸며 너희 젊은이는 이상을 볼 것이며 그 때에 내가 또 내 영을 남종과 여종에게 부어 줄 것이며"(욜 2:28-29).

하나님의 영(성령)은 메시야를 통해 하나님나라가 이루어지는 때에 메시야와 메시야의 백성에게 주어질 것이다. 인류는 성령으로 인해 여호와 하나님이 유일한 통치자이심을 알게 될 것이다. "그런즉 내가 이스라엘 가운데에 있어 너희 하나님 여호와가 되고 다른 이가 없는 줄을 너희가 알 것이라 내 백성이 영원히 수치를 당하지 아니하리로다"(욜 2:27). 여호와께서 성령을 통해 창조세계를 회복하시어 인류에게 복을 주실 하나님의 모든 구원 계획은 그 빛을 보게 될 것이다. "그 때에 여호와께서 자기의 땅을 극진히 사랑하시어 그의 백성을 불쌍히 여기실 것이라 여호와께서 그들에게 응답하여 이르시기를 내가 너희에게 곡식과 새 포도주와 기름을 주리니 너희가 이로 말미암아 흡족하리라"(욜 2:18-19).

구약 전체가 말하는 하나님의 구원은 하나님의 백성이 메시야와 그의 백성에게 주어질 성령을 통하여 하나님의 주권(통치)을 회복하여 탄식하는 하나님의 창조세계가 다시 회복되는 것이다. 하나님의 구원은 메시야를 통한 하나님의 주권 회복으로 땅이 새롭게 되는 것이다. 결국 이 모든 구약의 구원 계획은 유대 땅에 오신 메시야 예수에 의해 '하나님나라'(혹은 하늘들의 나라 혹은 영생)로 선포되었으며, 예수의 사역을 통해 성취된다.

12
땅과 주권의 관계와 복음 3

1. 선지자들이 예언한 하나님나라와 예수의 하나님나라 복음 선포

에덴동산은 택함받은 하나님의 백성이 하나님의 통치(임재, 주권)를 따르며 복을 누리던 곳이었다. 에덴동산은 하늘(하나님의 통치)과 땅(피조세계)이 하나된 성전이었고, 하나님나라의 원형이었다.[60] 에덴동산에 구현되었던 하나님나라는 인간이 하나님의 통치를 거부함으로 회복이 필요한 상태로 전락했다.

아브라함을 통해 계시된 하나님나라는 이스라엘을 하나님의 백성으로 택하고, 우상숭배가 가득한 가나안 땅에 율법을 통해 하나님의 통치가 구현됨으로 장차 온 세상의 모든 족속이 복을 받는 회복된 땅이었다. 구약 저자들은 백성, 땅, 주권으로 구성된 하나님나라를 '언

---

60 그레고리 비일의 〈성전신학〉(새물결플러스, 2104)을 참고하라. 특히 88-100pp를 보라.

약'이라는 용어로 선포했다.

선지자들은 이스라엘의 분열과 포로됨에 충격을 받았다. 하지만 그들은 신명기의 예언을 바탕으로 미래에 하나님나라가 도래할 것을 예언했다(신 30장). 하나님나라는 하나님이 택한 메시야를 통해 하나님의 영이 부어지는 날에 이루어질 것이며, 그 날에 하나님의 백성이 여호와 하나님의 통치에 순종하게 될 것이다. 그 날에는 여호와의 이름을 부르는 자는 누구든지 구원을 받게 될 것이다. "그 후에 내가 내 영을 만민에게 부어 주리니 너희 자녀들이 장래 일을 말할 것이며 너희 늙은이는 꿈을 꾸며 너희 젊은이는 이상을 볼 것이며 … 누구든지 여호와의 이름을 부르는 자는 구원을 얻으리니 이는 나 여호와의 말대로 시온 산과 예루살렘에서 피할 자가 있을 것임이요 남은 자 중에 나 여호와의 부름을 받을 자가 있을 것임이니라"(욜 2:28, 32).

예수께서 선포한 복음은 하나님나라가 도래할 것이라는 구약 선지자들의 예언을 그대로 전한 것이다(마 3:12-17). "요한이 잡힌 후 예수께서 갈릴리에 오셔서 하나님의 복음을 전파하여 이르시되 때가 찼고 하나님의 나라가 가까이 왔으니 회개하고 복음을 믿으라 하시더라"(막 1:14-15). 복음서들은 예수의 하나님나라 복음 선포 기사를 전하기 전에 모두 세례요한의 사역을 소개하고 있으며, 세례요한이 이사야를 비롯한 선지자들의 하나님나라 예언을 계승하며, 메시야의 길을 준비하는 '광야의 외치는 자의 소리'라고 소개한다(마 3:1-4, 1:1-8; 눅 3:3-18). 예수의 하나님나라복음 선포는 선지자들에 의해 예언된 것이고, 경건한 하나님의 백성을 통해 고대되었던 것이다.

예수의 하나님나라 복음 선포는 새로운 것이 아니었다. 오히려 경건한 백성에 의해서 대망되었던 하나님의 약속이었다. 세례요한은 백성이 하나님의 통치를 거부하며 살았던 것을 회개하도록 요청함으로 하나님나라(통치)가 도래하도록 준비했던 것이다.

마태와 마가는 예수께서 이 복음을 갈릴리에서 선포했다고 간략하게 전한다. 하지만 누가는 조금 다르다. 누가는 30세가 된 예수께서 안식일에 나사렛의 유대인 회당에서, 이사야를 인용하여 하나님나라가 자신을 통해 성취될 것임을 선포했다고 전한다(눅 4:16-30). 요한은 예수의 하나님나라 복음 선포를 헬라인들의 용어인 영생의 복음으로 전한다. 복음서마다 좀 차이가 있지만, 모든 복음서들은 예수께서 선지자들을 통해 예언된 하나님나라의 복음을 전했다고 증언한다.

2. 하나님나라 복음과 회개 선포 (하나님의 주권 요청)

예수는 복음을 선포했을 뿐만 아니라 하나님나라가 무엇인지 가르치셨고, 표적들을 통해 하나님나라가 도래했음을 증거하셨다. 나아가 예수는 십자가에서 죽으시고 부활하셔서 하나님을 경외하는 백성이 주로 영접할 이름이 되시고, 그를 주로 영접한 자들에게 하나님의 통치를 실행할 성령을 보내심으로, 결국 온 세상이 하나님을 경외하며 그의 통치 안에서 복을 누리게 될 것이라는 구약의 약속을 온전히 성취하셨다. 이것이 복음서의 내용이다. 사도들은 이 점을 정확히 간파했다. 사도들은 예수께서 하나님나라를 성취하신 주요 메시야라는 사실을 전파했다.

예수를 영접한 이들에게 하나님나라는 어떻게 이루어지는가? 성령의 사역을 통해 그들이 죄를 회개한다. 죄를 회개한다는 것은 하나님의 통치를 거부하고 자신의 욕망을 위해 살았던 삶의 방식을 후회하고 돌이킨다는 것이다. 성령의 주도적인 사역으로 회개한 이들은 예수를 주로 영접하고, 하나님을 경외하는 삶의 방식을 따르게 된다. 이것이 바로 회개이다. 회개한 이들에게는 하나님나라의 삶의 방식이 드러난다. 하나님나라의 삶의 방식은 그의 삶에 하나님나라의 복을 가져온다. 삶의 영역에 회복이 일어난다. 이런 방식으로 하나님나라가 도래한다. 나아가 영원한 하나님나라의 약속이 그들에게 주어진다.

사도들은 예수의 승천 이후 죄를 회개하고 예수를 주로 영접하게 된 이들이 메시야를 통해 택함받은 백성이라는 것을 깨닫게 되었다. 그들은 아브라함을 통해 약속하신 바, 온 인류가 복을 얻을 것이라는 약속의 성취가 예수를 통해 이루어질 것이라는 사실을 믿고, 그 도구로 택함받은 이들이다. 그들은 하나님의 통치를 거부한 삶을 회개하고, 하나님의 통치를 거부하는 삶에 나타나는 모든 악을 버리고, 하나님이 통치하시는 하나님나라의 삶을 누리게 될 것이라는 사실을 깨달았다. "너희는 선지자들의 자손이요 또 하나님이 너희 조상과 더불어 세우신 언약의 자손이라 아브라함에게 이르시기를 땅 위의 모든 족속이 너의 씨로 말미암아 복을 받으리라 하셨으니 하나님이 그 종을 세워 복 주시려고 너희에게 먼저 보내사 너희로 하여금 돌이켜 각각 그 악함을 버리게 하셨느니라"(행 3:25-26).

하나님나라의 복음은 예수를 영접한 사람에게 나타나는 새로운 통치의 현실을 본질로 한다. 새로운 통치의 현실은 회개를 통해 실제화된다. 예수께서 선포하신 하나님나라는 항상 회개라는 용어와 더불어 나타난다(마 4:17; 막 1:15). 사도들이 예수를 전할 때에도 회개의 요청이 주어진다. "베드로가 이르되 너희가 회개하여 각각 예수 그리스도의 이름으로 세례를 받고 죄 사함을 받으라 그리하면 성령의 선물을 받으리니"(행 2:38). "그러므로 너희가 회개하고 돌이켜 너희 죄 없이 함을 받으라 이같이 하면 새롭게 되는 날이 주 앞으로부터 이를 것이요"(행 3:19). "유대인과 헬라인들에게 하나님께 대한 회개와 우리 주 예수 그리스도께 대한 믿음을 증언한 것이라"(행 20:21). "먼저 다메섹과 예루살렘에 있는 사람과 유대 온 땅과 이방인에게까지 회개하고 하나님께로 돌아와서 회개에 합당한 일을 하라 전하므로"(행 26:20). 하나님나라는 통치자의 교체를 전제하고 있다. 하나님나라의 복음은 회개의 요청이며, 결과적으로 하나님이 통치하시는 새로운 나라의 복을 약속하고 있다.

회개하고 예수를 믿음으로 하나님나라가 도래하게 하는 일은 성령의 일이다. 이미 선지자들은 메시야에 의한 하나님나라의 도래를 성령의 일로 규정하며, 성령의 일은 하나님의 말씀의 통치가 실현되는 것이며, 하나님의 말씀을 행하도록 심령을 변화시키는 것이라고 예언했다. "여호와께서 이르시되 내가 그들과 세운 나의 언약이 이러하니 곧 네 위에 있는 나의 영과 네 입에 둔 나의 말이 이제부터 영원하도록 네 입에서와 네 후손의 입에서와 네 후손의 후손의 입에서 떠나지 아니하리라 하시니라 여호와의 말씀이니라"(사 59:21). 죄를 씻는 성령의 사역은 결과적으로 하나님의 통치를 목적으로 한다. "맑은 물을 너희에게 뿌려서 너희로 정결하게 하되 곧 너희 모든 더러운 것에서와 모든 우상 숭배에서 너희를 정결하게 할 것이며 또 새 영을 너희 속에 두고 새 마음을 너희에게 주되 너희 육신에서 굳은 마음을 제거하고 부드러운 마음을 줄 것이며 또 내 영을 너희 속에 두어 너희로 내 율례를 행하게 하리니 너희가 내 규례를 지켜 행할지라"(겔 36:25-27). 죄 사함은 반역하는 마음을 고치고, 통치에 순종하게 하는 성령의 사역이다.

하나님나라의 복음이 회개와 하나님의 새로운 통치를 통한 세상의 회복의 소식이라면, 그 복음은 반드시 새로운 통치를 받아들이는 백성의 삶을 요청한다. 예수의 말씀은 대부분 하나님의 주권을 인정하는 삶의 내용을 규정하는 것이다. 이런 의미에서 우리는 복음서에 기록된 예수의 설교와 사도들의 윤리적 권면들을 살펴봐야 한다. 예수의 설교와 사도들의 권면은 단순히 우리가 성화된 삶을 살기 위한 참고 구절들이 아니다. 하나님나라를 누리기 위한 조건이다. 회개의 결과는 하나님의 주권을 인정하는 삶이다.

3. 예수의 설교와 사도들의 가르침:
하나님의 주권 요청과 그 결과로서의 하나님나라

1) 예수의 복음 선포: 천국이 가까이 왔느니라
/ 하나님의 나라가 가까이 왔으니

이것은 예수의 복음 선포이다. 복음은 하나님나라가 도래한다는 소식이다. 따라서 복음은 새로운 왕의 즉위를 선포하는 것이며, 세상이 새로운 통치자의 권세 하에서 복을 누리게 된다는 소식이다. 하나님나라는 메시야이신 예수를 통해 도래한다. 그래서 예수가 복음이다. 천국(하나님의 나라)이 가까이 왔다는 것은 하나님의 구원이 성취될 때가 도래했다는 것이다. 인류에 의해 거부된 여호와의 주권이 복원되고, 하나님의 통치에 순종하는 백성을 통해 세상이 회복될 때가 왔다는 것이다.

하나님나라 복음은 모든 병과 약한 것을 고치신 이적들과 더불어 선포되었다(눅 4:16-44). "예수께서 온 갈릴리에 두루 다니사 그들의 회당에서 가르치시며 천국 복음을 전파하시며 백성 중의 모든 병과 모든 약한 것을 고치시니 그의 소문이 온 수리아에 퍼진지라 사람들이 모든 앓는 자 곧 각종 병에 걸려서 고통 당하는 자, 귀신 들린 자, 간질하는 자, 중풍병자들을 데려오니 그들을 고치시더라 갈릴리와 데가볼리와 예루살렘과 유대와 요단 강 건너편에서 수많은 무리가 따르니라"(마 4:23-25). "가면서 전파하여 말하되 천국이 가까이 왔다 하고 병든 자를 고치며 죽은 자를 살리며 나병환자를 깨끗하게 하며 귀신을 쫓아내되 너희가 거저 받았으니 거저 주라"(마 10:7-8). 이적과 더불어 하나님나라가 선포된 것은, 회개하고 하나님의 통치를 받아들이면 세상이 치유되고 회복될 것을 보여주는 것이다.

새로운 왕의 통치는 그 왕으로 인한 땅의 변화를 수반한다. 여호와의 통치를 통해 회복된 땅에서 새로운 실존으로 살아가는 것이 현세적 의미에서 하나님나라에 들어가는 것이다. "내가 너희에게 이르노니 너희 의가 서기관과 바리새인보다 더 낫지 못하면 결코 천국에 들어가지 못하리라"(마 5:20). "나더러 주여 주여 하는 자마다 다 천국에 들어갈 것이 아니요 다만 하늘에 계신 내 아버지의 뜻대로 행하는 자라야 들어가리라"(마7:21). "내가 진실로 너희에게 이르노니 누구든지 하나님의 나라를 어린 아이와 같이 받들지 않는 자는 결단코 그 곳에 들어가지 못하리라 하시고"(막 10:15). "낙타가 바늘귀로 나가는 것이 부자가 하나님의 나라에 들어가는 것보다 쉬우니라 하시니"(막 10:25). "내가 진실로 너희에게 이르노니 누구든지 하나님의 나라를 어린 아이와 같이 받아들이지 않는 자는 결단코 거기 들어가지 못하리라 하시니라"(눅 18:17). "예수께서 그를 보시고 이르시되 재물이 있는 자는 하나님의 나라에 들어가기가 얼마나 어려운지 낙타가 바늘귀로 들어가는 것이 부자가 하나님의 나라에 들어가는 것보다 쉬우니라 하시니"(눅 18:24-25). "예수께서 대답하여 이르시되 진실로 진실로 네게 이르노니 사람이 거듭나지 아니하면 하나님의 나라를 볼 수 없느니라 니고데모가 이르되 사람이 늙으면 어떻게 날 수 있사옵나이까 두 번째 모태에 들어갔다가 날 수 있사옵나이까 예수께서 대답하시되 진실로 진실로 네게 이르노니 사람이 물과 성령으로 나지 아니하면 하나님의 나라에 들어갈 수 없느니라"(요 3:3-5).

또한 하나님나라를 유업으로 받는 것이다. "불의한 자가 하나님의 나라를 유업으로 받지 못할 줄을 알지 못하느냐 미혹을 받지 말라 음행하는 자나 우상 숭배하는 자나 간음하는 자나 탐색하는 자나 남색하는 자나 도적이나 탐욕을 부리는 자나 술 취하는 자나 모욕하는 자나 속여 빼앗는 자들은 하나님의 나라를 유업으로 받지 못하리라"(고전 6:9-10). "육체의 일은 분명하니 곧 음행과 더러운 것과 호색과 우상 숭배와 주술과 원수 맺는 것과 분쟁과 시기와 분냄과 당 짓는 것과 분열함과 이단과 투기와 술 취함과 방탕함과 또 그와 같은 것들이라 전에 너희에게 경계한 것 같이 경계하노니 이런 일을 하는 자들은 하나님의 나라를 유업으로 받지 못할 것이요"(갈 5:19-21). "너희도 정녕 이것을 알거니와 음행하는 자나 더러운 자나 탐하는 자 곧 우상 숭배자는 다 그리스도와 하나님의 나라에서 기업을 얻지 못하리니"(엡 5:5).

예수의 하나님나라 복음 선포는 회개를 요청한다. 회개의 요청은
새로운 통치자의 권세 하에 살아가라는 요청이다. 자신의 주권을 버
리고 하나님의 주권을 인정하라고 요청하는 것이다. 따라서 예수의
하나님나라 복음 선포는 예수를 통해 하나님께서 왕으로 등극하시
며, 하나님께서 변화시킬 새로운 질서에 대한 소망을 드러낸 것이다.

2) 하나님나라(하나님의 통치를 통해 회복된 창조세계와 내세의 삶)의
길을 제시하는 예수의 설교

예수님은 수많은 설교를 하셨다. 예수의 설교들은 모두 하나님나
라에 대한 것이었다. 예수의 설교는 '회개하라 천국이 가까이 왔느니
라'는 복음 선포의 해설이다. 마태복음에서는 산상설교를 비롯한 5대
설교로, 누가복음에서는 25개의 비유로, 요한복음에서는 사건에 대
한 강론으로 예수의 설교가 제시된다. 마가복음에서는 천국 비유(4
장)를 비롯하여 약간의 설교가 제시된다.

예수의 설교는 하나님나라가 무엇인지와 하나님나라에 어떻게 들
어가는지에 대한 내용이 주를 이룬다. 하나님나라에 들어간다는 것
은 현세적으로는 하나님의 통치에 순종하여 하나님의 복을 누리는
백성이 된다는 것이며, 내세적으로 영원한 하나님나라를 약속받은
백성이 된다는 것이다. 하나님의 택함을 받은 백성이 하나님의 백성
의 자격을 얻는다. 그러나 그들에게 하나님나라가 임하려면 하나님
의 통치에 인격적으로 순종하는 것이 필요하다. 따라서 예수의 설교

는 다시 하나님의 통치에 순종하는 삶을 요청한다. 예수의 설교는 하나님의 주권을 요청하여, 우리를 하나님나라로 초청하는 내용이라고 정리할 수 있다.

예수의 설교 중 주목할 만한 것은 마태복음의 5대 설교이다(마 5-7장, 10장, 13장, 18장, 24-25장). 마태복음 13장은 주로 하나님나라에 대한 비유들을 통해 하나님나라가 무엇인지에 대해 설교하신 내용들이다. 하지만 예수의 설교에는 하나님나라에 어떻게 들어가는지에 대한 내용이 더 많은 부분을 차지한다. 따라서 예수의 설교 중 대부분이 하나님의 주권을 요청하고 있다. 실제로 산상설교는 하나님의 통치를 명문화한 율법을 시내산에서 모세에게 준 배경을 따라 산을 배경으로 한다. "예수께서 무리를 보시고 산에 올라가 앉으시니 제자들이 나아온지라"(마 5:1).

산상설교의 시작은 이른바 팔복설교다(마 5:3-12). 팔복은 회개하고 하나님의 통치를 받아들인 자의 여덟 가지 영적 특징이다. 심령이 가난한 자, 애통하는 자, 온유한 자, 의에 주리고 목마른 자, 긍휼히 여기는 자, 마음이 청결한 자, 화평하게 하는 자, 의를 위하여 박해를 받은 자는 자아의 통치를 끝내고 하나님의 통치를 받아들인 자들을 표현한 것이다. 이들에게 하나님나라가 주어진다.

하나님나라가 임한다는 것도 7가지로 표현된다. 천국이 그들의 것임이요(2회), 그들이 위로를 받을 것임이요, 그들이 땅을 기업으로 받을 것임이요, 그들이 배부를 것임이요, 그들이 긍휼히 여김을 받을 것임이요, 그들이 하나님을 볼 것임이요, 그들이 하나님의 아들이라 일컬음을 받을 것임이요.

예수의 다음 설교는 세상 전체를 복 주기 위해 선택된 제사장 나라, 즉 하나님나라의 백성의 정체성을 규정하는 내용이다. "너희는 세상의 소금이니 소금이 만일 그 맛을 잃으면 무엇으로 짜게 하리요 후에는 아무 쓸 데 없어 다만 밖에 버려져 사람에게 밟힐 뿐이니라 너희는 세상의 빛이라 산 위에 있는 동네가 숨겨지지 못할 것이요 사람이 등불을 켜서 말 아래에 두지 아니하고 등경 위에 두나니 이러므로 집 안 모든 사람에게 비치느니라 이같이 너희 빛이 사람 앞에 비치게 하여 그들로 너희 착한 행실을 보고 하늘에 계신 너희 아버지께 영광을 돌리게 하라"(마 5:13-16). 하나님의 백성은 하나님나라가 임하게 하는 세상의 소금이요 빛이다. 그들은 하나님의 주권을 인정하는 삶으로 하나님나라가 이 땅에 임하게 한다.

예수의 다음 설교는 구약에서 하나님의 주권을 명문화한 율법의 완성에 대한 것이다(마 5:17-48). 예수는 율법을 완전하게 하신다. 즉, 율법이 하나님의 주권을 온전히 반영하도록, 유대인들에 의해 왜곡되어 있는 율법을 재해석하신다. 하나님의 백성은 회개하고 율법을 가르치고 행함으로 하나님나라를 누린다. "그러므로 누구든지 이 계명 중의 지극히 작은 것 하나라도 버리고 또 그같이 사람을 가르치는 자는 천국에서 지극히 작다 일컬음을 받을 것이요 누구든지 이를 행하며 가르치는 자는 천국에서 크다 일컬음을 받으리라 내가 너희에게 이르노니 너희 의가 서기관과 바리새인보다 더 낫지 못하면 결코 천국에 들어가지 못하리라"(마 5:19-20). 구약의 율법은 하나님의 통치를 이 땅에 구현하여 하나님을 사랑하고 이웃을 사랑하는 백성을 만드는 것이며, 하나님의 통치에 순종하는 백성을 통해 하나님의 복이 임하는 땅(현세적 하나님나라)이 도래한다.

예수의 다음 설교는 하나님나라를 막는 두 가지 장벽이다. 그것은 외식와 염려다. 하나님의 통치는 형식적인 종교적 경건으로 올 수 없으며, 진정한 회개를 통해 하나님께 순종함으로 온다(6:1-18). 외식으로 하는 구제, 기도와 금식은 하나님나라와 관계가 없다. 은밀한 중에 보시는 하나님의 주권에 중심으로 순종하는지가 중요하다. "네 구제함을 은밀하게 하라 은밀한 중에 보시는 너의 아버지께서 갚으시리라. 너는 기도할 때에 네 골방에 들어가 문을 닫고 은밀한 중에 계신 네 아버지께 기도하라 은밀한 중에 보시는 네 아버지께서 갚으시리라. 이는 금식하는 자로 사람에게 보이지 않고 오직 은밀한 중에 계신 네 아버지께 보이게 하려 함이라 은밀한 중에 보시는 네 아버지께서 갚으시리라"(마 6:4,6,18). 무엇을 먹을까 마실까 입을까에 대한 염려는 물질을 섬기게 한다(마 6:19-34). 물질 숭배는 하나님의 통치를 막는 가장 중요한 장애물이다. 먼저 그 나라와 의를 구해야 한다. 즉, 하나님의 주권을 인정하며 그 통치를 따라 살아가면 하나님께서 복을 주신다. 복을 위해 우상숭배하지 말고, 하나님의 주권을 인정하는 삶을 통해 하나님나라를 누려야 한다.

외식과 염려를 극복하고 하나님나라에 들어가려면, 자신의 외적 경건으로 남을 비판하지 말고, 하나님의 통치를 거부하는 자신을 비판하고 하나님 통치에 들어가야 한다(마 7:1-6). 형식적 경건은 남을 비판한다. 하나님의 주권을 인정하고 자신의 들보를 본다면 하나님나라에 가깝다. 하나님나라는 대접을 받고자 하는 것이 아니라 아버지를 믿고 이웃에게 대접하는 것이다(마 7:7-12). 이것이 하나님의 주권을 요청한 율법과 선지자의 강령이다. 하나님나라의 길은 세상 사람들이 일반적으로 가는 길이 아니다. "좁은 문으로 들어가라 멸망으로 인도하는 문은 크고 그 길이 넓어 그리로 들어가는 자가 많고 생명으로 인도하는 문은 좁고 길이 협착하여 찾는 자가 적음이라"(마 7:13-14). 자기 욕망의 통치를 따라 살아가는 사람들의 일반적인 길, 즉 이전의 예수의 설교에서 보듯 자신의 유익을 위한 형식적 경건과 세상의 염려를 따라 우상숭배하는 길이 아니라, 하나님을 신뢰하며 그분의 주권을 인정하는 길이다.

하나님나라에 들어간 사람들은 회개하고 하나님의 주권을 인정하며 살아가는 삶의 모습이 나타나는 사람들이다(마 7:15-27). 하나님의 주권을 인정하는 삶의 열매를 통해 우리는 하나님의 백성을 거짓 선지자들과 구별할 수 있다. 형식적 경건이 아니라, 회개하고 하나님의 통치를 받아들이는 삶을 통해 하나님나라가 임한다. 하나님나라를 가르치며, 하나님의 통치에 순종할 것을 요청하는 예수의 설교는 당시 유대인들의 형식적 경건과 율법의 왜곡에 비하면 놀라지 않을 수 없는 말씀이다. "예수께서 이 말씀을 마치시매 무리들이 그의 가르치심에 놀라니 이는 그 가르치시는 것이 권위 있는 자와 같고 그들의 서기관들과 같지 아니함일러라"(마 7:28-29).

마태복음 10장의 설교는 하나님나라 복음을 전하는 제자들의 삶을 규정하는 내용이다. 그들은 하나님나라의 권세를 받는다. "예수께서 그의 열두 제자를 부르사 더러운 귀신을 쫓아내며 모든 병과 모든 약한 것을 고치는 권능을 주시니라"(마 10:1). 그들은 진정한 권세자이신 하나님의 주권을 인정하며, 모든 박해를 이겨낸다. 하나님나라는 자기를 잃어야 얻는다. 자신의 통치를 끊고 하나님의 주권을 따를 때, 진정한 생명이 주어진다. "자기 목숨을 얻는 자는 잃을 것이요 나를 위하여 자기 목숨을 잃는 자는 얻으리라"(마 10:39).

마태복음 13장은 잘 알려진 천국에 대한 비유다. 하나님의 나라는 씨와 같다. 하나님나라는 하나님의 주권적 통치의 말씀이 우리에게 뿌려져 열매를 얻는 것이다(마 13:1-23). 주권을 인정하면 하나님나라의 열매를 얻는다. 이 세상은 가라지도 혼재하는 아직 완성되지 않은 하나님나라다(마 13:24-30, 36-43). 그러나 하나님나라는 놀랍게 성장한다(31-33). 하나님나라는 최종적인 심판으로 완성된다. 따라서 그 때까지 믿음으로 하나님나라를 바라보며, 하나님의 통치에 순종해야 한다(마 13:47-49). 하나님나라는 우리 인생의 궁극적 가치다. 모든 것을 희생해 얻어야 한다(마 13:44-46).

천국은 자기를 낮추고, 자기 통치를 끝내고, 하나님의 주권을 인정하는 어린아이와 같은 이에게 주어진다(마 18:1-14). 하나님나라는 인간의 통치를 끝내는 것이며(마 18:15-20), 자신의 죄를 바라보며 이웃을 용서하는 것이다. 하나님의 용서를 이웃에게 실행하는 자들에게 진정한 하늘의 복이 임한다(마 18:21-35). 이 하나님나라는 예수의 재림으로 완성된다(마 24-25). 하나님의 백성은 예수의 재림으로 완성될 하나님나라를 소망한다(마 25:1-13). 나아가 이 땅에 하나님나라가 임하도록 자신의 달란트를 하나님의 주권하에 두고 살아간다(마 25:14-30). 하나님나라를 소망하는 이는 이웃을 사랑하라는 하나님의 주권에 순종하며, 지극히 작은 자를 섬기며 살아간다(마 25:31-46).

3) 죽으시고 부활하신 예수를 복음으로 전하는 사도들의 가르침

사도들은 십자가에서 죽으시고 부활하신 예수가 주요 메시야라는 사실을 복음으로 가르쳤다(고전 15:1-8). "이 복음은 하나님이 선지자들을 통하여 그의 아들에 관하여 성경에 미리 약속하신 것이라 그의 아들에 관하여 말하면 육신으로는 다윗의 혈통에서 나셨고 성결의 영으로는 죽은 자들 가운데서 부활하사 능력으로 하나님의 아들로 선포되셨으니 곧 우리 주 예수 그리스도시니라"(롬 1:2-4).

사도들이 사용한 전형적인 신앙고백은 '주 예수 그리스도'라는 표현이다. 이 표현은 갈릴리에서 사역하시다가 예루살렘에서 죽은 청년 예수가 하나님의 능력으로 부활하셨고, 그는 하나님과 동등하신 주이시며, 하나님의 아들로 세상에 오신 메시야라는 고백이다. 사도들의 신앙고백은 예수를 주로 영접하고, 하나님의 주권을 인정하는 삶으로 나아가겠다는 결단이다.

십자가에서 죽으시고 부활하신 예수를 복음으로 받아들인 백성은 예수 안에서 하나님의 주권을 따라 살아가는 새로운 백성이 된다. "그러나 우리의 시민권은 하늘에 있는지라 거기로부터 구원하는 자 곧 주 예수 그리스도를 기다리노니 그는 만물을 자기에게 복종하게 하실 수 있는 자의 역사로 우리의 낮은 몸을 자기 영광의 몸의 형체와 같이 변하게 하시리라"(빌 3:20-21).

그를 영접하는 자는 죄를 사함받고 의롭다 하심을 얻는다. 그를 영접하는 자는 노예 상태에서 벗어나 자유하게 된다. "그뿐 아니라 또한 우리 곧 성령의 처음 익은 열매를 받은 우리까지도 속으로 탄식하여 양자 될 것 곧 우리 몸의 속량을 기다리느니라 우리가 소망으로 구원을 얻었으매 보이는 소망이 소망이 아니니 보는 것을 누가 바라리요"(롬 8:23-24). "그리스도께서 우리를 자유롭게 하려고 자유를 주셨으니 그러므로 굳건하게 서서 다시는 종의 멍에를 메지 말라"(갈 5:1). 예수를 믿게 된 하나님의 백성은 예수의 십자가와 함께 죽고 예수와 함께 부활한다. "무릇 그리스도 예수와 합하여 세례를 받은 우리는 그의 죽으심과 합하여 세례를 받은 줄을 알지 못하느냐 그러므로 우리가 그의 죽으심과 합하여 세례를 받음으로 그와 함께 장사되었나니 이는 아버지의 영광으로 말미암아 그리스도를 죽은 자 가운데서 살리심과 같이 우리로 또한 새 생명 가운데서 행하게 하려 함이라 만일 우리가 그의 죽으심과 같은 모양으로 연합한 자가 되었으면 또한 그의 부활과 같은 모양으로 연합한 자도 되리라"(롬 6:3-5).

정욕과 탐심을 끊고 성령의 인도하심을 따라 새로운 삶을 살아가게 된다(갈 5:16-24). 유혹의 욕심을 따르는 옛 사람을 벗고, 새롭게 된다. "너희는 유혹의 욕심을 따라 썩어져 가는 구습을 따르는 옛 사람을 벗어 버리고 오직 너희의 심령이 새롭게 되어 하나님을 따라 의와 진리의 거룩함으로 지으심을 받은 새 사람을 입으라"(엡 4:22-24). "너희가 서로 거짓말을 하지 말라 옛 사람과 그 행위를 벗어 버리고 새 사람을 입었으니 이는 자기를 창조하신 이의 형상을 따라 지식에까지 새롭게 하심을 입은 자니라"(골 3:9-10).

예수를 영접하는 것은 하나님의 통치를 인정하는 새로운 삶으로 나아가겠다는 결단이며, 하나님의 통치를 따라 살아가는 백성을 통해 이 땅에 하나님나라가 임한다. "하늘에 있는 것이나 땅에 있는 것이 다 그리스도 안에서 통일되게 하려 하심이라"(엡 1:10). "아버지께서는 모든 충만으로 예수 안에 거하게 하시고 그의 십자가의 피로 화평을 이루사 만물 곧 땅에 있는 것들이나 하늘에 있는 것들이 그로 말미암아 자기와 화목하게 되기를 기뻐하심이라"(골 1:19-20). 죽으시고 부활하신 예수를 주요 메시야로 전한 사도들의 가르침은 하나님의 통치로 초청하는 예수의 설교와 동일하게 하나님나라로 백성을 초청한다. 사도들은 하나님의 주권을 인정하는 백성을 통해, 하나님이 통치하시는 나라가 임하여 이 땅이 회복될 것임을 가르쳤다(행 3:18-26).

십자가에서 죽으시고 부활하신 예수를 통해 인류는 하나님의 통치를 거부한 죄를 깨닫는다. 그리고 회개함으로 새로운 생명을 얻게 된다. 그 새로운 생명은 하나님이 주권을 인정하는 새로운 실존이다. 하나님의 통치에 순종하는 삶이며, 예수를 주로 모신 삶이며, 성령의 인도하심을 따라 살아가는 삶이다. 그 결과 찾아오는 것이 땅의 회복으로서의 하나님나라다. 이것이 구약이 예수에 대해 말씀하신 모든 것, 즉 하나님나라의 복음의 성취다. "또 이르시되 내가 너희와 함께 있을 때에 너희에게 말한 바 곧 모세의 율법과 선지자의 글과 시편에 나를 가리켜 기록된 모든 것이 이루어져야 하리라 한 말이 이것이라 하시고"(눅 24:44).

사도들은 결국 구약이 가르치고 예수가 설교한 하나님나라를 십자가에서 죽으시고 부활하신 예수의 사건을 통해 온 인류에게 복음으로 전파하고 있다. 십자가에서 죽으시고 부활하신 예수를 통해 하나님은 우리의 왕이 되셨고, 우리는 그 왕의 주권을 인정하며 살아감으로 하나님나라를 누릴 수 있게 되었다. 결국 사도들의 복음은 구약에 예언된 땅과 주권의 관계를 반영하고 있다.

예수를 통해 하나님의 창조세계인 땅은 회복된다. 예수를 믿게 된 하나님의 백성을 통해 하나님의 주권이 이 땅에 실현되어 하나님의 나라가 도래한다. 구약도, 예수의 설교도, 사도들의 가르침도 모두 땅의 회복으로서의 하나님나라가 하나님의 주권을 요청하고 있다는 면에서 일관적이다. 그러므로 복음은 하나님의 주권을 요청하는 소식이며, 하나님의 주권을 인정한 결과 이 땅은 회복된다. 이 땅이 회복된다는 소식이기에, 복음은 우리에게 좋은 소식이 되는 것이다.

4부
예수의 복음이
킹덤복음이다

13
주 예수 그리스도의 복음과
실현된 하나님나라

1. 주 예수 그리스도의 복음

지금까지 살펴본 것은 언약을 통해 계시된 하나님나라의 약속(구약 이스라엘의 역사를 통해 계시된 바 타락으로 망가진 세상을 메시야를 통해 회복하시겠다는 약속)을 성취하는 예수께서 선포하신 하나님나라에 대한 좋은 소식, 즉 하나님나라의 복음이다. 구약은 백성, 땅, 주권(하나님의 통치)으로 구성된 하나님나라의 계시이자 약속이다. "그는 그의 언약 곧 천대에 걸쳐 명령하신 말씀을 영원히 기억하셨으니 이것은 아브라함과 맺은 언약이고 이삭에게 하신 맹세이며 야곱에게 세우신 율례 곧 이스라엘에게 하신 영원한 언약이라"(시 105:8-10). "그의 백성이 즐겁게 나오게 하시며 그의 택한 자는 노래하며 나오게 하시고 여러 나라의 땅을 그들에게 주시며 민족들이 수고한 것을 소유로 가지게 하셨으니 이는 그들이 그의 율례를 지키고 그의 율법을 따르게 하려 하심이로다 할렐루야"(시 105:43-45).

복음서와 사도행전은 메시야를 통해 하나님께서 이 세상을 다시 다스리시고 회복될 세상에 대한 이야기, 즉 예수를 통해 성취될 하나님나라 이야기이다. "그러나 하나님이 모든 선지자의 입을 통하여 자기의 그리스도께서 고난 받으실 일을 미리 알게 하신 것을 이와 같이 이루셨느니라 그러므로 너희가 회개하고 돌이켜 너희 죄 없이 함을 받으라 이같이 하면 새롭게 되는 날이 주 앞으로부터 이를 것이요 또 주께서 너희를 위하여 예정하신 그리스도 곧 예수를 보내시리니 하나님이 영원 전부터 거룩한 선지자들의 입을 통하여 말씀하신 바 만물을 회복하실 때까지는 하늘이 마땅히 그를 받아 두리라 … 너희는 선지자들의 자손이요 또 하나님이 너희 조상과 더불어 세우신 언약의 자손이라 아브라함에게 이르시기를 땅 위의 모든 족속이 너의 씨로 말미암아 복을 받으리라 하셨으니 하나님이 그 종을 세워 복 주시려고 너희에게 먼저 보내사 너희로 하여금 돌이켜 각각 그 악함을 버리게 하셨느니라"(행 3:18-21,25-26).

그리고 우리는 조금 달라 보이는 주 예수 그리스도의 복음과 직면한다. 성경의 마지막은 22개의 서신들이다. 바울의 서신 13권과 다른 사도들의 서신 8권, 그리고 요한계시록이다. 이 서신들에서 제시되는 복음은 '주 예수 그리스도의 복음'이라 할 수 있다. 여기에서 제시되는 좋은 소식의 핵심은 십자가에서 죽으시고 부활하신 예수다. 예수 이후 교회의 복음은 주로 서신들의 복음 선포 양식, 주 예수 그리스도의 복음에 근거한다. 나사렛 출신으로 갈릴리에서 주로 사역하시고, 예루살렘에서 죽으신 인간 예수가 하나님과 동등하신 인류의 주(퀴리오스)이시며, 하나님께서 세상을 구원(회복)하시기 위해 보내신 하나님의 아들, 메시야(그리스도)라는 고백이 바로 주 예수 그리스도의 복음이다.

서신서에는 예수를 믿으라는 표현이 계속 등장하며, 예수를 통해 죄를 사함받고 의롭게 된다는 언급이 반복된다. "내 형제들아 영광의 주 곧 우리 주 예수 그리스도에 대한 믿음을 너희가 가졌으니 사람을 차별하여 대하지 말라"(약 2:1). "곧 예수 그리스도를 믿음으로 말미암아 모든 믿는 자에게 미치는 하나님의 의니 차별이 없느니라"(롬 3:22). "내가 그리스도와 함께 십자가에 못 박혔나니 그런즉 이제는 내가 사는 것이 아니요 오직 내 안에 그리스도께서 사시는 것이라 이제 내가 육체 가운데 사는 것은 나를 사랑하사 나를 위하여 자기 자신을 버리신 하나님의 아들을 믿는 믿음 안에서 사는 것이라"(갈 2:20).[61] "그리스도 예수 안에 있는 구속으로 말미암아 하나님의 은혜로 값없이 의롭다 하심을 얻은 자 되었느니라"(롬 3:24).

또한 신약 서신서(로마서-유다서)에는 '주 예수 그리스도'라는 표현이 68회에 걸쳐 나온다. "성결의 영으로는 죽은 자들 가운데서 부활하사 능력으로 하나님의 아들로 선포되셨으니 곧 우리 주 예수 그리스도시니라"(롬 1:4). 이 밖에도 '그리스도 예수'가 83회(바울서신에만), '주 예수'가 22회, '예수 그리스도'가 58회 나온다. '하나님의 나라, 하나님나라, 아들의 나라'라는 표현은 도합 10회 정도 나온다는 것을 고려했을 때(롬 14:17; 고전 4:20, 고전 6:9, 고전 6:10, 고전 15:50; 갈 5:21; 살후 1:5; 엡 5:5; 골 4:11, 골 1:13), 서신서의 복음 선포 양식은 주 예수 그리스도의 복음이라 해도 무방하다. 성경의 마지막 22권에 제시되는 복음은 구약과 복

---

61 여기에 인용된 '믿음'에 관련하여 다른 해석은 〈예수 그리스도의 믿음〉(리처드 B. 헤이즈, 에클레시아북스, 2013)을 참고하라.

음서에서 제시된 '하나님의 백성에 의한 하나님의 주권 회복을 통한 땅의 회복의 소식'을 기독론적으로 전한 것으로, 주 예수 그리스도의 복음이라 말할 수 있다.

계시록의 복음 선포도 십자가에서 죽으시고 부활하신 예수를 중심으로 하고 있다. 그의 신앙고백(계 1:4-8)은 압도적으로 기독론적이다. "또 충성된 증인으로 죽은 자들 가운데에서 먼저 나시고 땅의 임금들의 머리가 되신 예수 그리스도로 말미암아 은혜와 평강이 너희에게 있기를 원하노라 우리를 사랑하사 그의 피로 우리 죄에서 우리를 해방하시고 그의 아버지 하나님을 위하여 우리를 나라와 제사장으로 삼으신 그에게 영광과 능력이 세세토록 있기를 원하노라 아멘 볼지어다 그가 구름을 타고 오시리라 각 사람의 눈이 그를 보겠고 그를 찌른 자들도 볼 것이요 땅에 있는 모든 족속이 그로 말미암아 애곡하리니 그러하리라 아멘"(계 1:5-7).

하나님의 성전을 통해 시작되는 세상의 심판도 죽으시고 부활하신 예수를 통해 진행된다. "그 두루마리를 펴거나 보거나 하기에 합당한 자가 보이지 아니하기로 내가 크게 울었더니 장로 중의 한 사람이 내게 말하되 울지 말라 유대 지파의 사자 다윗의 뿌리가 이겼으니 그 두루마리와 그 일곱 인을 떼시리라 하더라 내가 또 보니 보좌와 네 생물과 장로들 사이에 한 어린 양이 서 있는데 일찍이 죽임을 당한 것 같더라"(계 5:4-6). 음녀 바벨론으로 표현되는 하나님의 대적자들에 대한 심판과 하나님나라의 성취도 어린 양이신 예수께서 다시 오심으로 완성된다.

'주 예수 그리스도'의 복음은 하나님나라의 복음과 본질적으로 동일하다. 예수를 하나님과 동등하신 주로, 하나님이 보내신 하나님의 아들 메시야로 믿고 고백하는 것이 하나님나라 성취의 시작이기 때문이다. 기독교는 예수를 구약이 계시한 하나님나라를 성취하신 하나님 자체이신 주이며, 하나님의 아들 메시야라는 것을 고백하는 신앙이다. 서신서와 계시록은 단순히 예수를 주요 메시야로 믿으라는 권면을 하고 있는 것이 아니다. 예수를 주요 메시야로 믿게 된 하나님의 백성을 통해 이 땅에 하나님나라가 성취될 것을 구체적으로 이야기하고 있다. 우리가 이 점에 집중하여 서신서와 계시록의 본문을 살핀다면, '주 예수 그리스도'의 복음이 하나님나라의 복음과 동일하다는 점을 더 확신할 수 있을 것이다. 성경 마지막 부분(서신서와 계시록)의 복음은 예수를 주요 메시야로 고백하는 이들을 통해 실현된 하나님나라의 복음이다.

2. 서신서와 계시록에 나타난 실현된 하나님나라

1) 예수와의 연합을 통한 새로운 삶

신약의 마지막 책들이 보여주는 하나님나라의 성취는 먼저 예수와의 연합을 통해 주 예수 그리스도를 믿는 자들에게 주어지는 새로운 삶이다. 예수의 죽음과 부활에 연합한 자들에 의한 새로운 삶, 성령에 의한 하나님의 통치가 실현되는 삶은 실현된 하나님나라의 모습이다. 십자가와 연합하여 자기 통치의 삶을 끝내고, 하나님의 주권을 인정하며 살아가는 삶은 하나님나라의 성취다(롬 6:3-6).

자신의 욕망을 따라 죄의 종 노릇 하는 삶을 종결하고, 예수를 주로 고백하며 성령의 인도하심을 따라 하나님의 통치를 받으며 살아가는 삶이 예수께서 십자가의 죽음과 부활을 통해 성취하신 하나님 나라의 개인적인 실제다. 바울은 이 실제에 대해 예수의 십자가 죽음과 부활을 통해 계속해서 강조한다. "사망이 한 사람으로 말미암았으니 죽은 자의 부활도 한 사람으로 말미암는도다 아담 안에서 모든 사람이 죽은 것 같이 그리스도 안에서 모든 사람이 삶(필자 주: 영생 혹은 새로운 삶을 의미함)을 얻으리라"(고전 15:21-22). "전에는 우리도 다 그 가운데서 우리 육체의 욕심을 따라 지내며 육체와 마음의 원하는 것을 하여 다른 이들과 같이 본질상 진노의 자녀이었더니 … 허물로 죽은 우리를 그리스도와 함께 살리셨고 (너희는 은혜로 구원을 받은 것이라)"(엡 2:3,5). "내가 이르노니 너희는 성령을 따라 행하라 그리하면 육체의 욕심을 이루지 아니하리라 … 오직 성령의 열매는 사랑과 희락과 화평과 오래 참음과 자비와 양선과 충성과 온유와 절제니 이같은 것을 금지할 법이 없느니라"(갈 5:16,22-23).

서신서들에서 제시하는 윤리적 권면들과 삶의 열매들은 모두 하나님이 통치하시는 새로운 삶의 결과이다. 주 예수 그리스도를 믿고, 그의 죽음과 부활에 연합한 사람은 새로운 창조물이며, 그 안에 그리스도가 사는 새로운 종류의 실존이다. "그런즉 누구든지 그리스도 안에 있으면 새로운 피조물이라 이전 것은 지나갔으니 보라 새 것이 되었도다"(고후 5:17). "내가 그리스도와 함께 십자가에 못 박혔나니 그런즉 이제는 내가 사는 것이 아니요 오직 내 안에 그리스도께서 사시는 것이라 이제 내가 육체 가운데 사는 것은 나를 사랑하사 나를 위하여 자기 자신을 버리신 하나님의 아들을 믿는 믿음 안에서 사는 것이라"(갈 2:20).

하나님나라의 실제로서의 새로운 삶은 의와 진리의 거룩함으로 새롭게 창조된 자의 삶이며, 죽은 자 가운데서 부활에 이른 삶이다. "오직 너희의 심령이 새롭게 되어 하나님을 따라 의와 진리의 거룩함으로 지으심을 받은 새 사람을 입으라"(엡 4:23-24). "내가 그리스도와 그 부활의 권능과 그 고난에 참여함을 알고자 하여 그의 죽으심을 본받아 어떻게 해서든지 죽은 자 가운데서 부활에 이르려 하노니"(빌 3:10-11).

죽으시고 부활하신 예수와 연합한 자는 에덴에서의 불순종을 뒤집고 다시 참된 하나님을 섬기는 자이며(살전 1:9), 주 예수 그리스도에 대한 믿음을 가진 자, 즉 예수를 주로 영접하여 하나님의 통치에 동참하는 사람이다(약 2:1). "그들이 우리에 대하여 스스로 말하기를 우리가 어떻게 너희 가운데에 들어갔는지와 너희가 어떻게 우상을 버리고 하나님께로 돌아와서 살아 계시고 참되신 하나님을 섬기는지와"(살전 1:9). "내 형제들아 영광의 주 곧 우리 주 예수 그리스도에 대한 믿음을 너희가 가졌으니 사람을 차별하여 대하지 말라"(약 2:1).

베드로와 요한 사도는 새로운 삶을 살아가는 그리스도인들을 성령의 거룩하게 하심으로 순종하게 되며 예수 그리스도의 피 뿌림을 얻은 자(벧전 1:2)와 주와 연합한 자(요일 3:24)라고 표현한다. "곧 하나님 아버지의 미리 아심을 따라 성령이 거룩하게 하심으로 순종함과 예수 그리스도의 피 뿌림을 얻기 위하여 택하심을 받은 자들에게 편지하노니 은혜와 평강이 너희에게 더욱 많을지어다"(벧전 1:2). "그의 계명을 지키는 자는 주 안에 거하고 주는 그의 안에 거하시나니 우리에게 주신 성령으로 말미암아 그가 우리 안에 거하시는 줄을 우리가 아느니라"(요일 3:24).

2) 하나님의 백성을 통해 사회에 나타나는 하나님나라의 실제

신약의 마지막 책들이 제시하는 주 예수 그리스도의 복음은 하나님의 백성을 통해 사회에 나타나는 하나님나라의 모습들이다. 하나님의 백성은 예수와의 신비한 연합을 통해 다시 하나님의 통치를 따라 살아가는 자로 회복된다. 이들은 예수를 주로 인정하며, 성령의 인도하심을 따른다. 이들을 통해 세상의 모든 관계들이 회복된다(엡 5:22-6:9). 주 예수 그리스도의 복음에 순종하는 자들을 통해 남편과 아내, 부모와 자녀, 종과 상전으로 요약되는 사회의 모든 관계들이 그 원형을 회복한다. 서로 사랑하라는 새 계명이 성취되는 것이다.

주 예수 그리스도를 믿는 자들은 하나님의 백성이 되어 그리스도와 연합하고, 그들을 통해 사회의 모든 차별과 차별의 결과로 나타나는 탐욕과 폭력이 사라진다. "너희가 다 믿음으로 말미암아 그리스도 예수 안에서 하나님의 아들이 되었으니 누구든지 그리스도와 합하기 위하여 세례를 받은 자는 그리스도로 옷 입었느니라 너희는 유대인이나 헬라인이나 종이나 자유인이나 남자나 여자나 다 그리스도 예수 안에서 하나이니라"(갈 3:26-28). 빌레몬서는 당시 자유인인 빌레몬과 종인 오네시모가 하나님의 백성이 되어 차별을 극복하고 하나가 되어 살아갈 수 있는 하나님나라의 실제를 보여준다.

주 예수 그리스도의 복음에 따라 하나님의 통치를 받으며 살아가게 된 하나님의 백성을 통해 이 땅에 하나님나라가 회복된다. 인생의 허무함에서 비롯되는 쾌락의 추구로 인한 사회의 문제가 사라진다. "그러므로 내가 이것을 말하며 주 안에서 증언하노니 이제부터 너희는 이방인이 그 마음의 허망한 것으로 행함 같이 행하지 말라 그들의 총명이 어두워지고 그들 가운데 있는 무지함과 그들의 마음이 굳어짐으로 말미암아 하나님의 생명에서 떠나 있도다 그들이 감각 없는 자가 되어 자신을 방탕에 방임하여 모든 더러운 것을 욕심으로 행하되"(엡 4:17-19).

거짓과 속임수가 사라지고, 세상에 정의가 임한다. "너희도 전에 그 가운데 살 때에는 그 가운데서 행하였으나 이제는 너희가 이 모든 것을 벗어 버리라 곧 분함과 노여움과 악의와 비방과 너희 입의 부끄러운 말이라 너희가 서로 거짓말을 하지 말라 옛 사람과 그 행위를 벗어 버리고"(골 3:7-9).

진정한 이웃 사랑을 통해 탐욕과 사치가 가득한 세상에 하나님의 사랑이 드러난다. "그가 우리를 위하여 목숨을 버리셨으니 우리가 이로써 사랑을 알고 우리도 형제들을 위하여 목숨을 버리는 것이 마땅하니라 누가 이 세상의 재물을 가지고 형제의 궁핍함을 보고도 도와 줄 마음을 닫으면 하나님의 사랑이 어찌 그 속에 거하겠느냐 자녀들아 우리가 말과 혀로만 사랑하지 말고 행함과 진실함으로 하자"(요일 3:16-18).

인간의 극단적 이기심과 쾌락을 추구하는 인류의 질병이 치유되며, 윤리적 정결함이 사회에 실현된다. "이 사람들은 원망하는 자며 불만을 토하는 자며 그 정욕대로 행하는 자라 그 입으로 자랑하는 말을 하며 이익을 위하여 아첨하느니라 … 그들이 너희에게 말하기를 마지막 때에 자기의 경건하지 않은 정욕대로 행하며 조롱하는 자들이 있으리라 하였나니 … 사랑하는 자들아 너희는 너희의 지극히 거룩한 믿음 위에 자신을 세우며 성령으로 기도하며 … 어떤 의심하는 자들을 긍휼히 여기라 또 어떤 자를 불에서 끌어내어 구원하라 또 어떤 자를 그 육체로 더럽힌 옷까지도 미워하되 두려움으로 긍휼히 여기라"(유

1:16,18,20,22-23).

3) 주 예수 그리스도를 통한 창조 세계의 회복과 완성

신약의 마지막 22권은 하나님나라를 성취할 이로서의 '주 예수 그리스도'의 복음을 전하고 있다. 이 부분은 예수를 믿으면 의롭다 함을 얻고 내세의 천국에 들어간다는 내용으로 구성되어 있는 것이 아니다. 예수 그리스도를 통해 그를 주요 메시야로 영접하는 자들에게 피조세계의 회복으로서의 하나님나라가 성취된다는 복음을 담고 있다. 즉, 예수 그리스도를 통해 새로운 삶(영생)이 주어지며, 구약에 약속된 것처럼 성령의 사역으로 피조세계가 타락의 결과로부터 회복되며, 나아가 예수의 재림과 더불어 하나님나라의 완성과 그 나라에서의 영원한 삶(영생)이 믿음으로 승리한 자들에게 주어질 것이라는 총체적 메시지로 구성되어 있다.

구약은 이미 예수께서 행하실 구원의 결과가 어떤 것인지 말하고 있다. 구원은 일차적으로 죄로 타락한 세상이 하나님의 다스리심으로 회복되는 것이다. 회복의 초점은 메시야를 통해 하나님의 주권이 회복되는 것이다. "내가 또 밤 환상 중에 보니 인자 같은 이가 하늘 구름을 타고 와서 옛적부터 항상 계신 이에게 나아가 그 앞으로 인도되매 그에게 권세와 영광과 나라를 주고 모든 백성과 나라들과 다른 언어를 말하는 모든 자들이 그를 섬기게 하였으니 그의 권세는 소멸되지 아니하는 영원한 권세요 그의 나라는 멸망하지 아니할 것이니라"(단 7:13-14). "아름다운 소식을 시온에 전하는 자여 너는 높은 산에 오르라 아름다운 소식을 예루살렘에 전하는 자여 너는 힘써 소리를 높이라 두려워하지 말고 소리를 높여 유다의 성읍들에게 이르기를 너희의 하나님을 보라 하라 보라 주 여호와께서 장차 강한 자로 임하실 것이요 친히 그의 팔로 다스리실 것이라 보라 상급이 그에게 있고 보응이 그의 앞에 있으며 그는 목자 같이 양 떼를 먹이시며 어린 양을 그 팔로 모아 품에 안으시며 젖먹이는 암컷들을 온순히 인도하시리로다"(사 40:9-11). "좋은 소식을 전하며 평화를 공포하며 복된 좋은 소식을 가져오며 구원을 공포하며 시온을 향하여 이르기를 네 하나님이 통치하신다 하는 자의 산을 넘는 발이 어찌 그리 아름다운가"(사 52:7).

하나님의 주권은 이 땅에 어떻게 회복되는가? 십자가에서 죽으시고 부활하신 예수 그리스도가 모든 믿는 자들의 주요 메시야가 되심으로, 그를 믿는 자들이 예수께서 온전히 계시하는 하나님을 경외함으로 하나님의 주권은 이 땅에 회복된다.

예수 그리스도의 십자가 죽음과 부활을 통해 창조 세계를 회복하시려는 하나님의 계획은 이미 성취되기 시작했으며, 종국에 완성에 이를 것이다. 모든 피조물들은 하나님의 구원을 고대하고 있으며, 하나님의 구원은 모든 피조세계에 임한다. "피조물이 고대하는 바는 하나님의 아들들이 나타나는 것이니 피조물이 허무한 데 굴복하는 것은 자기 뜻이 아니요 오직 굴복하게 하시는 이로 말미암음이라 그 바라는 것은 피조물도 썩어짐의 종 노릇 한 데서 해방되어 하나님의 자녀들의 영광의 자유에 이르는 것이니라"(롬 8:19-22). "그의 십자가의 피로 화평을 이루사 만물 곧 땅에 있는 것들이나 하늘에 있는 것들을 그로 말미암아 자기와 화목케 되기를 기뻐하심이라"(골 1:20). "보좌에 앉으신 이가 이르시되 보라 내가 만물을 새롭게 하노라 하시고 또 이르시되 이 말은 신실하고 참되니 기록하라 하시고"(계 21:5).

이처럼 서신서와 계시록은 십자가에서 죽으시고 부활하신 '주 예수 그리스도'를 통해 온 창조세계가 타락의 영향으로부터 벗어나 회복되고 완성되는 것을 바라본다. 온 창조세계가 온전히 회복되는 것은 이 세대에 완성되는 일이 아니다. 창조세계의 온전한 회복은 주 예수 그리스도의 재림을 통해 성취된다. 온 피조세계의 회복과, 어느 곳인지 명확히 제시되지는 않지만, 그곳에서의 하나님나라의 완성은 주 예수 그리스도의 복음을 통해 제시되는 하나님나라의 최종적인 목표다. "그 뜻의 비밀을 우리에게 알리신 것이요 그의 기뻐하심을 따라 그리스도 안에서 때가 찬 경륜을 위하여 예정하신 것이니 하늘에 있는 것이나 땅에 있는 것이 다 그리스도 안에서 통일되게 하려 하심이라"(엡 1:9-10).

결국 서신서와 계시록에 등장하며, 지금 교회가 전하는 주요 복음 선포 양식인 '주 예수 그리스도의 복음'은 하나님의 백성을 통해 하나님의 통치를 성취하여 피조세계를 회복하시려는 하나님나라의 구원 계획을 성취하신 예수를 중심으로 기독론적으로 기술된 것이며, 그를 주요 메시야로서 영접하게 하는 새로운 형태의 복음 진술이라는 것이 분명해졌다. 결국 성경 전체는 타락한 인간을 하나님의 백성으로 삼아 하나님의 통치를 실현함으로, 이 피조세계를 회복하려는 하나님나라의 복음이다. 그 복음은 최종적으로 주 예수 그리스도의 복음으로 선포되며, 주 예수 그리스도의 복음은 예수를 믿고 내세적 구원을 얻으라는 선포로 그치는 것이 아니라, 우리의 죄를 사하시고 하나님의 백성으로 삼으셔서, 하나님의 통치가 이 땅에 이뤄짐으로 이 땅이 회복되는 하나님나라의 실제를 보여주는 총체적 복음이다.

14

성령과 하나님나라

1. 에덴동산에서 하나님나라를 구현하시는 성령

1) 하나님의 창조세계에 운행하시는 성령

성경의 시작은 하나님의 창조에 대한 선언과 창조된 땅에 하나님의 영이 운행하시는 모습에 대한 묘사로 시작한다(창 1:1-2). 하나님의 영이신 성령은 하나님의 창조 사역에 함께 하셨으며, 창조된 땅을 유지하고 다스리시는 하나님의 본체셨다. 성령은 에덴동산에서 하나님 통치의 대리자로 살아가도록 아담과 하와를 인도하셨고, 여호와 하나님과의 상호교제를 통해 세상을 통치하셨다. "여호와 하나님이 이르시되 보라 이 사람이 선악을 아는 일에 우리 중 하나 같이 되었으니 그가 그의 손을 들어 생명 나무 열매도 따먹고 영생할까 하노라 하시고"(창 3:22). 성령은 하나님의 백성으로 창조된 인간을 인도하셔서 피조세계에 하나님의 창조 목적이 이루어지도록 섭리하시는 영이셨다. "하나님의 영이 수면 위에 운행하시니라"(창 1:2).

2) 에덴에 하나님나라를 구현하시는 성령

창세기의 첫 번째 톨레돗(계보, 내력, 족보)인 에덴동산 이야기(창 2:4-4:26)에는 하나님과 협의하시는 성령이 간접적으로 단 한 번 등장한다. 하지만 우리는 매우 명료하게 성령의 사역을 볼 수 있다. 성령은 하나님의 백성으로 아담과 하와를 부르시고, 그들에게 하나님의 말씀을 대언하심으로 하나님의 통치를 따라 하나님의 창조 세계를 보시기에 심히 좋은(토브) 상태로 유지하셨다. 타락하기 전 인류는 에덴에서 선악을 판단하는 모든 기준을 성령을 통해 주어진 하나님의 말씀에 의탁했다. "선악을 알게 하는 나무의 열매는 먹지 말라 네가 먹는 날에는 반드시 죽으리라 하시니라"(창 2:17).

인류는 성령의 도우심으로 하나님과의 인격적인 교제 속에서 자신의 본질과 사명에 대해 인식하게 되었으며, 그에 따라 살아갈 수 있었다. "여호와 하나님이 그 사람을 이끌어 에덴동산에 두어 그것을 경작하며 지키게 하시고 … 여호와 하나님이 흙으로 각종 들짐승과 공중의 각종 새를 지으시고 아담이 무엇이라고 부르나 보시려고 그것들을 그에게로 이끌어 가시니 아담이 각 생물을 부르는 것이 곧 그 이름이 되었더라"(창 2:15, 19).

성령의 인도하심 속에서 인류는 ① 하나님과의 관계에서, ② 동료 인간과의 관계에서, ③ 피조세계의 만물과의 관계에서 하나님나라를 누리고 있었다. 하나님나라의 모형으로서의 에덴동산의 본질은 성령의 인도하심 속에 구현되어 있던 하나님나라였다.

a. 하나님과의 관계에서

하나님께서 창조하신 세상은 복된 세상이었다. 인류가 살아가기에 필요한 모든 것이 풍성하게 공급되고 있었다. "여호와 하나님이 그 땅에서 보기에 아름답고 먹기에 좋은 나무가 나게 하시니 동산 가운데에는 생명 나무와 선악을 알게 하는 나무도 있더라 강이 에덴에서 흘러 나와 동산을 적시고 거기서 부터 갈라져 네 근원이 되었으니 첫째의 이름은 비손이라 금이 있는 하윌라 온 땅을 둘렀으며 그 땅의 금은 순금이요 그 곳에는 베델리엄과 호마노도 있으며 둘째 강의 이름은 기혼이라 구스 온 땅을 둘렀고 셋째 강의 이름은 힛데겔이라 앗수르 동쪽으로 흘렀으며 넷째 강은 유브라데더라"(창 2:9-14). 인류는 하나님의 피조물로 하나님의 복을 구하며 삶의 모든 근거를 하나님에게서 찾았다. "여호와 하나님이 땅의 흙으로 사람을 지으시고 생기를 그 코에 불어넣으시니 사람이 생령이 되니라 여호와 하나님이 동방의 에덴에 동산을 창설하시고 그 지으신 사람을 거기 두시니라"(창 2:7-8). "여호와 하나님이 그 사람에게 명하여 이르시되 동산 각종 나무의 열매는 네가 임의로 먹되 선악을 알게 하는 나무의 열매는 먹지 말라 네가 먹는 날에는 반드시 죽으리라 하시니라"(창 2:16-17). 인류는 하나님께서 주신 모든 탁월한 능력으로 창조된 세상을 아름답게 발전키시며 하나님께 영광을 돌리는 '경작' 사명에 충실하게 풍성한 의미와 가치를 갖는 삶을 살았다. "여호와 하나님이 그 사람을 이끌어 에덴동산에 두어 그것을 경작하며 지키게 하시고"(창 2:15).

b. 인간과의 관계에서

인류는 에덴동산에서 동료 인간을 사랑하며 사랑 받으며 풍성한 교제 속에서 살아갈 수 있었다. 인간은 서로를 소외시키지 않고, 자신의 일부로 여기며 하나가 되어 살아갔다. "여호와 하나님이 아담에게서 취하신 그 갈빗대로 여자를 만드시고 그를 아담에게로 이끌어 오시니 아담이 이르되 이는 내 뼈 중의 뼈요 살 중의 살이라 이것을 남자에게서 취하였은즉 여자라 부르리라 하니라"(창 2:22-23). 동료 인간은 남이 아니라 자신의 연장이었다. 갈빗대로 만들어진 존재였기 때문에 뼈 중의 뼈요 살 중의 살이었다. 인류는 자신의 연장인 이웃을 서로 사랑하며 살아가게 되었다.

c. 피조세계의 만물과의 관계에서

인간은 하나님께서 부여하신 창조 목적을 따라 만물에 의미를 부여했다. "여호와 하나님이 흙으로 각종 들짐승과 공중의 각종 새를 지으시고 아담이 무엇이라고 부르나 보시려고 그것들을 그에게로 이끌어 가시니 아담이 각 생물을 부르는 것이 곧 그 이름이 되었더라 아담이 모든 가축과 공중의 새와 들의 모든 짐승에게 이름을 주니라"(창 2:19-20). 인간은 하나님께서 만물을 다스리는, 즉 만물에 하나님나라를 구현하는 사명을 따라 살아갔다. "하나님이 이르시되 우리의 형상을 따라 우리의 모양대로 우리가 사람을 만들고 그들로 바다의 물고기와 하늘의 새와 가축과 온 땅과 땅에 기는 모든 것을 다스리게 하자 하시고 하나님이 자기 형상 곧 하나님의 형상대로 사람을 창조하시되 남자와 여자를 창조하시고 하나님이 그들에게 복을 주시며 하나님이 그들에게 이르시되 생육하고 번성하여 땅에 충만하라, 땅을 정복하라, 바다의 물고기와 하늘의 새와 땅에 움직이는 모든 생물을 다스리라 하시니라"(창 1:26-28). 인간은 하나님이 주신 모든 것을 누리되, 아름답게 보존하며 관리하여, 하나님의 창조세계를 더욱 아름답게 발전시켜 갔다.

하나님께서 창조하신 아름다운 세상에서, 하나님과의 온전한 관계 가운데 동료 이웃들과의 온전한 관계 속에서, 창조된 사명을 감당하며 살아가는 인간이 하나님의 복을 누리는 에덴동산의 모습은 바로 하나님나라의 모습이었다. 성령은 하나님의 말씀으로 하나님과의 관계, 인간과의 관계를 바르게 알리심으로, 인류가 하나님나라를 누리며 살아갈 수 있도록 하나님의 통치를 구현하는 영이셨다.

2. 이스라엘을 통해 계시된 하나님나라와 성령

1) 타락한 인류를 위해 이스라엘 민족을 통해 복음을 계시하시는 성령

인류는 성령의 인도하심을 따라 하나님의 통치를 따르기를 거부했다. 사탄의 유혹에 피조물의 위치를 벗어났다. 하나님께서 규정하시는 정체성 위에서 하나님의 말씀을 따라 살아가기를 거절했다. 먼저 하나님과의 관계가 깨졌다. "이르되 내가 동산에서 하나님의 소리를 듣고 내가 벗었으므로 두려워하여 숨었나이다"(창 3:10). 나아가 동료 인간과의 관계도 깨졌다. "아담이 이르되 하나님이 주셔서 나와 함께 있게 하신 여자 그가 그 나무 열매를 내게 주므로 내가 먹었나이다"(창 3:12). 하나님의 피조세계를 경작하여 아름답게 발전시키는 사명을 망각한 채 욕망을 따라 살아가게 되었다. "아담에게 이르시되 네가 네 아내의 말을 듣고 내가 네게 먹지 말라

한 나무의 열매를 먹었은즉 땅은 너로 말미암아 저주를 받고 너는 네 평생에 수고하여야 그 소산을 먹으리라"(창 3:17). "라멕이 아내들에게 이르되 아다와 씰라여 내 목소리를 들으라 라멕의 아내들이여 내 말을 들으라 나의 상처로 말미암아 내가 사람을 죽였고 나의 상함으로 말미암아 소년을 죽였도다"(창 4:23).

인간은 하나님과의 관계에서 주어지는 참된 생명, 즉 하나님나라를 잃어버렸다. "여호와 하나님이 이르시되 보라 이 사람이 선악을 아는 일에 우리 중 하나 같이 되었으니 그가 그의 손을 들어 생명 나무 열매도 따먹고 영생할까 하노라 하시고 여호와 하나님이 에덴동산에서 그를 내보내어 그의 근원이 된 땅을 갈게 하시니라 이같이 하나님이 그 사람을 쫓아내시고 에덴동산 동쪽에 그룹들과 두루 도는 불 칼을 두어 생명 나무의 길을 지키게 하시니라"(창 3:22-24). 인류는 하나님과 단절된 채 스스로 자신의 이름을 높이기 위해 탐욕으로 다른 이들을 압제하는 약육강식의 세상을 만들었고(바벨탑 이야기), 하나님의 심판을 피할 수 없는 사망의 상태에서 살아가게 되었다(노아의 홍수 이야기). 인류에게 복음이 필요하게 되었다. 인류가 도달한 저주의 상태는 하나님께서 부여하시는 참된 생명이 없는 상태이며, 성령이 함께 하지 않는 상태이다. "여호와께서 이르시되 나의 영이 영원히 사람과 함께 하지 아니하리니 이는 그들이 육신이 됨이라 그러나 그들의 날은 백이십 년이 되리라 하시니라"(창 6:3). 성령과 함께 하지 않는 인류는 하나님의 통치를 떠나 악의 굴레에서 살아갈 수밖에 없었고, 하나님의 심판을 면할 수 없는 상황에 처하게 되었다.

하나님은 하나님의 영과 분리된 세상을 회복하기 위해 족장들과의 언약을 통해 복음을 계시하셨다. 복음은 언약으로 계시되었다. 하나님은 영원한 언약을 세우신다. "내가 내 언약을 나와 너 및 네 대대 후손 사이에 세워서 영원한 언약을 삼고 너와 네 후손의 하나님이 되리라"(창 17:7). 하나님의 영원한 언약은 성령을 통해 다시 세상을 다스리며 인류에게 참된 생명을 부여하는 것을 목적으로 한다. 하나님께서 택하신 족장들을 하나님의 영이 감동시켜 놀라운 일들을 이루신다. "바로가 그의 신하들에게 이르되 이와 같이 하나님의 영에 감동된 사람을 우리가 어찌 찾을 수 있으리요 하고"(창 41:38).

아브라함과의 언약은 하나님과 이스라엘과의 시내산 언약으로 절정에 이르게 되었다. 하나님은 아브라함의 후손 이스라엘을 하나님의 백성으로 삼으셨다. 그들에게 가나안 땅을 주셨다. 그들에게 하나님의 통치를 따라 살아가게 하기 위해 율법을 주셨다. 하나님의 백성 이스라엘이, 하나님의 통치 문서인 율법을 따라 죄가 가득한 피조세계의 축소판인 가나안 땅을 하나님의 통치 아래 두게 된다면, 장차 천하 만민이 복을 얻게 될 것이라고 약속하신 하나님의 계획은 성취될 것이다. 천하 만민이 복을 누리게 될 미래가 바로 하나님나라이다.

시내산 언약은 하나님을 거부한 인류를 하나님의 백성으로 삼으시는 선언으로 시작한다(출 19:1-6). 하나님은 하나님의 영에 감동된 모세를 통해 그들에게 하나님의 율법을 계시하신다. 오경 전체를 통해 주어지는 율법은 하나님을 거부한 인류와 하나님과의 관계를 에덴동산으로 회복시키는 말씀으로 시작된다(출 20:1-6). 이스라엘을 애굽으로부터 구원하신 하나님만이 인류의 존재를 규정하며, 그의 말씀으로부터 모든 기준이 기원한다. ① 율법은 하나님과의 관계를 회복시킨다. ② 율법은 또한 동료 인간과의 관계를 회복시킨다. 십계명은 앞 부분을 통해(1-4계명) 하나님과의 관계를 규정하며, 뒷 부분을 통해(5-10계명) 인간과의 관계를 규정한다.

인류는 하나님과의 관계 회복을 통해 동료 인간과 새로운 관계를 형성해야 한다. 서로 사랑하는 관계다. 십계명의 해설이라 할 수 있는 출애굽기 21-23장은 파괴된 관계 속에서 나타나는 착취, 폭행, 책임 전가, 배상 거부, 성적 착취, 가난한 자에 대한 압제, 이자 착취, 위증, 뇌물에 의한 불의한 재판 등에 대한 규정을 통해 모든 인간이 하나님의 형상으로 존귀한 자이며, 동료 인간은 자신과 같은 존재라는 사실을 환기시킨다. "그러나 다른 해가 있으면 갚되 생명은 생명으로, 눈은 눈으로, 이는 이로, 손은 손으로, 발은 발로, 덴 것은 덴 것으로, 상하게 한 것은 상함으로, 때린 것은 때림으로 갚을지니라"(출 21:23-25). 우리는 율법을 통해 하나님과의 관계를 회복할 수 있으며, 나아가 동료 인간들과의 관계를 회복할 수 있다. 이것이 하나님을 사랑하고 이웃을 사랑하라는 말씀으로 요약되는 율법이다. 하나님과 이웃과의 관계가 회복된 인류는 하나님께서 부여하신 삶의 목적을 따라 풍성한 하나님의 복을 누리게 된다. 그들의 삶에 생명이 회복된다(신 6:24-25, 신 28장).

세상을 회복하는 모든 과정 속에 성령이 강력하게 일하신다. 성령은 족장들을 감동시킨다. "바로가 그의 신하들에게 이르되 이와 같이 하나님의 영에 감동된 사람을 우리가 어찌 찾을 수 있으리요 하고"(창 41:38). 성령은 제사장들에게 지혜를 충만하게 하여 제사장 직분을 감당하게 하신다(출 28:3). "너는 무릇 마음에 지혜 있는 모든 자 곧 내가 지혜로운 영으로 채운 자들에게 말하여 아론의 옷을 지어 그를 거룩하게 하여 내게 제사장 직분을 행하게 하라"(출 28:3). 또한 지혜와 총명과 지식과 여러 가지 재주로 하나님께서 거하시며 백성을 만날 성막을 짓게 하신다(출 31:3, 35:31). "하나님의 영을 그에게 충만하게 하여 지혜와 총명과 지식과 여러 가지 재주로"(출 31:3). "하나님의 영을 그에게 충만하게 하여 지혜와 총명과 지식으로 여러 가지 일을 하게 하시되"(출 35:31).

하나님은 지도자 모세에게 성령이 충만하게 하셔서 율법을 계시하셨고, 이스라엘 백성을 하나님의 통치로 인도했다. 모세뿐 아니라 70장로에게도 성령이 충만하게 하여 하나님의 택하신 백성 이스라엘을 인도하시고, 이스라엘을 통해 천하에 하나님나라가 계시되게 섭리하셨다. "내가 강림하여 거기서 너와 말하고 네게 임한 영을 그들에게도 임하게 하리니 그들이 너와 함께 백성의 짐을 담당하고 너 혼자 담당하지 아니하리라"(민 11:17). 하나님께서는 장차 모든 백성에게 성령을 주시고, 하나님의 통치가 임하게 할 것이다. "모세가 그에게 이르되 네가 나를 두고 시기하느냐 여호와께서 그의 영을 그의 모든 백성에게 주사 다 선지자가 되게 하시기를 원하노라"(민 11:29).

성령은 광야에서 방황했던 이스라엘 백성에게 이방 선지자까지 감동시키셔서 하나님나라의 통치를 이루실 메시야를 예언하게 하신다. "눈을 들어 이스라엘이 그 지파대로 천막 친 것을 보는데 그 때에 하나님의 영이 그 위에 임하신지라 … 내가 그를 보아도 이 때의 일이 아니며 내가 그를 바라보아도 가까운 일이 아니로다 한 별이 야곱에게서 나오며 한 규가 이스라엘에게서 일어나서 모압을 이쪽에서 저쪽까지 쳐서 무찌르고 … 주권자가 야곱에게서 나서 남은 자들을 그 성읍에서 멸절하리로다"(민 24:2,17,19). 여호수아도 성령을 통해 하나님의 통치를 이 땅에 구현하는 하나님나라의 지도자가 된다. "여호와께서 모세에게 이르시되 눈의 아들 여호수아는 그 안에 영이 머무는 자니 너는 데려다가 그에게 안수하고"(민 27:18).

2) 이스라엘 역사 속에서 하나님나라를 구현하시는 성령

성령으로 충만한 여호수아는 족장들과 모세를 통해 주신 언약을 따라 가나안 땅을 정복한다. "모세가 눈의 아들 여호수아에게 안수하였으므로 그에게 지혜의 영이 충만하니 이스라엘 자손이 여호와께서 모세에게 명령하신 대로 여호수아의 말을 순종하였더라"(신 34:9). 여호수아가 죽은 후 사사들을 통해 우상숭배에 빠진 이스라엘을 구원하고 인도하신 이도 성령이셨다(삿 3:10, 6:34, 11:29, 13:25, 14:6, 14:19, 15:14). "여호와의 영이 그에게 임하셨으므로 그가 이스라엘의 사사가 되어 나가서 싸울 때에 여호와께서 메소보다미아 왕 구산 리사다임을 그의 손에 넘겨 주시매 옷니엘의 손이 구산 리사다임을 이기니라"(삿 3:10). 이스라엘 왕들은 이방인들의 왕들처럼 권력을 휘두르고 하나님을 대적하기 일쑤였지만, 하나님의 성령은 왕들을 인도하셨고 하나님의 통치를 성취하는 도구로 사용하셨다(삼상 10:6, 11:6, 16:13; 삼하 23:2). "사무엘이 기름 뿔병을 가져다가 그의 형제 중에서 그에게 부었더니 이 날 이후로 다윗이 여호와의 영에게 크게 감동되니라 사무엘이 떠나서 라마로 가니라"(삼상 16:13). 성령은 선지자들을 통해 말씀을 가르치시며, 하나님의 통치를 따라 살아가도록 끊임없이 하나님의 백성을 인도하셨다. "또 주의 선한 영을 주사 그들을 가르치시며 주의 만나가 그들의 입에서 끊어지지 않게 하시고 그들의 목마름을 인하여 그들에게 물을 주어 … 그러나 주께서 그들을 여러 해 동안 참으시고 또 주의 선지자들을 통하여 주의 영으로 그들을 경계하시되"(느 9:20,30).

성령은 왕들의 시대에 선지자들을 통해 하나님의 말씀을 대언하여 하나님나라가 가나안 땅에 구현되도록 인도하셨다. 엘리야, 엘리사, 호세아, 아모스 등은 하나님의 통치를 대적하는 북이스라엘의 왕들과 맞서 하나님의 통치를 선포한다. 다윗과 솔로몬 시대에 이스라엘은 불완전하지만 하나님나라를 맛보았다. 사무엘, 갓과 나단 선지자 등이 활동한다. 다윗과 솔로몬을 통해, 그리고 이후의 몇몇 왕들을 통해 하나님의 정의와 공의가 구현되었다. "다윗이 온 이스라엘을 다스려 다윗이 모든 백성에게 정의와 공의를 행할새"(삼하 8:15). "하나님이여 주의 판단력을 왕에게 주시고 주의 공의를 왕의 아들에게 주소서 그가 주의 백성을 공의로 재판하며 주의 가난한 자를 정의로 재판하리니"(시 72:1-2).

하나님의 통치가 구현된 땅에 평강이 찾아왔다. 하나님의 백성이 하나님이 주신 땅에서 하나님의 율법을 따라 정의와 공의를 구현할 때, 이 땅에서 하나님나라가 구현되는 영광을 맛보게 되었다. 이스라엘을 통해 계시된 하나님나라는 성령이 하나님의 말씀(율법)을 통해 하나님의 통치를 구현한 결과였다. 시가서(욥기-아가)에는 역사 속에 드러난 하나님의 통치가 매우 구체적으로 표현되고 있다. 그러나 구약은 이스라엘의 실패와 더불어 미래에 성취될 하나님나라를 향해 나아간다.

3. 선지자들의 선포: 하나님의 영을 통해 회복될 세상(하나님나라)

1) 이스라엘의 멸망과 회복될 세상의 예고

구약 이스라엘의 역사는 바벨론 포로로 끝나고 말았다(열왕기하). 포로 후기 공동체의 갱신도 한계에 부딪혔다(말라기). 구약의 선지자들은 타락의 길을 걸으며 열방과 같은 모습을 드러내는 이스라엘과 유다를 보며, 오히려 회복될 세상을 예고한다. 회복될 세상은 하나님나라다. 하나님나라는 에덴동산을 통해 이미 제시되었고, 구약 이스라엘을 통해 그 원리가 계시되었다. 인류가 하나님과의 언약 관계로 들어가서 새로운 생명을 누리는 것이다. 하나님의 백성으로서의 정체성을 가지고 하나님의 통치를 따라 살아가며, 하나님을 복을 누리는 가운데 하나님의 피조세계를 회복하는 사명을 따라 살아가는 것이며, 또한 그 회복된 피조세계를 누리는 것이다.

하나님나라는 율법에 구현된 대로 하나님의 언약 백성이 하나님께서 주신 피조세계 안에서 하나님의 통치에 순종함으로 하나님과의 관계가 회복되고, 동료 인간과의 관계가 회복되는 것이다. 인류가 하나님의 형상으로서의 정체성을 가지고, 하나님의 계획과 목적을 따라 살아가며, 피조세계에 하나님의 통치가 임하게 하며, 하나님께 영광을 돌리며 살아가게 되는 것이다. 하나님을 사랑하고 이웃을 사랑하며 하나님의 복을 누리는 것이다.

2) 회복될 세상을 위해 일하실 성령에 대한 약속

이 새로운 생명, 회복된 땅을 주시는 하나님의 구원은 어떻게 가능한가? 선지자들은 입을 모아 성령에 대해 증거한다(사 11:2, 32:15, 42:1, 44:3, 48:16, 61:1; 렘 32:40; 겔 2:2; 36:26-27, 37:14; 욜 2:28-29; 미 3:8; 학 2:5; 슥 4:6; 말 3:1, 4:2). "그의 위에 여호와의 영 곧 지혜와 총명의 영이요 모략과 재능의 영이요 지식과 여호와를 경외하는 영이 강림하시리니"(사 11:2).

성령은 세상을 회복시키기 위한 하나님의 모든 계획을 이루시도록 일하신다. 하나님의 백성을 부르시며, 그들에게 새로운 마음, 여호와를 경외하는 마음을 주셔서 하나님의 통치에 순종하게 하실 것이다. 이 모든 일을 위해 하나님의 메시야와 동행하며, 새 언약을 통해 하나님의 구원을 성취하실 것이다. "여호와의 말씀이니라 보라 날이 이르리니 내가 이스라엘 집과 유다 집에 새 언약을 맺으리라 이 언약은 내가 그들의 조상들의 손을 잡고 애굽 땅에서 인도하여 내던 날에 맺은 것과 같지 아니할 것은 내가 그들의 남편이 되었어도 그들이 내 언약을 깨뜨렸음이라 여호와의 말씀이니라 그러나 그 날 후에 내가 이스라엘 집과 맺을 언약은 이러하니 곧 내가 나의 법을 그들의 속에 두며 그들의 마음에 기록하여 나는 그들의 하나님이 되고 그들은 내 백성이 될 것이라 여호와의 말씀이니라 그들이 다시는 각기 이웃과 형제를 가르쳐 이르기를 너는 여호와를 알라 하지 아니하리니 이는 작은 자로부터 큰 자까지 다 나를 알기 때문이라 내가 그들의 악행을 사하고 다시는 그 죄를 기억하지 아니하리라 여호와의 말씀이니라"(렘 31:31-34). "그러나 내가 너의 어렸을 때에 너와 세운 언약을 기억하고 너와 영원한 언약을 세우리라"(겔 16:60). "내가 내 종 야곱에게 준 땅 곧 그의 조상들이 거주하던 땅에 그들이 거주하되 그들과 그들의 자자손손이 영원히 거기에 거주할 것이요 내 종 다윗이 영원히 그들의 왕이 되리라 내가 그들과 화평의 언약을 세워서 영원한 언약이 되게 하고 또 그들을 견고하고 번성하게 하며 내 성소를 그 가운데에 세워서 영원히 이르게 하리니 내 처소가 그들 가운데에 있을 것이며 나는 그들의 하나님이 되고 그들은 내 백성이 되리라 내 성소가 영원토록 그들 가운데에 있으리니 내가 이스라엘을 거룩하게 하는 여호와인 줄을 열국이 알리라 하셨다 하라"(겔 37:25-28).

하나님께서는 선지자들을 통해 율법을 계시하셨고, 끊임없이 율법을 통해 하나님의 통치로 돌아올 것을 촉구하셨다. 그러나 이스라엘은 순종하지 않았다. "그 마음을 금강석 같게 하여 율법과 만군의 여호와가 그의 영으로 옛 선지자들을 통하여 전한 말을 듣지 아니하므로 큰 진노가 만군의 여호와께로부터 나왔도다"(슥 7:12). 하나님께서는 순종하는 이스라엘에게 놀라운 이적을 통해 승리를 경험하게 하셨고, 불순종하는 이스라엘에게 큰 진노를 통해 하나님의 통치가 이 세상에 유효함을 계시하셨다.

선지자들이 선포하는 회복된 세상의 특징은 하나님의 백성에게 새 영을 주셔서 하나님의 율법에 순종하게 하시는 것이다. "또 새 영을 너희 속에 두고 새 마음을 너희에게 주되 너희 육신에서 굳은 마음을 제거하고 부드러운 마음을 줄 것이며 또 새 영을 너희 속에 두고 새 마음을 너희에게 주되 너희 육신에서 굳은 마음을 제거하고 부드러운 마음을 줄 것이며 또 내 영을 너희 속에 두어 너희로 내 율례를 행하게 하리니 너희가 내 규례를 지켜 행할지라"(겔 36:26-27). 하나님의 율법에 순종하게 하시는 것은 하나님의 왕 되심이 이루어지게 하는 것이다. 이것이 선지자들이 예고한 하나님나라의 유일한 특징이다. "여호와께서 천하의 왕이 되시리니 그 날에는 여호와께서 홀로 한

분이실 것이요 그의 이름이 홀로 하나이실 것이라"(슥 14:9).

하나님께서 메시야를 통해 성취하실 구원, 여호와께서 성령을 통해 온 땅에 성취하실 하나님나라의 복음은 천하 만민이 자신들의 죄를 회개하고 예수를 믿어 하나님의 통치에 순종하게 하는 일이다. "예수 그리스도의 종 바울은 사도로 부르심을 받아 하나님의 복음을 위하여 택정함을 입었으니 이 복음은 하나님이 선지자들을 통하여 그의 아들에 관하여 성경에 미리 약속하신 것이라 그의 아들에 관하여 말하면 육신으로는 다윗의 혈통에서 나셨고 성결의 영으로는 죽은 자들 가운데서 부활하사 능력으로 하나님의 아들로 선포되셨으니 곧 우리 주 예수 그리스도시니라 그로 말미암아 우리가 은혜와 사도의 직분을 받아 그의 이름을 위하여 모든 이방인 중에서 믿어 순종하게 하나니 너희도 그들 중에서 예수 그리스도의 것으로 부르심을 받은 자니라"(롬 1:1-6).

나아가 예수를 주로 영접하고 하나님의 통치에 순종하는 이들을 통해 세상을 회복하시는 일이다. "나의 복음과 예수 그리스도를 전파함은 영세 전부터 감추어졌다가 이제는 나타내신 바 되었으며 영원하신 하나님의 명을 따라 선지자들의 글로 말미암아 모든 민족이 믿어 순종하게 하시려고 알게 하신 바 그 신비의 계시를 따라 된 것이니 이 복음으로 너희를 능히 견고하게 하실 지혜로우신 하나님께 예수 그리스도로 말미암아 영광이 세세무궁하도록 있을지어다 아멘"(롬 16:25-27).

4. 예수의 하나님나라 복음을 성취하시는 성령

예수께서는 하나님나라를 선포하셨다. 우리가 앞에서 정리한 대로 예수의 사역은 하나님의 나라를 선포하고 가르치시며, 이적으로 증거하시는 것이었다(복음서). 결국 그의 죽음과 부활을 통해 예수께서 하나님의 메시야이시며, 온 인류의 주님이시라는 사실이 복음으로 확립되었다. "예수 그리스도의 종 바울은 사도로 부르심을 받아 하나님의 복음을 위하여 택정함을 입었으니 이 복음은 하나님이 선지자들을 통하여 그의 아들에 관하여 성경에 미리 약속하신 것이라 그의 아들에 관하여 말하면 육신으로는 다윗의 혈통에서 나셨고 성결의 영으로는 죽은 자들 가운데서 부활하사 능력으로 하나님의 아들로 선포되셨으니 곧 우리 주 예수 그리스도시니라"(롬 1:1-4). "너희가 만일 내가 전한 그 말을 굳게 지키고 헛되이 믿지 아니하였으면 그로 말미암아 구원을 받으리라 내가 받은 것을 먼저 너희에게 전하였노니 이는 성경대로 그리스도께서 우리 죄를 위하여 죽으시고 장사 지낸 바 되셨다가 성경대로 사흘 만에 다시 살아나사 게바에게 보이시고 후에 열두 제자에게와 그 후에 오백여 형제에게 일시에 보이셨나니 그 중에 지금까지 대다수는 살아 있고 어떤 사람은 잠들었으며 그 후에 야고보에게 보이셨으며 그 후에 모든 사도에게와 맨 나중에 만삭되지 못하여 난 자 같은 내게도 보이셨느니라"(고전 15:2-8). 십자가에서 죽으시고 부활하신 예수께서 주요 메시야라는 복음으로 이 땅에 하나님나라가 성취되기 시작했다. "그런즉 이스라엘 온 집은 확실히 알지니 너희가 십자가에 못 박은 이 예수를 하나님이 주와 그리스도가 되게 하셨느니라 하니라"(행 2:36).

죽으시고 부활하신 예수께서 주요 메시야라는 진술을 기초로 선지자들이 약속하고 예수께서 선포하신 하나님나라가 성취되기 시작했다. 그 과정에서 성령은 선지자들이 예고했던 대로 하나님의 통치가 이 땅에 임하도록 놀랍게 역사하셨다(요한복음 14-16장, 사도행전 1장 4-5절의 약속과, 그 성취로서의 사도행전 2장 1절에서 13절을 보라). 베드로는 십자가에서 죽으시고 부활하신 예수를 주로 고백하는 이들에게 성령이 주어지며, 그것이 선지자들의 약속을 성취하는 것임을 선포했다(행 2:14-21) "베드로가 이르되 너희가 회개하여 각각 예수 그리스도의 이름으로 세례를 받고 죄 사함을 받으라 그리하면 성령의 선물을 받으리니 이 약속은 너희와 너희 자녀와 모든 먼 데 사람 곧 주 우리 하나님이 얼마든지 부르시는 자들에게 하신 것이라 하고"(행 2:38-39). 성령의 사역을 백성과 땅과 주권의 관점에서 설명해 보자.

1) 하나님의 백성을 부르시는 성령

성령은 하나님나라를 성취하시기 위해 예수를 믿는 하나님의 백성을 창조하신다. 성령은 예수를 주요 메시야로 믿게 하신다. "영접하는 자 곧 그 이름을 믿는 자들에게는 하나님의 자녀가 되는 권세를 주셨으니 이는 혈통으로나 육정으로나 사람의 뜻으로 나지 아니하고 오직 하나님께로부터 난 자들이니라"(요 1:12-13). "성령이 친히 우리의 영과 더불어 우리가 하나님의 자녀인 것을 증언하시나니"(롬 8:16). "그 안에서 너희도 진리의 말씀 곧 너희의 구원의 복음을 듣고 그 안에서 또한 믿어 약속의 성령으로 인치심을 받았으니"(엡 1:13). "그의 성령을 우리에게 주시므로 우리가 그 안에 거하고 그가 우리 안에 거하시는 줄을 아느니라"(요일 4:13). 성령은 우리 안에 믿음을 창조하신다. 구약 시대 하나님께서 이스라엘 민족을 택하셨듯이 성령은 이 시대에 하나님을 떠난 인류의 마음에 죽으시고 부활하신 예수를 믿는 믿음을 창조하셔서 하나님나라를 이루시기 위한 기초를 형성하신다.

2) 온 땅(피조세계)을 회복하시는 성령

성령은 예수를 주요 메시야로 고백하는 하나님의 백성을 온 땅으로 보내신다. "오직 성령이 너희에게 임하시면 너희가 권능을 받고 예루살렘과 온 유대와 사마리아와 땅 끝까지 이르러 내 증인이 되리라 하시니라"(행 1:8). 온 땅을 하나님나라로 회복하시는 성령의 사역은 아브라함 언약의 성취이다. "여호와께서 이르시되 내가 하려는 것을 아브라함에게 숨기겠느냐 아브라함은 강대한 나라가 되고 천하 만민은 그로 말미암아 복을 받게 될 것이 아니냐 내가 그로 그 자식과 권속에게 명하여 여호와의 도를 지켜 의와 공도를 행하게 하려고 그를 택하였나니 이는 나 여호와가 아브라함에게 대하여 말한 일을 이루려 함이니라"(창 18:17-19),

또한 온 열방을 하나님나라를 회복하시겠다는 구약의 약속을 성취하는 것이다. "땅의 모든 끝이 여호와를 기억하고 돌아오며 모든 나라의 모든 족속이 주의 앞에 예배하리니"(시 22:27). "그 날에 애굽 땅 중앙에는 여호와를 위하여 제단이 있겠고 그 변경에는 여호와를 위하여 기둥이 있을 것이요 이것이 애굽 땅에서 만군의 여호와를 위하여 징조와 증거가 되리니 이는 그들이 그 압박하는 자들로 말미암아 여호와께 부르짖겠고 여호와께서는 그들에게 한 구원자이자 보호자를 보내사 그들을 건지실 것임이라 여호와께서 자기를 애굽에 알게 하시리니 그 날에 애굽이 여호와를 알고 제물과 예물을 그에게 드리고 경배할 것이요 여호와께 서원하고 그대로 행하리라 여호와께서 애굽을 치실지라도 치시고는 고치실 것이므로 그들이 여호와께로 돌아올 것이라 여호와께서 그들의 간구함을 들으시고 그들을 고쳐 주시리라 그 날에 애굽에서 앗수르로 통하는 대로가 있어 앗수르 사람은 애굽으로 가겠고 애굽 사람은 앗수르로 갈 것이며 애굽 사람이 앗수르 사람과 함께 경배하리라 그 날에 이스라엘이 애굽 및 앗수르와 더불어 셋이 세계 중에 복이 되리니 이는 만군의 여호와께서 복 주시며 이르시되 내 백성 애굽이여, 내 손으로 지은 앗수르여, 나의 기업 이스라엘이여, 복이 있을지어다 하실 것임이라"(사 19:19-25). "그가 이르시되 네가 나의 종이 되어 야곱의 지파들을 일으키며 이스라엘 중에 보전된 자를 돌아오게 할 것은 매우 쉬운 일이라 내가 또 너를 이방의 빛으로 삼아 나의 구원을 베풀어서 땅 끝까지 이르게 하리라"(사 49:6).

나아가 예수께서 가르치신 말씀을 성취하는 것이다. "이 천국 복음이 모든 민족에게 증언되기 위하여 온 세상에 전파되리니 그제야 끝이 오리라"(마 24:14). "그러므로 너희는 가서 모든 민족을 제자로 삼아 아버지와 아들과 성령의 이름으로 세례를 베풀고"(마 28:19). "또 이르시되 너희는 온 천하에 다니며 만민에게 복음을 전파하라"(막 16:15). "또 그의 이름으로 죄 사함을 받게 하는 회개가 예루살렘에서 시작하여 모든 족속에게 전파될 것이 기록되었으니 너희는 이 모든 일의 증인이라"(눅 24:47-48). 성령은 예수를 믿는 믿음을 주시는 사역을 넘어서, 온 피조세계를 하나님나라로 회복하실 영이시다. "하늘에 있는 것이나 땅에 있는 것이 다 그리스도 안에서 통일되게 하려 하심이라"(엡 1:10).

3) 하나님의 주권(통치)을 이루시는 성령

성령은 에덴동산의 모형이 보여주는 것처럼, 구약 이스라엘 역사가 계시하는 것처럼, 모든 인류가 하나님의 통치를 인정하고 돌아와 하나님의 복을 누리게 하신다. 성령은 하나님의 통치를 거부하고 스스로 왕이 되어 죄 가운데 살아가는 인류를 회개하게 하신다. "이는 주께서 심판하는 영과 소멸하는 영으로 시온의 딸들의 더러움을 씻기시며 예루살렘의 피를 그중에서 청결하게 하실 때가 됨이라"(사 4:4). "나는 너희로 회개하게 하기 위하여 물로 세례를 베풀거니와 내 뒤에 오시는 이는 나보다 능력이 많으시니 나는 그의 신을 들기도 감당하지 못하겠노라 그는 성령과 불로 너희에게 세례를 베푸실 것이요"(마 3:11).

성령은 하나님의 말씀을 주시고 기록하게 하셔서 하나님의 통치가 이 땅에 이루어지게 하신다. "모든 성경은 하나님의 감동으로 된 것으로 교훈과 책망과 바르게 함과 의로 교육하기에 유익하니 이는 하나님의 사람으로 온전하게 하며 모든 선한 일을 행할 능력을 갖추게 하려 함이라"(딤후 3:16-17). "먼저 알 것은 성경의 모든 예언은 사사로이 풀 것이 아니니 예언은 언제든지 사람의 뜻으로 낸 것이 아니요 오직 성령의 감동하심을 받은 사람들이 하나님께 받아 말한 것임이라"(벧후 1:20-21).

성령은 복음이 전파되도록 모든 과정에 섭리하신다. "안디옥 교회에 선지자들과 교사들이 있으니 곧 바나바와 니게르라 하는 시므온과 구레네 사람 루기오와 분봉 왕 헤롯의 젖동생 마나엔과 및 사울이라 주를 섬겨 금식할 때에 성령이 이르시되 내가 불러 시키는 일을 위하여 바나바와 사울을 따로 세우라 하시니 이에 금식하며 기도하고 두 사람에게 안수하여 보내니라 … 성령이 아시아에서 말씀을 전하지 못하게 하시거늘 그들이 브루기아와 갈라디아 땅으로 다녀가 무시아 앞에 이르러 비두니아로 가고자 애쓰되 예수의 영이 허락하지 아니하시는지라 무시아를 지나 드로아로 내려갔는데 밤에 환상이 바울에게 보이니 마게도냐 사람 하나가 서서 그에게 청하여 이르되 마게도냐로 건너와서 우리를 도우라 하거늘 바울이 그 환상을 보았을때 우리가 곧 마게도냐로 떠나기를 힘쓰니 이는 하나님이 저 사람들에게 복음을 전하라고 우리를 부르신 줄로 인정함이러라"(행 13:1-3,

16:6-10).

성령의 결정적인 사역은 스스로 왕이 되어 살아가는 인류의 육체의 욕망을 대적하여, 하나님의 통치가 연약한 몸에 이루어지게 하시는 것이다. "예수를 죽은 자 가운데서 살리신 이의 영이 너희 안에 거하시면 그리스도 예수를 죽은 자 가운데서 살리신 이가 너희 안에 거하시는 그의 영으로 말미암아 너희 죽을 몸도 살리시리라 그러므로 형제들아 우리가 빚진 자로되 육신에게 져서 육신대로 살 것이 아니니라 너희가 육신대로 살면 반드시 죽을 것이로되 영으로써 몸의 행실을 죽이면 살리니 무릇 하나님의 영으로 인도함을 받는 사람은 곧 하나님의 아들이라"(롬 8:11-14).

성령을 따라 살아가면 육체의 욕심을 따르지 않고 성령의 열매를 맺을 수 있다. "내가 이르노니 너희는 성령을 따라 행하라 그리하면 육체의 욕심을 이루지 아니하리라 육체의 소욕은 성령을 거스르고 성령은 육체를 거스르나니 이 둘이 서로 대적함으로 너희가 원하는 것을 하지 못하게 하려 함이니라 너희가 만일 성령의 인도하시는 바가 되면 율법 아래에 있지 아니하리라 육체의 일은 분명하니 곧 음행과 더러운 것과 호색과 우상 숭배와 주술과 원수 맺는 것과 분쟁과 시기와 분냄과 당 짓는 것과 분열함과 이단과 투기와 술 취함과 방탕함과 또 그와 같은 것들이라 전에 너희에게 경계한 것 같이 경계하노니 이런 일을 하는 자들은 하나님의 나라를 유업으로 받지 못할 것이요 오직 성령의 열매는 사랑과 희락과 화평과 오래 참음과 자비와 양선과 충성과 온유와 절제니 이같은 것을 금지할 법이 없느니라 그리스도 예수의 사람들은 육체와 함께 그 정욕과 탐심을 십자가에 못 박았느니라"(갈 5:16-24).

성령은 하나님의 백성이 하나님의 통치를 따라 살아가게 하심으로 선한 열매를 맺게 하신다. "자기의 육체를 위하여 심는 자는 육체로부터 썩어질 것을 거두고 성령을 위하여 심는 자는 성령으로부터 영생을 거두리라"(갈 6:8). 또한 거룩한 존재로 회복시키신다. "주께서 사랑하시는 형제들아 우리가 항상 너희에 관하여 마땅히 하나님께 감사할 것은 하나님이 처음부터 너희를 택하사 성령의 거룩하게 하심과 진리를 믿음으로 구원을 받게 하심이니"(살후 2:13).

성령은 죄인들을 하나님의 백성으로 부르시고, 다양한 은사로 충만하게 하셔서 하나님나라가 회복되게 하신다(롬 12:3-8; 고전 12:4-31; 엡 4:3-12). 성령은 피조세계에 하나님나라를 회복하시는 영이시기 때문에, 성령의 은사는 하나님나라의 회복을 목적으로 한다. "이는 성도를 온전하게 하여 봉사의 일을 하게 하며 그리스도의 몸을 세우려 하심이라"(엡 4:12). 이렇게 성령은 예수께서 가르치시고 성취하신 하나님나라를 성취하신다. 예수의 이름으로 하나님의 백성을 부르시고, 그들을 온 땅에 보내시고, 그들을 통해 하나님의 주권적 통치가 온 세상에 가득하게 하신다.

하나님나라가 성취된 곳은 하나님의 복이 흘러넘친다. 하나님과의 관계가 회복된 그 곳에 모든 관계들이 회복되며, 정의와 공의가 넘쳐난다. 인종과 신분과 남녀의 모든 차별이 사라진다(빌레몬서). 성령이 충만한 교회는 복음의 담지자로서 하나님의 통치를 드러내는 존재 방식을 통해 세상의 빛이 되며, 하나님나라의 성취를 삶으로 드러내면서 예수의 복음을 증거한다. 이렇게 에덴동산에서 구현되었고, 이스라엘을 통해 가나안 땅에 계시된 하나님나라는 예수를 통해 온 우주에 성취되고, 결국 새 하늘과 새 땅에서 영원히 빛날 것이다.

15
십자가 복음과
하나님나라 복음

1. 기독교 신앙의 중심: 십자가

존 스토트는 그의 역작 〈그리스도의 십자가〉 서문에서, 속죄에 대한
바른 이해가 얼마나 중요한가를 생각할 때, 두 가지 사실에 매우 놀랐
다고 말한다. 그 두 가지는 십자가의 속죄[62] 교리가 얼마나 인기가 없

---

62 '속죄'(expiation, 죄를 없앰)라는 용어는 구약과 신약의 다양한 용어들이 의미하는 바의 총합이다. 크게
대속(히, 파다 / 헬, 뤼트론 / 영, propitiation / 그리스도께서 죽으심으로 죄를 대신 씻어 구원함, 남의 죄나
빚을 대신 당함, 마 20:28, 막 10:45), 속량(히, 가알, 파다 / 헬, (동) 뤼트로오, 엑사고라조, 영, ransom
/ 본래 토지나 노예나 포로를 값으로 사서 놓아주는 것을 의미, 구약 시대에 죄를 씻기 위해 피를 뿌리고
고기를 불살라 대가로 지불함, 갈 3:13, 4:5), 구속(히, 가알 / 헬, 아고라조(히 2:17), 힐리스코마이(눅
24:21), 뤼트로오(딛 2:14), 아폴뤼트로시스(명, 골1:14, 엡 1:14, 4:30, 고전 1:30, 롬 3:24, 8:23), 영,
redemption, 죄를 대속함으로 인류를 구원함)이라는 용어들이 인류에게 미친 예수의 십자가 사건의
'죄 사함'(속죄)의 의미를 설명하는 단어로 쓰인다. 위의 인용구절들은 개역개정 번역에 따른 것이며, 매우
단순화된 정리임을 밝힌다. 같은 용어들에 대한 한글 번역이 다양하다는 것을 염두에 두어야 하며, 번역의
적절함에 대하여 별도의 논의가 필요하다. 그러나 예수 그리스도께서 십자가에서 죽으심으로 인류의 죄를
씻으셨고 구원하신 사건은 구약에 이미 위의 세 용어로 풍성하게 그 배경이 제시되어 있으며, 복음서가
증거하는 예수의 십자가 사건의 의미는 모든 서신서에 걸쳐 두루 속죄의 의미로 다뤄지고 있다. 십자가의
의미를 속죄의 의미로 다루는 것은 필수적인 것이며, 만약 이것을 거부한다면 서신서는 무의미한 책이
된다. 나아가 기독교는 우리에 의해 재구성된 예수 이야기에 근거한, 근거 없는 신앙이 된다. 십자가는 속죄
사건이며, 속죄의 효력으로 성도들은 의롭다 함을 얻는다. 의롭다 함을 얻는다는 것은 신약에 다양하게

는 채로 남아 있는가 하는 것이며, 지난 반 세기 동안(존 스토트가 이 책을 출간한 1986년을 기준으로) 복음주의 저자가 이 주제에 관하여 쓴 책이 한권도 없었다는 사실이다.[63]

존 스토트의 말을 인용하지 않더라도, 20세기 신학은 하나님의 구원 이야기의 절정이자, 사도들의 복음 선포에서 늘 중심에 위치하고 있는 성경의 핵심(엡 1:7-10; 고전 1:22-24; 고전 15:3-4)인 예수 그리스도의 십자가 사건에 대해 적절한 대우를 하지 않았다(엡 1:7-10; 고전 1:22-24). "내가 받은 것을 먼저 너희에게 전하였노니 이는 성경대로 그리스도께서 우리 죄를 위하여 죽으시고 장사 지낸 바 되셨다가 성경대로 사흘 만에 다시 살아나사"(고전 15:3-4).

예수의 십자가 사건은 부활과 함께 역사성을 의심받거나, 그 의미가 부인되는 경우가 많았다. 20세기에 신약을 연구하는 학자들은 자신들의 이성적 판단에 의존하여 자의적으로 복음서에서 역사적 예수를 찾으려 했으며, 서신서에 고백되는 예수의 십자가와 부활의 핵심적인 의미를 있지도 않은 사실에 덧붙여진 것으로 격하시켰다.

20세기 신약 신학은 예수의 죽음과 부활에 대한 진위 논쟁, 그리고 예수에 대한 복음서의 증거들에 대한 역사성 논쟁이 주를 이뤘다.[64]

표현된다. 하나님의 자녀가 됨, 양자가 됨, 죄 사함을 받음, 구원을 얻음, 속량 되어 자유함 등이다. 하나님나라 관점으로 볼 때, 예수의 십자가 사건은 인류의 죄, 하나님의 통치에 대한 반역의 대가를 치름으로 그를 믿는 모든 자들을 하나님의 백성으로 양자 삼는(adoption) 효과가 있다. 예수의 십자가의 죽음을 통한 속죄는 사탄의 왕국으로부터 하나님의 왕국으로 백성을 옮긴다(골 1:13-14). 구약의 방식으로 표현하자면, 예수의 속죄로 인해 우리는 하나님의 백성이 되고, 하나님은 우리의 하나님이 되신다.

63 〈그리스도의 십자가〉(존 스토트, 1988, IVP, 1998년 개정판) 17-18p

64 〈역사적 예수 논쟁〉(로버트 M. 프라이스 외 지음, 새물결플러스)을 참고하라. 특히 존 도미닉 크로산의 주장을 눈여겨 보라.

20세기 성경 신학은 본문 연구를 위한 비평학의 발전에도 불구하고 역사적 예수 탐구의 시대였다고 헤도 과언이 아니다. 그럼에도 불구하고 바울신학에 대한 새로운 관점의 연구들이 진행되었고, 하나님 나라를 중심으로 예수와 복음서를 연구하려는 새로운 움직임도 나타났다.[65] 우리가 간과하지 말아야 할 것은, 여전히 복음의 중심에 십자가가 있고, 십자가에서 죽으시고 부활하신 예수가 있다는 것이다.

예수의 승천 이후 사도들의 복음은 '십자가에서 죽으시고 부활하신 예수가 주'(퀴리오스)요 '메시야(크리스토스)라는 소식'이었다. 사도들의 복음은 '주 예수 그리스도'라는 호칭에서 잘 드러난다. 여전히 복음의 중심에는 십자가가 있으며, 죽으시고 부활하신 예수가 복음 선포의 핵심이다.[66] 십자가는 부활과 짝을 이루어 기독교 신앙의 중심에 위치한다. 하나님의 통치를 반역한 죄와, 그 결과로부터 모든 인류를 구원하기 위한 하나님의 구원 이야기의 절정이 바로 예수 그리스도의 죽음과 부활 사건이다.

2. 십자가의 죽음과 부활, 그리고 하나님나라

간단히 말해 예수께서는 하나님나라를 복음으로 선포하셨고, 십자가에서 죽으시고 부활하심으로 하나님나라를 성취하셨다. 십자가에서 죽으시고 부활하신 예수는 구약이 계시했고, 자신이 선포하신 하나

---

65 비평적 입장에서 20세기 이전부터의 전체적인 신학의 흐름을 이해하기 위해 〈예수와 하나님의 승리〉(N. T. 라이트, 크리스찬 다이제스트, 2004)를 참고하라. 게할더스 보스로부터 헤르만 리델보스나 조지 E. 래드 등의 저서들을 통하여 전통적 방식으로 하나님나라에 대한 연구가 진행되었음을 살펴보는 것도 중요하다.

66 〈그리스도의 십자가〉 제1장 '십자가의 중심성'을 참고하라.

님나라를 지금 이 땅에 이루고 계신다.

우리는 지금까지 하나님나라를 구약의 언약을 배경으로 백성, 땅, 주권이라는 세 키워드로 표현했다. 예수께서 지금 성취하고 계시며 장차 완성하실 하나님나라를 이 세 키워드로 말할 수 있다. 하나님께서는 아들을 인류의 메시야로 세상에 보내셨다. 하나님께서는 아들의 십자가 죽음을 통해 사탄의 백성에게 하나님의 백성의 지위를 부여하셨다. 십자가와 연합한 하나님의 백성은 정욕과 탐심으로 표현되는 자아의 통치를 벗어난다. "그리스도 예수의 사람들은 육체와 함께 그 정욕과 탐심을 십자가에 못 박았느니라"(갈 5:24). 십자가에서 예수와 연합하여 죽음으로 하나님의 주권을 인정하는 삶으로 나아간다. 성령의 놀라운 사역이 여기에 작용한다. 예수와 연합하여 예수의 부활과 연합하여 살아가는 하나님의 백성을 통해 하나님의 구속이 이 땅에 드러난다. 하나님의 창조세계인 이 땅은 탄식에서 벗어나 회복된다.

예수의 십자가 사건은 하나님의 구원 사역의 절정으로 반역한 백성을 하나님의 백성으로 삼는다. 나아가 십자가는 선악과를 따 먹은 이후 인류에게 시작된 자아의 통치와, 그 결과 나타난 피조세계의 불행으로부터 인류를 구원하여 하나님의 통치를 통해 이 땅에 하나님나라가 이루어지게 한다. 십자가에서 죽으시고 부활하신 예수는 우리의 죄를 대속하여 우리를 하나님 백성으로 삼는다. "인자의 온 것은 섬김을 받으려 함이 아니라 도리어 섬기려 하고 자기 목숨을 많은 사람의 대속물로 주려 함이니라"(막 10:45). "그가 우리를 대신하여 자신을 주심은 모든 불법에서 우리를 속량하시고 우리를 깨끗하게 하사 선한 일을 열심히 하는 자기 백성이 되게 하려 하심이라"(딛 2:14). 나아가 우리가 예수의 부활과 연합하여 하나님의 통치를 따라 살아가며 이 땅에 하나님나라가 성취되게 한다. "그러므로 우리가 그의 죽으심과 합하여 세례를 받음으로 그와 함께 장사되었나니 이는 아버지의 영광으로 말미암아 그리스도를 죽은 자 가운데서 살리심과 같이 우리로 또한 새 생명 가운데서 행하게 하려 함이니라"(롬 6:4). "미쁘다 이 말이여, 우리가 주와 함께 죽었으면 또한 함께 살 것이요"(딤후 2:11). "친히 나무에 달려 그 몸으로 우리 죄를 담당하셨으니 이는우리로 죄에 대하여 죽고 의에 대하여 살게 하려 하심이라 저가 채찍에 맞음으로 너희는 나음을 얻었나니"(벧전 2:24).

십자가의 죽음과 부활은 우리를 내세의 형벌로부터 구원하고, 몸이 영원히 사는 것을 보장하는 것뿐만 아니라, 지금 여기에서 하나님나라를 성취하신 사건이다. 십자가에서 죽으시고 부활하신 예수는 하나님나라 복음의 기초다.

3. 십자가 복음에 대한 잘못된 이해: 사회정의 복음과 구원파적 복음

십자가의 속죄를 거부하고, 부활을 신화로 돌린 20세기 신학의 자유주의적 풍토는 참으로 유감이다. 구약 전체가 메시야를 통해 하나님이 다스리는 새로운 세상, 즉 하나님나라를 예고하고 있으며, 십자가에서 죽으시고 부활하신 예수가 바로 그 메시야라는 것을 복음서가 분명히 증거하고 있으며, 사도들은 그 예수를 주요 메시야로 제시하는 완성된 형태의 기독교 신앙을 전하고 있음에도 불구하고, 부활을 거부하거나 십자가의 의미를 축소하여, 결국 복음을 사회 개혁을 위한 윤리적 가르침을 전락시킨 자유주의자들의 연구는 성경에 대한 폭력이다. 자유주의자들의 연구 풍토는 하나님나라 신학과 복음 이해에도 많은 영향을 미쳐, 하나님나라를 주로 토지와 경제의 정의가 이루어지는 사회를 이루는 운동으로 국한시켰다. 그리하여 인간의 죄의 본성과 자아의 통치가 빚어내는 오류와 윤리적 타락을 치유하는 속죄의 복음과 성령의 사역에 대해 간과하는 결과를 초래했다.

이와 반대로, 혹은 유사하게, 십자가에서 죽으시고 부활하신 예수께서 성취하신 하나님나라에 대한 무지함 속에서 속죄의 교리에 대한 협소한 이해에 기반하여 내세적 구원에 대한 확신과 이원론적 복음을 전파한 근본주의적인 보수 교회들의 구원파식 복음 이해도 심각한 폭력이다. 구원파적 복음 이해는 천국을 내세적인 것으로 돌림으로 하나님의 구속의 대상인 피조세계(땅)에 대한 하나님의 백성의 사명을 간과하는 결과를 초래했고, 기복적 샤머니즘이 현세를 살아가는 하나님의 백성의 신앙적 대안으로 자리잡게 했다. 지금까지 한국적 상황에서는 자유주의자들의 폭력보다, 근본주의적인 보수 교회들의 문제가 더욱 심각한 영향을 미쳤다.

성경 전체에서 십자가의 죽음과 부활은 하나님나라를 성취한 사건이다. 십자가의 죽음과 부활은 유대 청년처럼 보였던 예수를 인류에게 보내신 메시야이자 하나님의 아들로 입증한 중요한 사건이다. "성결의 영으로는 죽은 자들 가운데서 부활하사 능력으로 하나님의 아들로 선포되셨으니 곧 우리 주 예수 그리스도시니라"(롬 1:4). "생명의 주를 죽였도다 그러나 하나님이 죽은자 가운데서 그를 살리셨으니 우리가 이 일에 증인이라"(행 3:15). "그의 능력이 그리스도 안에서 역사하사 죽은 자들 가운데서 다시 살리시고 하늘에서 자기의 오른편에 앉히사 모든 통치와 권세와 능력과 주권과 이 세상뿐 아니라 오는 세상에 일컫는 모든 이름 위에 뛰어나게 하시고"(엡 1:20-21). 동시에 예수는 그를 믿고 죽음과 부활에 연합한 자에게 하나님나라의 새 생명을 성취해준다.

예수를 믿는다는 것은 하나님을 반역한 모든 죄를 사함받고, 다시금 창조자 여호와 하나님을 경외하며 하나님의 복 가운데 살아가는 백성이 된다는 것이다. 나아가 하나님의 피조세계 전체를 회복하는 메시야의 사역에 동참하는 것이다. "자녀이면 또한 상속자 곧 하나님의 상속자요 그리스도와 함께 한 상속자니 우리가 그와 함께 영광을 받기 위하여 고난도 함께 받아야 할 것이니라"(롬 8:17). "또 주께서 너희를 위하여 예정하신 그리스도 곧 예수를 보내시리니 하나님이 영원 전부터 거룩한 선지자들의 입을 통하여 말씀하신 바 만물을 회복하실 때까지는 하늘이 마땅히 그를 받아 두리라"(행 3:20-21). "그 뜻의 비밀을 우리에게 알리신 것이요 그의 기뻐하심을 따라 그리스도 안에서 때가 찬 경륜을 위하여 예정하신 것이니 하늘에 있는 것이나 땅에 있는 것이 다 그리스도 안에서 통일되게 하려 하심이라"(엡 1:9-10). "나의 복음과 예수 그리스도를 전파함은 영세 전부터 감추어졌다가 이제는 나타내신 바 되었으며 영원하신 하나님의 명을 따라 선지자들의 글로 말미암아 모든 민족이 믿어 순종하게 하시려고 알게 하신 바 그 신비의 계시를 따라 된 것이니"(롬 16:25-26).

십자가의 죽음과 부활은 현세에서나 내세에서 하나님나라를 성취하는 사건이다. 십자가의 죽음과 부활은 하나님나라와 관련하여 해석되어야 하며, 하나님나라를 성취하는 사건으로 해석되어야 한다. 하나님을 반역한 인류의 죄를 대속하여 우리를 하나님의 백성으로 삼아주시는 사건이 십자가 사건이며, 십자가는 하나님의 주권을 인정하는 삶으로 인도하여 부활이 보증하는 하나님나라의 새 생명으로 인도하는 복음이다.

4. 십자가의 복음과 하나님나라의 복음

1) 두 복음에 대한 오해

이제 십자가의 복음과 하나님나라의 복음을 정리하고, 그 통일성의 근거를 밝히고, 하나로 통합하는 작업을 할 차례이다. 이 시대에 십자가의 복음과 하나님나라의 복음의 관계를 정립하는 작업은 매우 절실하다. 20세기에 하나님나라 복음에 대한 연구가 진행되면서, 이 두 복음이 서로 다른 복음인 것처럼 오해되었기 때문이다.

자유주의 신학자들은 두 복음이 서로 다른 복음이라고 주장했다. 십자가의 복음은 헬라 교회에 전파된 이원론적 바울의 복음이며, 하나님나라의 복음은 예루살렘 교회에 전파된 예수의 복음이라는 것이 그 주장의 요점이다. 이 주장의 가장 큰 근거는 '하나님나라'라는 용어가 서신서에 거의 나오지 않는다는 점과 바울 서신에 예수의 전승을 직접적으로 다룬 예가 거의 없다는 점이다. 바울 서신은 십자가를 통한 죄사함과 칭의를 가장 중요한 주제로 다루는 것처럼 보이는 반면, 복음서는 예수의 성육신에서부터 죽음과 부활 승천까지의 생애와 그가 직접 가르치신 하나님나라를 가장 중요하게 다루고 있기 때문이다. 외견상 바울 서신에 근거한 십자가 복음과 복음서에 근거한 예수의 하나님나라 복음이 각각 헬라와 유대 지역에서 우세하던 두 다른 복음이라는 것이 정당해 보인다.

2) 십자가 복음에 대한 오해

주로 복음서에 근거하고 있는 하나님나라의 복음과 서신서, 그것도 주로 바울 서신에 근거하고 있는 십자가의 복음이 이처럼 다른 복음으로 인식된 것은 먼저 바울 서신을 포괄적으로 이해하지 못했기 때문이다. 로마서 전반부에서 주로 다뤄지고 갈라디아서나 다른 서신들에서도 산발적으로 나타나는 십자가의 대속과 칭의가 복음의 핵심 중 하나이지만, 바울이 십자가의 대속과 칭의만을 복음의 전부로 제시한 것이 아니다. 바울이 말한 총체적인 복음은 십자가와 연합한 자아의 죽음과, 성령의 인도하심을 따라 하나님의 주권을 인정하고 예수를 주로 모시는 새로운 삶(부활의 삶)으로의 부르심이며, 이것은 예수의 하나님나라 복음의 다른 표현 양식이라고 할 수 있다.

3) 하나님나라 복음에 대한 오해

나아가 하나님나라 복음에 대한 오해도 '두 복음', 곧 '십자가의 복음'과 '하나님나라의 복음'을 서로 다른 복음으로 오해하게 만드는 중요한 요인이 되었다. 하나님나라를 내세적 지복의 장소로 규정한 과거의 전통적 천국 이해는 피조세계 자체를 회복하려는 메시야의 목적과 하나님나라 복음의 포괄성을 이해하지 못한 것이다. 또한 하나님나라를 대속과 칭의의 결과로서의 내세의 천국으로 연결시키려는 협소한 이해였다.

최근 등장한 현세적 하나님나라 이해는 하나님나라를 현세적 사회 변혁 운동의 결과로 규정한 또 다른 협소한 이해다. 이러한 하나님나라의 이해는 십자가의 대속과 칭의를 통해 하나님의 백성이 된 하나님나라의 특별한 도구로서의 교회에 대한 이해를 약화시키고, 하나님나라복음을 십자가 복음과 결별시키는 결과를 초래했다. 하나님나라의 복음은 예수의 십자가 죽음으로 성취되었으며, 십자가에서 죽으시고 부활하신 예수를 주요 메시야로 믿는 자들의 공동체인 교회를 통해 하나님나라가 성취되어 간다는 의미에서, 하나님나라의 복음은 주 예수 그리스도의 십자가 복음의 다른 표현 양식인 것이다.

4) 십자가 복음과 하나님나라의 복음은 하나다

비평주의 신학자들에 의해 제기된 두 복음의 분리는 십자가의 대속과 칭의를 복음의 전부로 인식해도 별 문제가 없었던 기독교 신앙에 변화를 요청한다. 성경 신학의 급속한 발달과 더불어, 20세기에는 하나님나라에 대한 연구가 본격화되었고, 하나님나라가 복음의 핵심 개념이라는 사실이 주목되었다. 성경을 교리적 명제를 위한 증거 본문으로 이해하는 방식의 신학은 성경 전체를 하나의 통일된 이야기로 보는 성경신학적 방법으로 대체되기 시작했다. 이제 우리는 이 두 복음을 통합해야 한다. 이른바 서로 별거하던 십자가 복음과 하나님

나라 복음을 총체적인 하나의 복음으로 재혼시켜야 한다.[67]

구약의 이스라엘 이야기의 결과이자 절정으로서 예수의 십자가에서의 죽음과 부활 사건은 예수의 하나님나라의 선포를 성취한 것이며, 나아가 하나님나라를 성취하신 예수를 주요 메시야로 믿는 기독교 신앙의 출발점이었다. 십자가 복음은 하나님나라를 가능하게 하는 출발점이며, 하나님나라 복음은 십자가의 구속으로부터 출발해야 한다. 십자가를 포괄적으로 이해한다면, 십자가의 복음과 하나님나라의 복음은 근본적으로 동일한 것이라는 사실이 드러난다. 이에 대해 스캇 맥나이트는 아주 좋은 통합적 시도를 우리에게 보여 주었다. 그는 개인 구원과 십자가의 대속과 내세적 하나님나라를 강조한 보수적 하나님나라 운동과, 사회 변화와 현세적 하나님나라의 성취를 강조한 진보적 하나님나라 운동이 하나님나라 내러티브를 통해 통합될 수 있음을 보여주었다.[68]

십자가 복음은 결코 내세만을 향해 있지 않다. 예수의 십자가 사건을 예표한 구약 내러티브는 하나님의 피조세계의 총체적 회복을 예고하고 있으며, 그것이 메시야에게서 완성될 것임을 선지자들을 통해 예언했다.[69] 하나님나라 복음은 단순한 윤리 운동이 아니다. 그것

---

67 하나님나라와 복음의 이혼을 넘어(김형국의 기고문, 목회와신학 2013년 2월호)에서 참고하라.

68 하나님나라의 비밀(스캇 맥나이트, 새물결플러스, 2016)의 1장과 2장을 참고하라. 그는 십자가 복음을 내세적 천국을 강조하는 정장바지 스타일의 하나님나라로(2장), 하나님나라 복음을 현세적 사회운동으로서의 스키니진 스타일의 하나님나라로 대조하면서(2장), 두 복음이 하나님나라 내러티브 안에서 하나로 통합되어야 함을 강조한다(3장).

69 예수의 십자가의 죽음과 부활이 가져오는 구원의 포괄적 이해를 위해 크리스토퍼 라이트의 〈하나님의 선교〉(IVP, 2010) 8장과 9장을 참고하라. 그는 출애굽(8장)과 희년(9장)의 주제를 통해 포괄적으로 하나님의 구원의 의미를 설명한다. 나아가 그것을 십자가 복음과 연결한다.

은 십자가에서 죽으시고 부활하신 예수를 믿고 성령의 거듭난 이들을 통한 십자가 운동에서 시작되며, 구원이 세상에 미치는 놀라운 현세적 결과를 포함하는 것이다.[70]

존 스토트는 바울이 세 가지의 서로 다른 죽음과 부활에 대해 쓰고 있다고 주장한다. 첫 번째는 죄에 대한 죽음과 그 이후에 하나님에 대하여 사는 삶이다. 두 번째는 자아에 대한 죽음으로서, 이는 십자가를 지는 것, 부인하는 것, 십자가에 못박히는 것, 고행하는 것 등으로 다양하게 불린다. 세 번째는 그분의 생명이 우리 몸에 나타나도록 하는 것이다. 존 스토트의 주장에 따른다면 십자가의 복음은 하나님의 주권을 인정하며 살아가는 백성을 통한 땅(피조세계)의 회복의 복음이다. 십자가의 복음은 서신서를 포괄적으로 이해한다면, 현세와 내세를 포괄하는 하나님나라의 복음이라 정리할 수 있다.

5. 정리

① 십자가는 하나님나라를 성취한 사건이다.

② 십자가는 대속을 통해 하나님의 언약 백성을 하나님의 백성으로 삼으신 언약 사건이다.

③ 십자가의 복음을 통해 하나님의 백성은 자아가 통치하는 삶으로부터 하나님의 주권을 인정하는 삶으로 나아갈 수 있다.

④ 십자가의 복음을 통해 하나님의 백성 공동체인 교회는 이 땅을

---

70 그리스도의 십자가 383-384

회복하는 하나님의 선교의 도구로 부르심을 받는다.

⑤ 십자가에서 죽으신 예수의 부활은 하나님이 통치하는 새로운삶을 보증한다.

⑥ 십자가는 실존적으로 자아의 통치에 대한 거부로서 하나님이 통치하시는 새로운 삶으로서의 부활로 나아간다.

16
킹덤복음의 결론 :
주 예수 그리스도의 하나님나라 복음

1. 성경 전체를 관통하는 총체적 복음

우리는 성경 전체를 하나의 거대한 복음 이야기(metanarrative)로 보고 총체적 복음을 이해하며, 그 복음 이야기 안에서 살아갈 수 있어야 한다. 이런 삶이 하나님께서 인류에게 제시한 복음을 누리는 유일한 길이다. 그러기 위해 우리는 먼저 내세적이고 기복적이고 파편적으로 이해되어온 복음을 이 시대에 맞게 총체적으로 재진술해야 할 사명 앞에 서 있다.

이 책에서 여기까지 성경 전체가 말하는 복음을 이해하기 위한 가능성을 타진하고 입증해왔다. 성경을 전체로서 읽기만 한다면 얼마든지 명료하게 이해할 수 있다고 말한 터툴리안의 지혜를 따라[71] 우리

---

71 알리스터 맥그래스, 신학이란 무엇인가(김기철 역, 2014, 복있는사람), 53p

는 성경 전체가 언약 개념을 통해 계시되고 예수 그리스도에 의해 성취된 하나님나라 이야기라는 것을 확인했다.

하나님께서 우리를 구원하시는 이야기는 언약을 통해 계시되었다. 하나님과 인류가 맺은 언약은 고대 근동의 종주권 언약의 세 가지 요소를 포함한다. 즉, 관계 맺음, 선물 수여, 조건 제시이다. 하나님은 우리와 새로운 관계를 맺으신다. 우리에게 땅을 선물하신다. 그리고 자신의 주권을 인정하실 것을 요청하신다. 구약은 언약을 깨트린 인류(창 1-11장)에게 아브라함의 후손을 통해 언약을 맺으시는 이야기(창 12장-말라기)이며, 예수께서는 자신의 죽음과 부활을 통해 자신을 믿는 백성과 영원한 언약을 맺으시며, 하나님의 주권이 인정되어 이 땅을 하나님이 통치하시는 하나님나라로 회복하시는 그 이름이 되시며, 장차 다시 오실 때 영원히 하나님은 우리의 왕이 되실 것이다(신약).

따라서 언약 이야기인 성경을 이해할 때, 언약의 세 가지 요소를 기초로 백성, 땅, 주권이라는 세 키워드를 사용하면 성경 안에 담긴 복음이 명료하게 드러난다. 우리는 죽으시고 부활하신 예수 그리스도를 믿음으로 하나님의 백성이 된다. 우리는 하나님의 창조세계, 즉 땅이 회복되어 하나님나라를 누리게 될 것을 약속받는다. 하나님나라를 누리는 것은 하나님의 주권을 인정하며, 성령의 인도하심을 따라 하나님의 통치를 구현할 때 가능하다. 우리는 은혜로 하나님의 백성이 되었음을 확신하고, 하나님의 통치를 따라 살아가며, 하나님나라를 누리는 동시에 하나님나라를 회복하는 사명을 가지고 이 땅을 살아가는 것이다. 이것이 하나님나라를 살아내는 삶이다.

우리가 지금까지 확인한 대로 성경 전체가 제시하는 복음은 하나님께서 자기 백성을 부르셔서 세상을 회복하시는 이야기, 즉 하나님나라의 복음이다. 하나님나라의 복음은 하나님의 메시야(그리스도)로 세상에 오신 하나님과 동등한 본체(주)이신 예수님에 의해 성취되었다. 따라서 복음은 주 예수 그리스도의 복음이다. 주 예수 그리스도의 복음은 십자가에서 죽으시고 부활하신 예수님을 주요 메시야로 고백하라는 요청이며, 동시에 예수께서 이루실 구원은 구약에서 계시되었고 예수의 사역을 통해 선포되고 가시적으로 구현된 하나님나라가 예수를 주로 고백한 교회를 통해 성취될 것이라는 약속이다. 따라서 우리는 성경 전체를 관통하는 복음을 주 예수 그리스도의 하나님나라 복음이라고 명명할 수 있다.

2. 주 예수 그리스도의 하나님나라 복음

예수님 자체가 복음이시며, 그가 가르치신 것도 복음이며, 그가 십자가의 죽음과 부활을 통해 성취한 것도 복음이다. 예수님이 복음이며, 예수님이 가르치시고 성취하신 하나님나라가 복음인 것이다. 예수님은 십자가에서 인류의 죄를 사하셨으며, 모든 인류가 그를 통해 하나님의 백성이 될 수 있는 길을 여셨다(주 예수 그리스도의 복음). 동시에 예수께서는 자신의 사역을 통해 자신이 새로운 종교를 만드는 것이 아니라 인류를 위해 하나님께서 구약을 통해 제시하신 하나님나라를

성취하러 세상에 오셨다는 것을 천명하셨다(하나님나라의 복음).[72]

우리가 보통 복음이라고 하면 로마서 3-4장, 갈라디아서 3-4장, 에베소서 2장을 떠 올린다. 이 본문들에서 복음은 예수께서 우리를 위해 죽으시고 죄를 사하셔서 하나님의 은혜로 구원을 받는 소식으로 이해된다. 예수를 주요 그리스도로 고백하면 그것이 복음으로 충분하다고 생각한다. 하지만 우리는 조금 더 나아가야 한다. 우리의 죄를 사하시기 위해 십자가에서 죽으시고 부활하신 예수님께서 성취하시려는 것이 하나님나라이기 때문이다.

에베소서 2장을 보자. 우리는 주로 복음의 핵심이 우리가 은혜로 구원을 받았으며, 행위에서 난 것이 아니라고 본다(엡 2:8-9). 하지만 복음은 새로운 삶을 살아가는 놀라운 존재론적 변화를 경험하는 것이다. 즉, 하나님나라를 살아가는 것이다. 바울은 하나님을 반역하고 우리 자신의 욕망을 따라 사탄의 노예로 살아가던 삶을 폭로한다. "그때에 너희는 그 가운데서 행하여 이 세상 풍조를 따르고 공중의 권세 잡은 자를 따랐으니 곧 지금 불순종의 아들들 가운데서 역사하는 영이라 전에는 우리도 다 그 가운데서 우리 육체의 욕심을 따라 지내며 육체와 마음의 원하는 것을 하여 다른 이들과 같이 본질상 진노의 자녀이었더니"(엡 2:2-3). 이 삶은 예수를 알지 못하고 하나님의 통치 가운데 살아가지 않는 우리의 불행한 현실을 표현하는 것이다. 이것이 죽음의 상태다.

바울은 이어 구약에서 드러났고 메시야 예수를 통해 절정에 이른

---

72   크리스토퍼 라이트, 구약을 어떻게 설교할 것인가(전의우 역, 2016, 성서유니온), 45-46p

하나님의 놀라운 사랑을 통해 우리에게 전혀 새로운 삶이 임했다고 선포한다. 하나님이 큰 사랑으로 우리에게 메시야 예수 그리스도를 보내셔서, 우리가 그를 믿고 그의 죽음과 부활과 연합하여, 하나님의 통치를 따라 살아가는 전혀 다른 종류의 삶을 살아갈 수 있다고 선포한다. 그것이 바로 그리스도와 함께 살아나고, 함께 일어나고, 함께 하늘에 앉게 되었다는 표현의 의미다. "긍휼이 풍성하신 하나님이 우리를 사랑하신 그 큰 사랑을 인하여 허물로 죽은 우리를 그리스도와 함께 살리셨고 (너희는 은혜로 구원을 받은 것이라) 또 함께 일으키사 그리스도 예수 안에서 함께 하늘에 앉히시니"(엡 2:4-6). 우리는 하나님의 통치를 거부하고, 욕망을 따라 살아가는 죽음의 상태로부터 벗어난다. 새로운 삶, 진정한 생명이 예수 그리스도를 통해 주어진다. 그 결과 우리는 성령의 인도하심을 따라 하나님의 통치 안에서 살아간다. 예수 그리스도와 더불어 세상을 통치한다. 즉, 하나님의 통치를 따라 살며, 하나님의 통치를 이 땅에 선포하며 가르쳐 지키게 된다. 하나님의 통치 안에 만물이 회복된다. 이것이 하나님나라다. 복음은 십자가에서 죽으시고 부활하신 예수를 믿고 하나님의 백성이 되는 것에서 끝나는 것이 아니라, 그와 연합하여 새로운 생명을 누리며 하나님의 통치를 이 땅에 구현하게 된다.

에베소서 2장 1-10절에서도 복음의 핵심은 세 가지다. ① 우리가 주 예수 그리스도를 믿음으로 행위가 아니라, 은혜로 하나님의 백성이 된다는 것이다. ② 우리는 욕망을 따라 사탄의 주권을 인정하며 살아가는 삶에서 그리스도와 연합하여 하나님의 주권을 인정하는 새로운 삶으로 변화된다. 즉, 성령의 인도하심을 따라 살아가는 내세에까지 이어지는 영원한 새로운 생명을 지금 여기에서부터 누리게 된다. ③ 하나님의 통치를 통해 우리의 개인적 실존 방식뿐 아니라 하나님의 창조세계가 회복되어 주님 나라가 성취된다. 복음은 결코 속죄에만 머물지 않는다. 복음은 예수 그리스도를 통해 온 세상을 하나님나라로 회복시키는 약속의 성취까지 나아간다.

주 예수 그리스도의 하나님나라의 복음은 구약에서 약속된 것이며, 예수 그리스도를 통해 성취된 복음이다. 그것은 하나님의 백성을 택하여, 하나님의 주권을 성취함으로 땅이 회복될 것을 약속하신 구약의 언약의 성취였다. 하나님나라 복음은 바로 십자가에서 죽으시고 부활하신 예수 그리스도를 통해 인류가 죄 사함을 받고 하나님의 백성이 된다는 소식에서 시작함으로 십자가 복음이며, 그 복음은 구약과 예수님의 약속대로 성령을 통해 성취된다.

사도들이 전한 복음은 바로 주 예수 그리스도의 하나님나라 복음이었다. 사도들은 늘 언약을 통한 구약의 하나님나라 이야기와 십자가에서 죽으시고 부활하신 예수를 연관시켜 복음을 전했다. "빌립이 하나님나라와 및 예수 그리스도의 이름에 관하여 전도함을 그들이 믿고 남녀가 다 세례를 받으니"(행 8:12). "그들이 날짜를 정하고 그가 유숙하는 집에 많이 오니 바울이 아침부터 저녁까지 강론하여 하나님의 나라를 증언하고 모세의 율법과 선지자의 말을 가지고 예수에 대하여 권하더라"(행 28:23). "바울이 온 이태를 자기 셋집에 머물면서 자기에게 오는 사람을 다 영접하고 하나님의 나라를 전파하며 주 예수 그리스도에 관한 모든 것을 담대하게 거침없이 가르치더라"(행 28:30-31).

하나님이 통치하시는 회복된 세상에 대한 구약의 계시를 성취한 주 예수 그리스도를 믿으라는 선포가 사도들의 복음이었다. 이것이 하나님나라를 가르치시고 성취하신 예수와, 예수를 주로 메시야로 고백하는 복음의 조화이다.

3. 주 예수 그리스도의 하나님나라 복음의 유익

예수 그리스도를 통해 새롭게 변화되는 세상을 선포하는 것이 주 예수 그리스도의 하나님나라 복음을 선포하는 제자들의 사명이다. 베드로와 요한은 십자가에서 죽으시고 부활하신 예수 그리스도를 믿으면 새롭게 되는 날이 이를 것이며, 장차 만물이 회복될 것이라고 선포한다. "그러므로 너희가 회개하고 돌이켜 너희 죄 없이 함을 받으라 이같이 하면 새롭게 되는 날이 주 앞으로부터 이를 것이요 또 주께서 너희를 위하여 예정하신 그리스도 곧 예수를 보내시리니 하나님이 영원 전부터 거룩한 선지자들의 입을 통하여 말씀하신 바 만물을 회복하실 때까지는 하늘이 마땅히 그를 받아 두리라" (행 3:19-21).

우리가 지금까지 정리한 주 예수 그리스도의 하나님나라 복음이 개인적이고 내세적이며 기복적인 복음의 편협함을 해결할 유일한 대안이다. 언약을 기초로 한 통전적이고 총체적인 복음 이해와 선포는 온 세상을 회복하는 복음의 진가를 드러낼 수 있다. 복음이 바르게 선포될 때, 교회의 문제들이 개혁될 수 있다. 신앙과 삶이 일치하지 않는 한국 교회의 윤리적 문제들이 해결될 수 있다. 500년 전 루터가 왜곡된 속죄신학을 성경적으로 지적하며, 하나님의 복음으로 죄가 사해질 수 있다는 이신칭의를 전함으로, 면죄부로 대표되는 교회의 타락을 바로잡았던 것처럼 말이다.

주 예수 그리스도의 하나님나라 복음은 여러 유익이 있다. 먼저 그 복음은 행위와 은혜, 믿음과 행함의 문제를 언약의 개념 안에서 풀 수 있고, 복음이 우리에게 주는 확신과 책임의 건강한 긴장을 유지할 수 있다. 우리는 행위로 하나님의 백성이 될 수 없으며, 동시에 은혜 안에 거하려고 행위의 방종을 용인할 수 없다. 총체적 복음은 행위와 은혜의 변증법적 긴장을 유지하며, 예수의 십자가 복음과 하나님나라를 조화시켜 사도들과 같이 복음을 전할 수 있도록 우리를 이끈다. 또한 그 복음은 내세적으로 치우친 복음을 바로 잡아 현세와 내세를 아우르는 균형을 이루게 해준다. 복음은 내세의 영원한 생명뿐 아니라, 이미 이 세상에서 시작되는 새로운 삶을 보장한다. 하나님의 통치 안에서 그리스도와 연합한 새로운 삶은 이 세상을 변화시키는 하나님의 능력이 이 땅에 임하도록 돕는 매개 역할을 한다. 온 세상은 예수 그리스도 안에서 하나님과 화합하며, 나아가 모든 피조물이 서로 화합하여 하나가 된다. 마지막으로 그 복음은 복음이 필요한 모든 개인들과 점점 악해져가는 세상에 대한 유일한 해결책을 제시한다. 모든 개인들과 피조물은 탄식하며 구원을 요청한다. 예수 그리스도를 통해 하나님나라가 성취된다는 놀라운 소식은 모든 개인에게 소망이 되며, 나아가 온 세상을 변화시킬 진정한 복된 소식이 된다.

복음이 무엇인지 바르게 정의하고 그 복음을 따라 살아가는 것이 교회가 살 길이자 세상이 회복되는 길이다. 교회는 지성적으로 사고하며, 동시에 기도해야 한다. "교회가 사고하지 않으면 신이교주의의 영리하고 세련되며 지능적인 속임수에 넘어가기 쉽다. 교회가 기도하지 않으면 보호 장구를 갖추지 않은 풋볼팀같이 된다."[73]

교회는 성경이 가르치는 총체적 복음에 대해 명확히 사고하며 연구하며, 동시에 우리가 살아갈 세상에 하나님의 능력이 나타나 하나님나라가 임하도록 기도해야 한다.

우리 모두 주 예수 그리스도의 하나님나라 복음을 깨닫는 지성을 구하며, 동시에 그 나라의 능력이 이 땅을 변화시키도록 쉬지 말고 기도하자. 주 예수 그리스도를 믿어 하나님의 통치를 통해 임하는 하나님의 복을 누리자. 그리고 그것을 온 세상에 증거하는 증인이 되자.

---

73 톰 라이트, 〈우상의 시대 교회의 사명〉(김소영 역, IVP, 2016), 14p

참고문헌

1. 국내단행본

이종필, 『하나님나라 관점으로 구약관통』, 서울: 넥서스크로스, 2014.

이종필, 『하나님나라 관점으로 신약관통』, 서울: 넥서스크로스, 2014.

김균진, 『예수와 하나님나라』, 서울: 새물결플러스, 2016.

김세윤, 『복음이란 무엇인가』, 서울: 두란노, 2011.

김세윤, 『칭의와 성화』, 서울: 두란노, 2013.

김세윤, 김회권, 정현구, 『하나님나라 복음』, 서울: 새물결플러스, 2013.

김회권, 『하나님나라 신학의 관점에서 읽는 모세오경』, 서울: 대한기독교서회, 2006.

송제근, 『오경과 구약의 언약신학』, 서울: 두란노, 2003.

송제근, 『시내산 언약과 모압 언약』, 서울: 솔로몬, 1998.

양용의, 『하나님나라 어떻게 이해할 것인가』, 서울: 성서유니온선교회, 2005.

임덕규, 『언약과 그리스도의 복음』, 서울: 기독교문서선교회, 2015.

정창욱, 『신약개관: 하나님나라 관점으로 신약읽기』, 서울: 총신대학교출판부, 2013.

김형국, 『제자훈련, 기독교의 생존 방식』, 서울: 비아토르, 2017.

2. 번역서

Bauckham, R., Jesus and the eyewitnesses: the Gospels as eyewitness testimony(『예수와 그 목격자들』, 박규태 옮김, 새물결플러스, 2015)

Beale, G. K., (A) New Testament biblical theology: [the unfolding of the Old Testament in the New](『신약성경신학』, 김귀탁 옮김, 부흥과개혁사, 2013)

Beale, G. K., The Temple and the Church's Mission: a Biblical Theology of the Dwelling Place of God(『성전신학』, 강성열 옮김, 새물결플러스, 2014)

Bird, M. F., Gospel of the Lord(『주 예수의 복음』, 신지철 옮김, 새물결플러스, 2017)

Bock, D. L., Jesus according to Scripture: [restoring the portrait from the Gospels](『복음서를 통해 본 예수』, 신지철, 김철 옮김, 솔로몬, 2012)

Blomberg, C., Jesus and the Gospels: an introduction and survey(『예수와 복음서』, 김경식 옮김, 기독교문서선교회, 2008)

Brown, M. G, Keele, Z., Sacred bond: covenant theology explored(『언약신학으로의 초대: 모든 이를 위한 언약신학』, 조호영 옮김, 부흥과개혁사, 2016)

Childs, B. S., Old Testament theology in a canonical context(『구약신학』, 박문진 옮김, 크리스챤다이제스트, 1992)

Dempster, S. G., Dominion and dynasty: a theology of the Hebrew Bible(『하나님나라 관점으로 읽는 구약신학』, 박성창 옮김, 부흥과개혁사, 2012)

Dumbrell, W. J., Covenant and creation: a theology of Old Testament Covenants(『언약과 창조』, 최우성 옮김, 크리스챤서적, 1999)

Dumbrell, W. J., (The) Search for order: biblical eshatology in focus (『언약신학과 종말론』, 양세훈 옮김, 기독교문서선교회, 2011)

Elwell, W. A., Encountering Jesus and the Gospels(『복음서 연구: 예수와

복음서』, 류근상 옮김, 크리스챤출판사, 2010)

Gentry, P. J. & Wellum, S. J., Kingdom Through Covenant(『언약과 하나님나라』, 김귀탁 옮김, 새물결플러스, 2017)

Golding, P., Covenant Theology(『현대인을 위한 언약신학』, 박동근 옮김, 그 나라, 2015)

Gorman, M. l. J., Death of the Messiah and the birth of the new covenant: a (not so) new model of the atonement(『속죄와 새 언약: 메시야의 죽음과 새 언약의 탄생』, 최현만 옮김, 에클레시아북스, 2016)

Hasel, Gerhard., Old Testament theology: basic issues in the current debate(『구약신학: 현대 논쟁의 기본 이슈들』, 김정우 옮김, 엠마오, 1993)

Hasel, Gerhard., New Testament theology: basic issues in the current debate(『신약신학: 현대 논쟁의 기본 이슈들』, 권성수 옮김, 엠마오, 1994)

Hays, R. B. (The) Moral vision of the New Testament(『신약의 윤리적 비전』, 유승원 옮김, IVP, 2002)

Hays, R. B.(『예수 그리스도의 믿음』, 최현만 옮김, 에클레시아북스, 2013)

Horton, Michael., (The) Christian faith: [a systematic theology for pilgrims on theway](『개혁주의 조직신학』, 이용중 옮김, 부흥과개혁사, 2012)

Horton, Michael., God of promise: introducing covenant theology(『언약신학』, 백금산 옮김, 부흥과개혁사, 2009)

Kline, M. G., Kingdom prologue: genesis foundations for a covenantal worldview(『하나님나라의 서막: 언약적 세계관을 위한 창세기적 토대』 김구원 옮김, 기독교문서선교회, 2012)

Kraybill, D. B.(『예수가 바라본 하나님나라』, 김기철 옮김, 복있는사람, 2010)

Ladd, G. E., The Presence of the Future: Jesus and the Kingdom(『하나

님나라』, 원광연 옮김, 크리스천다이제스트, 2016)

McKnight, S., (The) King Jesus Gospel(『예수 왕의 복음』, 박세혁 옮김, 새물결플러스, 2014)

McKnight, S., Kingdom conspiracy: returning to the radical mission of the local church(『하나님나라의 비밀』 김광남 옮김, 새물결플러스, 2016)

McGrath, A. E., Christian theology: an introduction(『신학이란 무엇인가』, 김기철 옮김, 복있는사람, 2014)

Middleton, J. R., (A) New heaven and a new earth: reclaiming biblical eschatology,(『새 하늘과 새 땅』, 이용중 옮김, 새물결플러스, 2015)

Newbigin, L., (A) Walk through the bible(『성경 한 걸음』, 윤종석 옮김, 복있는 사람, 2013)

Pennington, J. T., Reading the Gospels wisely: a narrative and theological introduction,(『복음서 읽기: 복음서의 내러티브와 신학적 개론』, 류호영 옮김, 기독교문서선교회, 2015)

Price, R. M., Crossan, J. D., Johnson, L. T., Dunn, J. D. G., Bock, D. L., Historical Jesus: five views(『역사적 예수 논쟁』, 손혜숙 옮김, 새물결플러스, 2014)

Ridderbos, H., (De) komst van het koninkrijk(『하나님나라』, 오광만 옮김, 솔로몬, 2008)

Roberts, V.(『하나님나라 관점으로 성경 꿰뚫기』, 이용복 옮김, 규장, 2007)

Stott, J. R. W., (The) Cross of Christ(『그리스도의 십자가』, 황영철 옮김, IVP, 2007)

Wright, C., Mission of God(『하나님의 선교』, 정옥배 · 한화룡 옮김, IVP, 2010)

Wright, C., How to preach and teach the old testament for all its worth(『구약을 어떻게 설교할 것인가』, 전의우 옮김, 성서유니온, 2016)

Wright, N. T., Jesus and the victory of God(『예수와 하나님의 승리』, 박문재 옮김, 크리스챤다이제스트, 2004)

Wright, N. T., (The) New Testament and the people of God(『신약성서와 하나님의 백성』, 박문재 옮김, 크리스챤다이제스트, 2003)

Wright, N. T., New tasks for a renewed church(『우상의 시대 교회의 사명』, 김소영 옮김, IVP, 2016)

Wright, N. T., Surprised by hope(『마침내 드러난 하나님나라』, 양혜원 옮김, IVP, 2009)

Wright, N. T., Simply good news: why the gospel is news and what makes it good(『이것이 복음이다』, 백지윤 옮김, IVP, 2017)

Wright, S., Reading Gospel stories in today's world(『복음서, 복음으로 읽기』, 김경민 옮김, 성서유니온, 2015)

기고문

권혁승, '언약이란 무엇인가?(2): 언약의 구조', 「크리스천 투데이」 30 (1986년 5월)

김형국, '하나님나라'와 복음의 이혼을 넘어', 「목회와신학」(2013년 2월)